掌控

TAKE CONTROL

Handbook of Personal Strategic Growth

个人战略成长手册

王付有◎著

中国工人出版社

图书在版编目（CIP）数据

掌控——个人战略成长手册 / 王付有著. —北京：
中国工人出版社，2021.11
ISBN 978-7-5008-7754-7

Ⅰ. ①掌… Ⅱ. ①王… Ⅲ. ①职业选择—通俗读物
Ⅳ. ①C913.2-49

中国版本图书馆CIP数据核字（2021）第215521号

掌控——个人战略成长手册

出 版 人	王娇萍
责任编辑	左 鹏
责任印制	黄 丽
出版发行	中国工人出版社
地 址	北京市东城区鼓楼外大街45号 邮编：100120
网 址	http://www.wp-china.com
电 话	（010）62005043（总编室） （010）62005039（印制管理中心） （010）62382916（工会与劳动关系分社）
发行热线	（010）82029051 62383056
经 销	各地书店
印 刷	北京美图印务有限公司
开 本	710毫米×1000毫米 1/16
印 张	20.5
字 数	300千字
版 次	2022年2月第1版 2022年2月第1次印刷
定 价	68.00元

目　录

推荐序>>>

掌控成长的战略思维

中冀投资 合伙人　吴赋珅

“没有才华、没有技能的自己，未来的前途在何方?”

“我该怎么做，才能规划好自己的职场之路?”

“在创业与就业的十字路口徘徊，我到底该怎样选择?”

“如何才能快速融入职场，稳步提升，成为一位闪耀的良将?”

“跳槽之时，该如何选择才不会跳进另外一个深坑?”

夜深人静时，想到这些职场问题，或许会让你辗转反侧，彻夜不眠。其实再仔细一想，对这些问题之所以模糊没有答案，不过是因为自己对个人的成长规划缺乏战略思考。

当你掌控了这种战略思维，你便能像一位行军打仗的将军，有了熟知百家兵法的智慧，有了无往不利的勇气，有了百战百胜的信心。

付有老师将其亲历的1000多个职业咨询案例进行归纳总结，结合职业发展理论，写成一本既可以作为理论指导又可以作为实操工具使用的书。本书按照职业发展理论和职业咨询的逻辑、方法论和案例进行拆分，提供给职场人一本很好的职业发展教材，让职场人一步步知道如何掌控个人的战略成长。

无论是职场新人，抑或企业中高管，阅读此书，皆能受益。

只有掌控了成长的战略思维，才能做好正确的选择，才可以绕过弯路，快速接近目的地，实现自己的职业理想。只有找对适合自己的成长战略，才知道何时该出手，何时该跳槽，才能花最少的时间，创造更大的自我价值。

做好战略规划与执行，我相信未来的你，一定可以掌控自己的人生，步步为营，到达彼岸。

前　言>>>

放大你的职场价值

每个在职场上拼搏的人，都渴望获得很好的发展。但每个人的发展程度却大相径庭。

在这个崇尚价值和效率的时代里，任何高效的成长都不只是努力工作、好好赚钱，或者等着升职加薪这么简单。它需要我们用心的规划和绸缪，才能最大限度地激发个人潜能，实现资源的优化配置，塑造核心竞争力，打造出高价值的个人品牌。它更像是在经营一个只有一个人的企业，需要制定目标，做规划，做管理，做决策，塑造品牌……才能稳步地让这个“企业”在竞争中站稳市场，并不断地增值，以期最终获得高效的可持续发展。

在上千个职业咨询案例中，我接触了形形色色的职场人，也深入了解了他们在个人成长中的困惑与困境。有的人职场打拼多年，从小白成为老菜鸟；有的人进入职场没多久，却能一路攀升成为佼佼者；有的人前期发展很好，却不知不觉进入瓶颈，无法脱困……即使在相同的路径上，每个人的发展程度也会截然不同。但是，个人成长并非玄学，因为一切成败都有迹可循。

在“成为职业大咖”和“陷入职场困境”这两种方向的案例中，我发现并总结了不少具有实操价值的规律和职场人可以躲避的雷区。在这本书中，你很容易找到自己的影子，因为这些真实的案例就来自真实的职场。这些案例所反馈的价值和方法论，可以帮助正在打拼的职场人更清楚地认识自我，找到属于自己的发展路径，让个人成长处于一种稳定的自我掌控状态中。

所有理论只有最终落脚于实践，才能真正地实现价值。所以，我将一些生涩的理论知识融入案例中，并设置了相应的具有实操性和指导性的图表，也希望职场人在阅读之余，能跟随文中的指引进行练习，将这些知识落到实处，反哺职场，放大你的职场价值。

HANDBOOK OF PERSONAL STRATEGIC GROWTH

第一章

自我发现和战略定位

拆解迷茫，认清“我是谁”

你现在迷茫吗？你迷茫过吗？

其实不必多言，相信此刻你心中已经有了答案。

小 A：高高兴兴刚走出校园，没想到社会比海深，拿着一份稚嫩的简历，不知道该投给谁，不清楚未来的方向在哪里。

小 B：想晋升却总是落选，是这家公司太苛刻，还是自己的能力不够？究竟要不要离职跳槽？

小 C：一直做着不太喜欢的工作，想换个行业，却怕从头再来会摔得一败涂地。换一条路，究竟值不值得？

小 D：工作稳定，待遇可以，偶尔小忙，生活平静，可为什么感觉越来越不快乐？自己的人生，可不可以有另一种活法？

……

迷茫，与每个人的人生都紧密相关，我们都是茫茫人海中的“ABCD”，在不同人生阶段有着各自不同的困惑。它像是一团雾，让人稀里糊涂地走了很久的路，疲惫不堪，却不知自己将会走向何方。

同时，迷茫也会发酵出很多负能量，自我否定、孤独、无力感、悲观、敏感、没有目标……它带给我们痛苦，且让我们无处可逃。

我们又都清晰地知晓，逃避永远都解决不了问题，面对现实、接受现实才是解决问题的开始。

想要走出迷茫，首先要认清它，其次才能拆解它，最后化解它。所以，你需要从另一个角度来认清迷茫的真实面目。

迷茫并不是绝境。深陷迷茫中的人，看到的世界是灰暗的，职场到处是尔虞我诈，自己却是无用且无能。但你要清楚，那并不是真正的全世界，也不是真正的你。你只是把目光凝聚在了暗角。

迷茫是阶段性的，它可能会出现在我们生命的各个不同阶段，并常常伴随我们的成长。即使在步入职场后，也是同样如此。职业选择的迷茫，职业规划的迷茫，职场晋升的迷茫，跳槽的迷茫……我们在被困时，它就是一堵墙，迈过去，它就是成长的阶梯。

所以，当你感到迷茫无助时，不必沮丧，这只是人生中一节成长的必修课。

究竟要如何拆解迷茫，走出迷茫？

我们都知道著名的哲学三问，“我是谁？从哪里来？到哪里去？”

这是哲学家们穷极一生都在探索的问题，也同样关系到我们每一个普通人。它是问题，也是钥匙。它能让我们在迷茫时拨开人生的迷雾，也能让我们看到更真实的自己，拥有更清晰的未来。

每当有身陷迷茫的职场人来找我做咨询的时候，我都不会先问他是为什么感到迷茫。因为针对问题，解决问题，只是一次性的疏通，下一次他还有可能因为另一种境况而陷入迷茫。

“授人以鱼不如授人以渔”，我更喜欢能给咨询者提供一种拆解迷茫的方法，一件可以在他后来的人生中起到持续性作用的思维工具。

那么，想要拆解迷茫，一定要厘清第一个问题，“我是谁”，否则，你对未来的一切期许，都可能只是空中楼阁，无法成为现实。

如果你此刻自问“我是谁?”，你会怎样回答这个问题？

我曾在与一位咨询者贺先生沟通的过程中，让他针对“我是谁”这个问题，尽可能详尽地向我描述他自己。在我的引导之下，他只给出了一些零零散散的答案，比如他的姓名、年龄、籍贯、教育经历、工作经历等。

这看起来是不是很像是在阅读个人简历？

相信大多数人在面对这个问题时都会像贺先生一样，简单地描述自己的基本信息，很少有人可以做出一个全面而深层次的回答，这是为什么？

一方面，人很难认清自己。在解构自我的时候，往往思绪是散乱的、浅表的，所以我们得到的答案自然会浮于表面。另一方面，是人们的思维定式，阻碍了深层次思考，在面对问题的时候，会在熟悉的路径中去搜索答案。

我认为，想要获得一个真实客观的答案，离不开系统性的思考。在这里，我们可以运用科学的分析工具——SWOT 分析法，即态势分析法。

SWOT 分析法是在 20 世纪 80 年代初由美国旧金山大学的管理学教授韦里克提出的，经常被用于企业战略制定、竞争对手分析等场合。但同时，它也是一种自我分析的高效工具。

S strength——优势	在你的身上有利于职场发展的个人优势是什么？可以从性格、能力结构、情绪因素等多方面进行分析，拆解成多个细化具体的小问题。比如：性格好，与同事关系融洽；工作细心，很少出现纰漏；执行力强，上级领导交代的工作可以在规定时间内，甚至提前完工，不会拖团队后腿；拥有很强的抗压能力，不会让消极情绪影响工作；等等。如此，从多个角度分析，更容易挖掘出自己的多元优势。
	请将你的优势分析详尽地写在这里：
W weakness——劣势	你的劣势是什么？你自身的哪些因素会对你的职场产生阻碍？同样，这个问题也需要进行多维度分析。可以参考个人优势分析的维度。比如，性格怯懦，总是有意无意地回避领导，不敢与领导直接沟通；不善于汇报，总是让工作成果大打折扣；做事犹豫，不够果断；工作进度慢，常常需要加班来完成；心理敏感，很容易因为交际关系产生负面情绪，并对工作产生影响……
	请将你的劣势分析详尽地写在这里：
O opportunities——机会	你所处的环境中的外在机会有哪些？比如，目前的职场有很好的晋升机制；在周围的同事中很有声望，有望成为领导者；所处部门是公司的关键部门，拥有更多可调配的资源；领导愿意放权，给你提升锻炼的机会；所在公司，具有创新精神，每一位员工都有机会借助平台实现奋斗目标；所在的行业紧跟国家政策，具有很好的发展前景…… 总之，要从你的同事、领导、你所在的部门、你所在的公司、你所处的行业等，一层层地去分析可以给你带来成长和发展的机会。

续表

	请将你的机会分析详尽地写在这里：
T threats——危机	你所处的环境中的外在威胁与挑战是什么？与上述机会分析角度相同，要进行多角度环境分析，比如：周围的同事负能量很大，总喜欢背地里吐槽领导的各种决策；办公室政治严重，很容易让人失去斗志；领导自以为是，总是按照自己的逻辑做事，完全不顾下属感受，不给下属机会；公司看重资历，能力再强工作时间短也很难被委以重任；行业处于饱和期，竞争激烈而残酷……
	请将你的危机分析详尽地写在这里：

根据上述提示，逐一写下来，然后再去复盘，你会对自己有一个全面的认识。这一条又一条的信息，可以从多个维度帮你不断精确你的坐标，让你更清楚地看清自己是一个怎样的人，又处于怎样的职场环境中。找准了位置，才能看清方向，同时也更容易解开那些迷茫。

那么，再回头看一下，你在自己职场上最大的困惑是什么？它产生的根源是什么？在经过全盘的自我分析后，这些问题将变得简单。比如有一个典型的咨询案例，他在找我做咨询的时候，最大的困惑是，他就职于一家大公司，但是工作压力太大而工资水平不高，这种情况要不要跳槽。

通过沟通，我很清楚地感受到他内心其实是渴望逃离这家公司的，并会挑出公司的各种问题，但他基于种种现状以及自己的理性思考，始终犹豫不决。他甚至在潜意识中希望我能够给出支持他跳槽的建议。

我在引导他做完自我分析之后，这位咨询者不再选择逃避，他心中的困惑也渐渐明朗。因为，他明白了他所在的公司，无论从行业发展、晋升空间，还是办公室环境上，都有着很多的积极因素。而他刚到这家公司不到两年时间，之所以工作压力大，有一部分原因是自身能力不足。尤其对于他这样一个正处于上升期的职场人而言，更需要打磨能力。很显然，留在这家公司，利用公司的资源和机会提升自我，不断降低 SWOT 分析中 W 的影响，就是他当时职场阶段最好的出路。

很多职场人所面临的困惑其实都是如此，人们被困的不是问题本身，而是迷失了自己，看不清自己的现状，读不懂自己真正的需求，所以才会左右彷徨。

如果此刻你也处于迷茫之中，希望你不要着急赶路，而是能静下心来按照上述步骤，重新审视自己，真正明白“我是谁”，自然也就会清楚“我要到哪里去”。

清算筹码，自我价值评估

任何职业都绕不开薪资问题，放大了说，也就是个人价值。

“我的技能是否能在市场上具有高价值？我到底能够撬动多大价值？获得多高的报酬？”这是每个职场人都会关心的问题。

虽然人人关心却并不代表着人人清晰。

有时候自己期盼高薪，却被无情地打了八折甚至五折，眼高手低，于是在失望中徘徊；

有时候明明同样的资历，别人拿高薪，自己却成为低薪平庸小职员，不免让人丧气……

似乎现实与期望之间，永远存在落差。

“我究竟有多大的价值？”成为职场人的一道高难考题。答得好的人，能得到一份称心的职位，称心的薪水；答不好的人，很容易成为上述两种人。

如何能够清晰地认识到自己的价值，获得一个准确的价值评估？有人说这要靠运气，但实际还是有规律可寻。

想要知道自己能够撬动多大价值，换个角度来讲就是，你要清楚自己手中有多少筹码，自然也就明白自己能够撬动多大价值。

这些筹码，不仅包含了个人能力，同样也会包含客观因素，并且可以划分为多个角度。

外部环境筹码：

1. 该领域人才的稀缺性。简单来讲，比如在直播行业刚兴起的时候，专业的主播很容易谈到高薪，因为“粥多僧少”，大批的企业在看到行业发展苗头时，迫切地想要进入市场，所以会不惜重金网罗优秀人才。但是随着行业发展，整个行业已经处于红海，过了野蛮生长时期，专业人才也越来越多，从各方面来讲都处于饱和状态。因此，从行业角度来讲，该领域人才稀缺性已经降低，企业对人才的选择也回归理性，薪资也会比早期大幅度降低。

2. 这个职位在公司的重要性。如果这是公司的核心部门，那么这个职位的薪资就会较高。如果该岗位属于非核心岗位，它的价值也不会太大。所以无论你的履历有多么精彩，都很难在一个并不出彩的岗位上获得高薪。

3. 竞争者因素。从小范围来看，与你应聘同一个岗位的竞争者，对你的价值定位会产生较大影响。如果同一个岗位竞争者较多，且不乏优秀人才，那么你在谈薪资的时候就会变得被动，你的自身价值很容易紧缩。从大范围来看，整个行业的竞争者实力，也会对你产生同样的影响。但是，这种强弱关系是动态的，当你不断打磨自身能力获得提升后，竞争者的影响力会从反向作用逐渐变化为正向衬托，你会成为人群中的佼佼者，也更容易谈到高薪。

4. 该岗位招聘的紧急程度。如果你所应聘的岗位着急用人，而你从各方面来看相对适用，那么即使薪资要求稍微偏高一点，也很容易被录用。不过一般情况来讲，现在的应聘者与招聘者的关系是“供过于求”，企业往往有大量人才可以选择，所以该因素的影响程度并不会太高。

个人能力筹码：

1. 目前薪资水平。一个人当前的薪资水平，很大程度上会被 HR（Human Resources 人力资源）作为价值评估的标准，这是个人的现实问题。如果你当前薪资水平较低，在一般情况下，很难一下子获得较高的价值评估。但其实职场人也完全不必为此焦虑，这并不会成为一个不可解决的问题。曾经有一位咨询者，因为过去薪资水平不高，跳槽也没获得理想薪资。但是，他看准了新平台的潜力，所以闷头干，干出了不少成绩。入职 3 年，不仅升了职，薪资也早已经翻倍。

2. 个人职业经历，是否有名企工作经验，或是否有全程主导或全程参与的标杆项目或重大项目。企业 HR 如何评估一个人未来可承担的工作以及发展潜力？HR 并不是看你如何滔滔不绝地自我赞颂，而是从你过去的经验中抽丝剥茧。所以你的工作经历也是你个人价值筹码中最为重要的一部分。如果你有名企工作经验，或是全程主导或全程参与过标杆项目或重大项目，将会突显你的个人价值。反之，无论你如何侃侃而谈，都很难自证实力。职场就是如此，明码实价，看实力说话。所以，职场人在自己职业生涯中，要有意识地丰富自己，获得更多有力的价值背书。

3. 个人能力图谱。过去的成绩，对于未来聘用你的企业，是重要参考依据，但很多企业也会看中你过去成绩的背后逻辑，具有哪些可以为企业所用的能力和资源，这才是一个人价值评估的最终落脚点。所以，每一个职场人想要明确自我价值，一定要学会绘制自己的能力图谱。具体能力包括综合能力和专业能力。综合能力就是让你值钱的表现形式，比如你的沟通能力强、执行力强、组织能力强等，这些都是综合能力的表现；专业能力就是你在工作中能解决实际问题的能力。比如公司需要用户增长上浮 37%，这时候，你如果缺少专业能力，根本就无法完成这个任务。总之，综合能力是你专业能力的补充，而专业能力是你职场生存的基础。

对于现在的职场，如果你缺少专业能力，你就不可能获得很好的职业发展；如果缺少综合能力，你的工作开展就很慢、很累，因为没有人支持你。

在绘制个人能力图谱时，如何对自己的能力做出正确的评估，这完全可以从过往的职业经验中进行分析。

首先，可以分析你做过的成功的项目：这正是你能力的验证。例如：某公司领导针对某个项目组成临时小组，徐小姐因为对该项目发表的看法被领导认可而获得领导授权，成为临时小组长。其次，在徐小姐的带领下，3 个月后，项目圆满完成，客户也很满意，徐小姐也因此受到了领导的重视。

对于徐小姐来说，这个成功的项目，就是一份很直观的成绩。在项目中，徐小姐的项目思路能够打动领导，也可以证明她对项目有很深的领悟能力，具有较强的业务能力和专业能力。她能统筹小组成员安排工作，侧面反映了她具有团队领导力和一定的管理能力。

为期 3 个月的项目，圆满结束，但整个项目过程，也碰到了很多难题，甚至是团队成员之间存在思路上的冲突，但在徐小姐的调节下，最终厘清了思路，解决了问题。这说明徐小姐具有解决问题的能力和较强的沟通能力，以及抗压能力。

与此同时，虽然项目很成功，但是徐小姐还是存在一些能力短板，比如，在队员们意见发生分歧的时候，她当时的决策不够果断，决策力不足。

如此一来，通过对整个项目的复盘，可以清楚地认识到自己具有哪些能力，又是哪些能力曾在项目中产生过一定价值。

在这种能力复盘中，你可用作分析的成功项目越多，你的参考样本就越多，最终所得的能力图谱就越准确。

除了成功项目之外，还要对自己晋升最快的职场阶段进行分析，分析帮助自己快速实现职场进阶的关键能力是什么。如果你能够在未来将这些关键能力打磨到极致，那么它便可以撬动更大的价值。

小何毕业之后成为某上市公司的实习生，工作一年之后因为表现突出，成为小组长，又过了一年半，成为团队 leader。而此时与他同进入公司的另一位实习生仍是基层职员。而小何所带领的团队业绩增长势头迅猛，成为公司各项目部中的一匹黑马。

那么，究竟是什么能力使小何快速脱颖而出，实现晋升的呢？

学习力：从一个刚毕业的小白到团队中的佼佼者，这需要足够强大的学习力，去吸收更多工作相关的专业知识，从一个懵懂的局外人，变成一个真正的内行，甚至高手。

专注力：小何得到提拔，除了干劲儿足，最主要的还是因为他做出了成绩。而这一点，离不开他的专注力和死磕的精神。

其实，放弃一个难题，是一件很容易的事情，因为它难，也就有了无数个无法继续下去的理由。但是作为一个普通项目组中的普通一员，他没有放低对自己的要求，而是愿意与难题死磕到底。一个个难点被攻破，成绩也自然是水到渠成。

目标感：小何是一个做事以结果为导向的人，在做任何一项工作时，他都会设定好目标。小到一个文案要达到什么水平，什么效果。大到项目本周、本月、本年度要给公司完成多少工作，创造多少价值，一切工作围绕目标展开。当精力有限或者受到客观阻碍时，便会以服务目标为原则，作出修订。所以，他的工作往往是高效的，目标达成率也是最高的。

勤奋：勤奋已经是现在职场人的标配。如果你还不具备勤奋的话，你可能就是职场中最先淘汰的那一个。我说的勤奋一定不是苦行僧式的表演，而是实实在在的努力。比如大家都反对 996（这里不讨论法律和道德的问题，只针对事情本质而讨论），但很多人却愿意 996。什么原因呢？因为 996 给自己提升能力的机会。

我也反对 996，但我更喜欢能有 996 那种勤奋的精神，这样，你才会更好地提升自己。对我来说，我每天早上 5：00 起床开始写文章、处理工作，白天还有很多工作要忙，晚上一般 11：00 之前必须休息，但习惯午休。如果这样，我每天工作时间应该不止 996 了。所以，不提倡像 996 那样加班，但提倡像 996 那样努力。不然，你一定会被别人远远甩在身后。

从上述分析中我们其实可以发现，每个人的晋升背后都隐藏着一个能力图表，这也是我们每个人需要聚焦的关键点。聚焦于关键能力，才能不断打磨自己的专业度和稀缺度。而专业度和稀缺度越高，你的能力筹码就越重，你能撬动的市场价值就越高。

根据上述所提到的职业经验，从以下几个方面，填写自己的能力图谱。

业务能力	
学习力	
专注力	
领导力	
决策力	
沟通力	
其他	

在他人的视角之下看到未知的自己

人总是很难看清自己，又或者人在潜意识里，拒绝看见真正的自己。因为在自我评价中，我们总是难以摆脱一定的主观性。正所谓，“不识庐山真面目，只缘身在此山中。”

在进行自我评价时，我们有意无意地会给自己进行“包装”，放大自己的正面形象，认为自己足够正直、诚信、努力、勤恳、聪明……并与此同时掩盖自己的自私、怯懦、粗心等不光鲜的一面。但也有一些人，会给自己进行“负面包装”，明明能力很强，明明很优秀，却因为不够自信，认为自己无能、一无是处。

所以，完全依附于自己的评价就很难保持客观，而当一个人无法对自己做出足够客观的评估时，一些糟糕的情况，就会在你的职场中发生。

米先生进入职场 3 年，一直很努力，干劲儿也很足，可是发展得一直很不顺利。领导发布任务要求，他再三恳求争取机会去承担，结果干得一塌糊涂；他主动帮助同事，结果却帮了倒忙；他好几次认为自己有望成为小组组长，却只能眼睁睁地看着希望落空，甚至一次因为工作上出了问题还差一点儿被开除。

当时，在他的观念中认为，自己足够优秀，足够努力，却很懊恼自己运气总是这么差，整个人都是满腔的怀才不遇之感。

可事实上，他在职场之所以遭遇一系列的坎坷，并不是因为运气，而是他盲目自信，对自己的认识不够清晰。连最基本的专业能力都不足，自己的基础工作都没有做到尽善尽美，又怎么能够承担起更重的责任，又如何能够获得领导的重用呢？而他越是急切地表现自己，就会栽得越狠。

所以，在做了一次全面的能力评估之后，米先生也终于明确了自己需要努力的方向，认识到了自己所欠缺的职业能力。如今两年多的时间已经过去，米先生已经成为部门主管，举手投足间都可以看到从骨子里散发出来的自信。

另外，其实还有一些反向案例，这些人最明显的表现就是自信力不足，对自己的综合能力评估过低，数量要远高于那些对自我评价过高的人。我想，这也许是现代社会的竞争和压力过大的原因吧。

举个最典型的例子，小胡很聪明，上学时成绩一直都很好，但是工作后却一直表现平平。可在小胡的自我评价中，她完全像是另外一个人，能力平庸，比身边人都差，她优秀的专业能力则被她视作普通，毫无亮点。这种自卑和怯懦，让她根本无法客观地看待自己，以至于错过很多表现的机会。

所以，职场人在对自己的价值评估中，一定不能少了重要的一环，那就是来自他人的评价。

这并不是要我们完全信任他人的声音，而是要从更多角度采集更多对自己的评估和相关信息，不断校准自己的价值。

正所谓“横看成岭侧成峰，远近高低各不同”。

换个角度看风景，是另一种体会。换个角度看自己，也同样会发现一种不同的面貌。

但是，在获取身边人的评价时，我们同样需要注意一个问题，就是这些评价的客观性。在《邹忌讽齐王纳谏》中邹忌曾说道：“吾妻之美我者，私我也；妾之美我者，畏我也；客之美我者，欲有求于我也。”这也就表明，来自他人的评价也在某种程度上存在主观偏差。那么究竟如何获取他人对自己的客观评价呢？

我的建议是，一方面可以直接沟通，开诚布公。另一方面可以从第三者口中获取对方的评价。两方面综合对比，评价差异越小，信息反馈也就越准确。

与此同时，要尽可能地增加有效样本，也就是那些与自己利益关系较弱的群体，没有什么利益冲突、没有过节的人，尽可能地降低情感因素对评价客观性的影响。

建议从以下几类人群中获取样本。

领导的评价	领导对你的评价是什么？是表扬还是打击？领导是否认为你能胜任这份工作？领导是否认为你是一个有潜力的人？是否有培养你的想法？领导是否欣赏你的见解或方案？领导对你做出这些评价的动机是什么？
	请逐一写下来：
同事的评价	同事对你的评价是什么？同事是否信任你的工作能力？同事对你的哪一项工作能力评价最高？同事在与你一同工作时是否感到舒服？同事是否认可你的工作方式？如果你走上更高的岗位，同事是否愿意支持你？
	请逐一写下来：
朋友的评价	朋友是否认为你是一个工作能力很强的人？朋友对你的哪一项工作能力评价最高？朋友是否认可你的工作方式？
	请逐一写下来：
客户的评价	客户对你的综合评价是什么？客户对你哪项工作能力印象深刻？客户对你的工作是否满意，是否超出预期？客户是否愿意长期与你合作？
	请逐一写下来：

如果你的职业特征和职业经历，让你不足以获取足够的外界评价。这种情况我会建议你进行专业咨询。因为只有对自己拥有了足够客观的认识之后，才能找准自己的定位。

一般而言，专业的猎头在给咨询者提供猎头服务之前，都会为咨询者提供全面的评估，帮助咨询者更加深入地了解自己。而一旦你真正地看清了自己，也就很容易看到未来，许多职场中的困惑会很容易破解，从而找到真正适合自己的职业方向。

读懂行业和竞争对手

你了解自己所从事的行业吗？你对本行业有足够深入的认知吗？你满足行业对能力的要求吗？

在为咨询者提供服务的过程中，我常常会提出这三个问题。但遗憾的是，大多数人在回答时，都很难给出一个相对全面而又有深度的答案，这也从侧面证明了一个问题：大多数的人已经习惯性地将自己的职业放在自己的岗位，自己的部门，自己的公司，很少有人会从行业角度审视自己。这其实是一种很可怕的现象。

这其中让我印象深刻的是一位咨询者 M 小姐，她从事房地产文案策划工作，已经做了 6 年，但是一直都没能升职加薪。当我对她提出一些行业相关问题时，她表现出困惑和不解。

她说：我是做文案策划的，平时上班看这些房产资料已经够累了，怎么可能了解房地产行业的那些东西，而且眼前又买不起房，又不是做行业研究的。

在她的价值体系里，根本找不出任何理由去了解行业。她最大的诉求是通过我手中的猎头资源，找到一个能给出更高工资的职位，或者是给她出出主意，让现在的公司能给她涨薪水。

可一个人的职业发展，怎么可能如此简单。而对于猎头来说，是要把合适的人才推荐给合适的公司安排到合适的职位上去。以 M 小姐当时的这种认知，任何猎头都不会帮助她，也无法满足她的这种要求。所以我当时并没有直接介绍猎头给她，而是通过与她进行深入的沟通和交流，给她分析出让她无法涨薪的真正原因。让她明白自己在认知、能力等多个维度上欠缺了什么，让她看到自己在整个行业中的水平和竞争力。

M 小姐的案例其实很典型，职场人早已习惯了以自己为原点去看待周围的环境，而他们的视角也被困于眼前，只关心自己的岗位，自己的部门，自己的公司。却少有人能够站到一定的高度上，从整个行业角度看自己。也正是这种思维上的惯性和视角上的狭隘，在某种程度上阻碍了你的发展。

如果你细心观察身边的职场牛人，或者是通过一些采访素材，就可以发现，那些真正在职场中做得风生水起，能够成为佼佼者的人，他们对整个行业都有着深度的认知。而他们的能力，也处于行业的中上游，具有很强的竞争力。

所以，对于那些苦于找不到方法升职加薪的人，以及渴望在职场上获得更大发展的人，学会读懂行业，并能够从行业角度看自己，提升自己才是硬道理。

1. 快速了解你所在的行业，这是每个职场人的必修课。

我在这里所指的行业信息，绝不是单纯的信息。因为任何一个行业所涉及的信息都是五花八门的。那么，职场人明确一个行业信息最有价值的内容都包含了哪些维度，才能真正把握这个行业的核心。

怎样才算真正地了解一个行业呢？除了要懂得一些基本的、常识性的知识之外，还要了解整个行业的闭环。明确全链条上下游的协作关系，以及各个环节的利益链条。一般上下游的协作关系，我们通过一些网络信息，就可以很容易地了解到，但其中各个环节的利益链条，则需要通过一些访谈和调研，才能真正地厘清。

当你对行业的认知形成了一种网状结构，才能深谙其中的运转规律，才能形成自己的见解，看清发展的趋势。

如果你仍是一头雾水，不妨从以下这些问题开始入手。

类别	问题	你的答案
产品	你所在行业的主要产品包括哪些？它们的主要形态是怎样的？	
	这些产品主要满足了用户的什么需求？	
	用户画像是怎样的？这些产品主要用于满足用户哪一方面的需求？	
	产品是否有替代品？	
	产品的核心技术都有哪些？	
	产品的成本结构如何？	
	目前行业中的头部产品都有哪些？	

续表

类别	问题	你的答案
行业	行业发展基本情况。	
	行业的监管情况以及国家政策支持。	
	行业各环节的供需关系以及利润率。	
	行业发展的机会和威胁是什么？	
	行业发展的瓶颈是什么？	
	预计未来几年的市场增速。	
	处于金字塔顶端的知名企业和品牌。	
	行业佼佼者的运营模式。	
	整个行业的竞争情况是怎样的？是否为完全竞争？	

上述问题主要为读者提供思路，每一部分内容都可以继续深挖。尤其是与自己职业内容相关的维度，需要付出更多的精力，深入了解。

了解途径：

（1）网络信息，行业报告，书籍，相关新闻。这几类途径主要是让你不断地摄取行业知识，但这些信息会较为庞杂，需要耐心梳理，在充分了解之后筛选出真正有价值的信息。与此同时，可以关注一些业内知名的企业家、权威研究学者、评论人等发布的专业性文章，这些都有助于你加深对行业知识的理解。

（2）关注行业头部企业的最新动态、战略方向、企业文化和重大人事变动等。头部企业往往在市场中占有主导力量，他们的动态也会有很多行业发展的信号。除了关注头部企业的动态之外还要关注一些增速高、发展快的新企业、新品牌，他们往往代表着行业发展的新风向。

（3）参观行业展会，参加行业会议等。通过此类方式可以让你快速打开眼界，并通过与专业人士的沟通，拓展自己对行业的认知，为你提供新的思路。

（4）通过领导、朋友、合作伙伴等行业内部人士了解行业。这些行业内部人士会给予你一些官方渠道无法获取的干货，让你更快速地了解行业以及一些行业规则。

2. 明确行业能力等级划分以及竞争状态。

每一个行业所涉及的岗位都有很多，而同一个行业中，同一个岗位，不同层次的人才可以获得的资源、待遇也大不相同。如果你想要找准自己的位置，就一定要清楚这个行业从业者的能力级别划分。如果你对此没有明确的概念，可以选取一些有代表性的企业作为样本，样本中应包含大中小几类企业。查看他们对该岗位人才能力的要求以及薪资水平和岗位待遇，很容易就能了解到层次划分。

那么，根据上述思路，写下你所有的行业能力等级划分吧。

人才级别	岗位	薪资水平	能力要求（学历、履历、技术能力等）	福利待遇
高级人才				
中高级人才				
中等人才				
一般人才				

3. 根据自己的各项能力指标，确定自己的竞争位置。

通过上述分析，你可以结合前两节中的自我评估，将自己的职业经历以及各项能力“对号入座”，确定自己在行业中的层次以及竞争水平。与此同时，也可以明确自己的努力方向。

当一个人有足够清醒的认知，看清自己在大环境中的位置时，才会真正地找到目标和方向，并为之努力，而不会再去抱怨环境，抱怨自己怀才不遇。

寻找发展杠杆，盘点关键资源

“给我一个支点，我就能撬起整个地球！”古希腊科学家阿基米德的这句哲学名言振聋发聩。

杠杆力量，流动在这个世界的每个角落。

低投入，高产出，这是杠杆原理的精髓所在。它不光能让人们在经济领域里赚得盆满钵满，更能让职场人在职场里做得风生水起。

是的，职场也离不开杠杆，但很多人却忽视了杠杆的力量，只是埋头奋斗，给自己猛灌鸡汤。单纯地认为，只要有能力，只要足够努力，自己在职场就会步步高升，但现实总是残酷的。

H先生工作6年，是那种很刻苦的人，上学的时候埋头苦学，上班了之后埋头苦干。业务能力过硬，但升职加薪从来与他无缘。他一直很困惑，也很痛苦，中间换过一家公司，状况并没有得到改变。身边人给他参谋，给出了各种各样的分析和建议，却让他云里雾里。

有人说，他的领导愚钝，不重视人才；

有人说，他的职场环境太差，同事太能抢风头；

有人说，他就是太老实，所以公司对他不重视……

周围的每个人都会透过自己的视角，挖出一个自觉正义的理由，却始终没有人抓住问题的关键。

他最核心的问题，是他拥有能力、足够努力，却对职场的杠杆一无所知，甚至在无意识地朝着相反的方向努力。

做任何事情都要有成本意识，都要计算投入产出比。显然，对于H先生来说，他的职场，就当时来看，是一桩实打实的赔本生意。

据我多年的从业经历观察，职场上大概可以划分为这三类人。

第一类：平庸的人，付出永远大于收获，认为自己运气不好，或是不够努力；

第二类：聪明的人，付出后能得到对等的回报，认为这是公平；

第三类：真正的高手，能够以同样的付出，撬动更大的价值，获得更丰厚的回报，他们将其称为策略。

现实中，第一类人占了大多数；第二类人要少于第一类；第三类人，更是凤毛麟角。这三类人，构成职场的金字塔，第三类人便是那金字塔尖的佼佼者。

所以，针对 H 先生的问题，我给他的建议是，建立职场的杠杆思维，盘点自己的关键资源，撬动职场的最大价值。

职场人要如何建立杠杆思维？我建议从以下三个方面入手。

杠杆一：关键标签

在职场中，我们既会被别人贴上标签，同时也会给别人贴标签。我们在对一个人进行综合评判时，习惯性地会给人贴上一些印象标签。无论这些标签是好是坏，都会对一个人的认知产生很大影响。而在职场环境中，除了会存在这种基础的印象标签之外还会存在一些能力标签。

例如，有一位设计师，在 logo 设计上，让客户很满意，同事和领导就会很容易给他打上“logo 设计得很厉害”的标签，与此相关的工作内容就会不断地向他倾斜，使他成为同事和领导公认的某一方面的佼佼者。而他在该领域的内容做得越多，业务能力上升速度就越快，标签便会反复被强化。

标签也同样会出现反向作用，例如某位文案，连续两三次出现了错别字，他的领导便很容易给他打上“马虎、爱出错”的标签。一旦后续出现任何一点纰漏，都会立刻强化这个标签。

正如美国心理学家贝科尔认为的那样：“人们一旦被贴上某种标签，就会成为标签所标定的人。”

其实，对于职场人而言，还有一种可怕的情况，就是标签模糊，或者是类似“平庸者”“透明人”这样的标签。被贴有这类标签的人，即使自身很优秀，但如果在团体中的存在感很低，那么他的机会也就越少，创造的价值也就越低。很显然，H 先生就是这一类人。

其实，在职场中“贴标签”这种行为并不是完全被动的，职场人要有意识地为自己塑造标签。首先可以盘点一下你的优势，找到与你的工作内容关联性较大的核心能力，并在工作中将这种能力放大。反复多次，这种能力自然也就被看见、被记住、被认可，并逐步成为你的标签。值得注意的是，就算是你的综合能力都很强，也要懂得取舍，塑造你的核心优势。

写下你在工作中的 5 项优势	如果此项能力成为你的核心竞争力，你的发展将会是怎样？	为你的能力排序，并选择一项作为你的核心标签

杠杆二：赛道

坦率地来讲，这并不是一个看努力的时代。这可能会让那些辛苦打拼的人感到有些沮丧。很多人的收入与地位和自己所付出的时间、能力不成正比，但这并不代表这个世界并不公平，因为这是一个看价值的时代，你的收获与你为企业产出的价值有关。而如果你的时间、精力、能力没有放在最优的赛道上，你也很难为企业创造较高的价值。

职场的赛道在哪儿？其实就在那些大大小小的工作中。工作有难有易，但人们的选择各有不同。有一类人，他们在选择工作时，选择了相对容易的。原因各有不同，有的人是因为偷懒耍小聪明，把难题留给别人。有的人是因为自信心不足，觉得自己能力不够，无法堪当重任，怕给自己丢人，怕让领导失望。最后，殊途同归，他们越来越平庸。能力再强再努力，但因为工作岗位的限制，其产出的价值是有限的，领导又怎么会给你高回报。不要说领导不能慧眼识才，因为能力强、肯努力、有冲劲儿的人更值得被重用，敢承担责任，敢面对难题，这本身就是一种具有高价值的能力。

所以，建议职场人在面对选择时，一定不要以难易作为选择的标准，而是以价值为导向，慎重地做出每一次选择，去争取那些最终能产生较大价值的，并且自己有能力可以挑战的任务。这个时候千万不要觉得，给我这么少的工资，凭什么费力给公司做这么难的工作。一旦抱有这种想法，就会进入一个死循环，离上升赛道越来越远。

当你能够承担更多重任，你的能力便会得到快速提升，你能够为企业创造更大的价值，也会获得更多的回报。在正确的赛道上奔跑的人，将会成为整个职场的受益者。

杠杆三：个人品牌

个人品牌是指个人拥有的外在形象和内在涵养传递出的独特、鲜明却易被感知的信息集合体。在当下的职场环境中，个人品牌将成为职场人最重要的杠杆，能够让你快速脱颖而出，让你更容易撬动更大的价值。

每一个职场人都可以通过经营自己的圈子，持续不断地输出自己的影响力，把自己打造成某个领域的专家。这个时候就相当于你拥有了一定的磁力，一旦机会出现，你的同事、领导、朋友自然会第一个想到你，所有的优质资源都会向你靠拢。

除此之外，建立杠杆还需要强大的自我驱动力，而这股驱动力则是你的支点。当你有强大的意愿去奔赴更大的职场舞台，渴望成为一个优秀的职场人，并愿意为之持续地奋斗，支撑起杠杆时，才能让杠杆真正发挥价值。否则，一切的构想，都只会是一场毫无意义的空谈。

其实，在职场建立杠杆思维从本质上来讲就是培育自己的成本意识。你的时间、精力、能力等，都是珍贵的成本。合理地、正确地使用成本，你才能撬动更大的价值，获得更大的舞台，收获更好的人生。

寻找榜样，锁定对标人物

一个糟糕的同事，可以让你变得整日抱怨。

一个优质的榜样，可以让你更有动力和目标感。

你选择靠近谁决定了你的职场走向。人生存于大大小小的系统环境中，自然也就无法摆脱环境的影响。在职场中，对个人成长影响最大的，莫过于人的影响力。而榜样，就是环境中一项突出的积极影响因素。

其实很多人刚进入职场，或者是刚到一家公司的时候，会存在一定程度的迷茫，所以会通过观察周围人的状态来了解环境，融入环境。而在这个过程中，这些人会潜移默化地对你产生影响。

来自周围人的负面影响永远都是存在的，这是一个很现实的问题。如果你曾在多家公司任职，有着丰富的社会阅历，会很容易发现，在任何一家公司都会或多或少地听见同事们的抱怨、吐槽、愤怒，事由各有不同，但总归是离不开职场那点儿事。甚至会有一些人把群体里新加入的成员拉入阵营，对其细数公司过往的“黑历史”，传播负面情绪。

有些意志薄弱、立场不够坚定的人，很容易被同化，变得愤怒、抱怨，对公司抱有抵触情绪，消极怠工，甚至满怀着一种为“集体”打抱不平的“正义感”。咨询者小欧就有过这种经历，一直到他被人事部门约谈、辞退，他都没有察觉自己的问题。直到曾经拉着他吐槽公司、吐槽领导的同事升职，那些曾经同一阵营的伙伴在公司里取得了不小的成绩时，他才恍然大悟，感觉自己像个笑话。

任何一个环境，都会存在各种各样的负能量，它们会以各种面貌出现，甚至将你拖入深渊。那么该如何把握好自己的职场，不至于迷失航向呢？其实有一个很简单的方法，那就是找到你的灯塔。

职场的灯塔，就是榜样。那么在职场中究竟该如何锁定自己的榜样呢？

1. 锁定 3 个对标人物。

首先，从你的周围选择一位榜样。他可以是你的领导、同事、朋友等。他要具有你欣赏的品质、能力，你接受并认可他的行为模式。他的成长历程或是他的某些闪光点，对你有足够的吸引力。他是你短期之内渴望成为的人。

其次，要从你所处的行业中找到一位榜样。他在行业中，或者在行业的某个细分领域具有一定的权威性和影响力，他所输出的观点常常让你觉得有所裨益，打开眼界。他有很强的个人魅力。你能够在他身上找到至少三个闪光点，你对他的成长发展轨迹有足够的了解，并让你感触颇深。

最后，在你所处的行业之外找到一位榜样。他可以是一位历史人物，也可以是一个现代人，他可以是体育、艺术、文学、音乐等任何一个领域的人。他可能陪伴着你在某个阶段的成长，他具有独特的人格魅力，他的人生中有励志的闪光点。每当你在状态不佳的时候想起他都会获得能量。

2. 梳理他们的成长轨迹。

根据上述提示梳理榜样的成长轨迹、职业轨迹，了解他们的人生脉络。知道他们是从什么时候开始找到自己的路。明确他们拼搏的动力源，是因为梦想、现实、一个偶然的机会，还是因为别的什么。他们曾在成长发展的过程中遇到了哪些重大挫折，当他们深陷人生低谷的时候，是怎样走出来的。他们在成长发展的过程中始终坚守的是什么……

通过诸如此类的问题，你可以对他们的人生进行详尽的了解。在这个过程中，你会清晰地看到，他们是如何从普通走向卓越，成为此时此刻让你欣赏的榜样的。而你对他们的了解越多，能够从他们身上获取的能量也就越大。

3. 分析他们的思维模式和能力构成、行为模式。

在横向了解了榜样的成长发展历程后，还需要做的便是对榜样进行纵向的分析，分析他们的思维模式和能力构成、行为模式。这样一来，他们的形象会变得更加立体。

一个人会走什么样的路，又会怎样去走路，这很大程度上取决于他的思维模式。所以，你需要充分了解榜样的思维模式。这可以从他过往的经历中分析得到。找出他人生中的几次重大事件，看他是怎样处理的，并通过细枝末节，搭建出他的思维模型。

归纳榜样的能力，这相对容易，主要是从两方面入手。一方面，是从他所取得的成绩中多个角度分析他的能力构成。另一方面，是从他所遭遇的坎坷中分析他的挫折反馈机制，调取他在受挫时所表现出来的优秀品质。

行为模式指的是，你的榜样是如何做事的，他常常习惯以怎样的方式去工作或解决问题，如重视效率、注重细节、完全专注等，从他的经历中分析他的行为模式，并清楚地了解这些行为模式最终产生的效果。从中你可以学到一些工作方法，尤其是从身边的榜样，你有更多的机会了解这些内容。你可以快速有效地模仿并吸收。

4. 明确他们可吸收的优秀因素。

那些之所以成为榜样的人，一定有其过人之处，具有较强的吸引力。而作为追随者，除了对榜样欣赏、仰望，更要不断地学习和吸收。在正向能量的影响下，让自己变得更好，成为想要成为的人。但即使是榜样，也并不是他的所有优点我们都能学得来。这个时候，我们就需要通过分析，锁定他们身上能够为自己所用的优秀因素。可以是面对困难时的自我调节机制，可以是工作方法，可以是看问题的思路，可以是对目标的执着等。要从多个方面吸收榜样的力量，构建成自己的盔甲，让自己在职场上变得越来越强大。

类别	名字（或代称）	性格	思维模式	行为模式	成功关键因素
行业外榜样（可以是历史人物、现代人等）					
行业内榜样					
周围榜样（领导、同事、朋友等）					

身在职场，永远无法消除环境的影响力。但是，只要你能够顺着榜样的指引，追光而行，自然可以乘风破浪。

解析自我知识体系

目前为止，你最大的成就是什么？这些成就是否来源于你最擅长的技能？你的专业技能处于怎样的水平？

这是我建议职场人要多思考的问题，它有助于我们对自我价值体系进行复盘。

在职场，除了诸如沟通力、执行力等一般能力之外，对于职场人最重要的，就是他们在所从事的领域里是否具有系统性的知识体系。它是支撑你职场价值的主干，它帮助你看清自己的价值，知道自己需要努力的方向。总之，这是我们解读自己的最重要一环。

很多人在职场的不顺，都是因为缺失了这重要的一环。向女士是一位普通的职场人，工作效率普通，她做的方案总是需要领导的指导和反复修改，处理问题时常感到吃力。她很自卑，责备自己太笨，为什么同样的资历，自己总是那么普通和平庸。她想要成为一个更好的人，至少，在做这份难度并不高的工作时可以像其他同事一样轻松一点。

沟通之后，我为向女士梳理出了很多问题。比如，她在做方案时，想法总是很片面，对方案的合作方以及受众欠缺考虑。有时候是因为她没能站在全局的角度考虑问题，没有注意到其他部门配合的难度。有时候是投入产出比不合理……这样的方案，必然是无法应用的，所以，她上交的方案常常需要领导指出问题，再由她去修改。

再比如说，她在碰到难题时，有时候想破头也找不到解决方法，有时候还会抱怨对方太刁钻。而每一次她将问题反馈给领导时，领导总是会“四两拨千斤”地解决。这样的差距，让她更加怀疑自己。诸如此类大大小小的问题还有很多。她百思不得其解，她只有把这一切归结于自己太笨。

然而，透过这些零零碎碎的现象，我看到一个根源性问题，就是她根本没有系统性的知识体系。

在一个人不具备系统性知识体系的时候，一般会具有以下几种特征。

1. 知识线条单一，思维片面狭隘。

在职场中，会有这样一类人，他们在看问题的时候总是习惯性地从自己的角度出发。例如，某个产品销售火爆，产品研发人员会认为是产品做得好，有卖点，质量过关；设计人员会认为是自己的产品设计新颖，才使产品在竞品中脱颖而出；营销人员会认为是营销推广做得好，才被消费者看中；销售人员则会认为是凭借自己的三寸不烂之舌，才把产品送到更多的消费者手中……但事实上，一个产品成为爆品，是一次系统性的成功，任何一个环节脱轨，都无法取得最终的胜利。

前面说的向女士，其实也是这种情况。她的知识线条单一，没能够考虑到一项工作运转的系统性，只从自己的角度出发，忽视了同事、合作方、用户等多方的诉求，自然就很难做出一份相对完善的方案。

这种思维的狭隘虽然看上去是一种思维惯性，但本质上是因为没有足够完善的知识体系为他们提供多元的视角。就算他们在主观上想换个角度考虑问题，也根本不知道如何代入其他角度的思维。

2. **点状思考，无逻辑框架。**

没有系统性知识体系的人，在思考一个问题的时候是点状的，只考虑眼前的问题。只想着解决眼前的问题，不考虑事态发展，更无法解决根本症结。例如，某位员工为了解决难缠的客户，答应了客户不合理的要求，甚至为此自掏腰包。她本以为解决了这个棘手的问题，却没想到客户变本加厉，制造了更大的麻烦。

在解决问题的过程中，那些没有系统性知识体系的人在思考调用知识时没有任何逻辑框架，他们无法清晰地分析事件的逻辑关系，没有完备的应对方案以及备用方案，只是从散落的知识体系中寻找应急的方法。

3. **无法自洽，容易创造更多问题。**

这类人在工作中或者解决问题的时候，很容易没有进行过多思考就一头扎进去。向女士也有过这类情况，领导交代一项工作就直接埋头去做。有时候花费了很长时间，一回神儿才发现，这条路根本行不通，白费了很多功夫。

有时候，工作会自相矛盾，为了解决一个问题，却不小心制造了更多的问题。所以她常常会觉得工作很难掌控，她的工作中也总是容易出现一些意外状况，而这并不是因为她运气不好。

那么究竟什么样才算是系统性知识呢？其实，也就是将知识结构化，逐步地形成点、线、面、体。拥有了系统性知识的人，不光有足够的知识广度，更能够对事物有不同的认识，拥有透过现象看本质的能力。他们在看待一个问题时，能够代入更多的思考角度。在知识体系的加持下，他们可以拥有足够的高度，可以支撑起多维视角的认知。

简单来讲，也就是在工作中，针对一个问题能够兼顾各方，提供系统性的解决方案；在面对问题时，能直达问题的根源，找到真正的症结所在并能够找到多种应对措施。即使面对棘手的问题，也能坦然面对，灵活应对。这是一个具有系统性知识体系的人拥有的能力，而这样的人，在职场中也必定是一个高效能职场人。

那么，职场人该如何建立自己的系统性知识体系呢？我的建议是按照以下四个步骤去做。

1. **确定知识需求。**

知识本身是庞杂的，所以，你的学习首先要从自己的能力和自身的需求出发。例如，你的职业理想是成为业内顶尖包装设计师；你从事产品研发工作，想要成为业内大咖；你是一位策划人员，但你的表达能力欠缺，每次向领导和客户表达你的方案时都很不理想；你是一名小小的文员，但你想成为一名管理者……

无论你对自己的职业，对自己的未来有怎样的规划和期许，这都将为你学习知识提供明确的方向。根据自己对知识的需要，明确自己需要学习哪些知识，从而列出知识清单。这份清单，不能求广，而要求精，要和自己的需求有较高的契合度。否则，它很容易成为一个落空的计划。同时，要根据需求确定不同学习内容需要掌握的程度。

2. **确定学习方法。**

在这个年代，可获取知识的渠道越来越多，学习方法也五花八门。所以，在建立知识体系的过程中，一定要明确自己的学习方法，并纳入计划。我比较建议的是读专业的书籍以及参加专业的培训课程。书籍和培训课程都要选权威性较高的，可以从书籍作者和培训主讲人的背景资历进行考察验证。一些文章、论点等网络资料可以作为补充。

3. **对知识进行梳理，找到它们的关联性。**

有些人其实知识面足够广，但却十分散乱，没有逻辑。所以，想要建立系统性的知识体系，就要学会建立知识框架，并找到知识的关联性。明确每一项知识，属于哪个环节，并能对其他环节产生怎样的作用，以及能解决怎样的问题。用思维导图或者是结构导图把知识梳理清楚，然后把梳理出来的内容放到你的知识架构中，以便需要时进行调用。

4. 吸收知识并使用知识，沉淀为自己的知识体系。

做好笔记，在吸收新的知识时，也不要忘记复盘已有的知识体系，不断地巩固、熟悉。在你遇到问题的时候，要有意识地从自己的知识体系中寻找答案，知道哪一部分知识能帮助你解决问题。如果未能找到，那么这将成为你下一步需要补充的知识。

在这样一个由“知”到“行”的过程中，知识才真正地内化、沉淀，并不断地达到“知行合一”。

列出你的知识清单	
列出各项知识需要掌握的程度	
列出你半年之内各项知识的学习目标	
列出你每周的学习计划	

挖掘核心价值和稀缺性

物以稀为贵，这是一个十分简单，又很普遍的道理。在任何领域都适用，当然也包括职场。

在如今人潮汹涌，人才济济的时代里，如何让自己具有相对的稀缺性？这似乎是一个难题。也在某种程度上，预示着一种职场危机。

很多职场人都曾碰到过这样的状况。

组建精英小组的时候，他是被留在原地的那个；裁员计划里，他毫无悬念地被列在名单里；提涨薪要求的时候，人事经理委婉劝退；提出离职的时候，公司毫不在意地办理离职手续，安排好交接人员；人到中年，工资不涨反降，不如一个工作两三年的新手……

这样的故事很现实，也很平常。但是在这背后，其实隐藏着一个很关键的问题——职场的稀缺性。正是因为缺乏稀缺性，所以很多人价值低，可替代，并且替换成本很低。所以他们成了群体中那种无足轻重的人，职场危机更容易发生在这群人身上。

由此可见，稀缺性对于每个职场人而言，都极为重要。

究竟什么是稀缺性呢？简单来讲，就是供不应求。从大环境来看，放眼望去，遍地人才。在普遍意义上，明显供过于求。对于职场人而言，如果做不到人无我有，那么就做到人有我优，不断放大自己的核心价值，才是打造职场稀缺性的不二法门。

究竟要如何打造自己的稀缺性呢？

1. 找准需求方。

很多人在塑造自己的稀缺性的时候，会有一个误区，就是会完全从自己的角度出发，打磨自己的能力，而忽视需求方。

在这个过程中，就很容易出现偏差，即使你某方面的能力很强，成为你个人的优势标签，但是对于你的职场来讲，并不能完全满足需求方的需求。那么你的能力其实对于你的职场价值并不高，也无法成为你职场的核心价值。能力并不等于价值，一个演讲能力很强的人，并不一定会成为一名优秀的产品研究员。

明确需求方要由近及远。一步步地明确岗位的能力需求、公司的能力需求、行业的能力需求，以及自我职场发展的能力需求。在需求范围内，锁定自己的核心能力，并不断去打磨这些能力，才能够塑造出自己职场的核心价值。

2. 先锁定能力长板，突显核心价值。

在任何一家公司任职，都需要创造价值。但是在一个集体环境中，如何能够脱颖而出？简单来说就是，你要有“一技之长”，也就是在你的职业能力需求范围之内，有一项能力突出。

比如你的 PPT 做得很好；你的英语很棒；你的逻辑能力特别强；你的某方面知识渊博；你对行业了解得足够透彻……确定你的能力长板，并在未来的工作中不断深化、宣传，让周围的人尤其是你的领导和同事，在提到某方面问题时能够第一个想到你，那么就可以证明，你的“长板”已经开始显现。

而此刻，如果你绞尽脑汁还是无法找到一项能力长板，那么就锁定一个目标，去踏实地学习，用 10 000 小时定律死磕，把自己打造成某个方面的专家。

3. **找到自己的差异性。**

每个个体都是独一无二的，但对于职场而言，从资历、能力、努力程度等角度来看，职场人的差异性变得模糊。尤其是在竞争激烈的环境中，身边强者越多，塑造自己的差异性就越不容易，但这并不代表没有出路。其实，简单来讲可以总结为“多快好省”。

多，也就是同样的时间内，你要尽可能多地产出价值，做出更多的成绩。

快，面对同样一个任务，你需要不断优化自己的工作方法，在保证质量的前提下提高你的工作效率，比别人更快达成目标。

好，指的是工作质量，无论工作大小，都要尽可能地考虑周全，尽可能地超过领导的期望值。尽力把细节做到极致，有的时候细节也可以决定成败。

省，指的是在保证效率和结果的前提下，你能找到更好的方法，为公司节约成本，这种成本包括资源、时间、人力等。在结果相同的情况下，使用成本低的人，投入产出比越高，这个人对公司的价值也就更大。

4. **保持思维的独特性。**

在稀缺价值的塑造中，很多人常常只会关注能力优势，而往往忽视了思维的独特性。一个人的思维决定了他的格局和他的认知，并且会作用在职场中，使其走向不同的发展路径。

比如，当一个难度较大又比较繁重的任务分配到某个 4 人小组时，A 和 B 满腹抱怨，认为领导压榨他们，很不情愿，甚至在领导可能不会检查到的某些细节上敷衍。反复几日后 C 也认同了他们的观点，但是 D 却对此事另有看法。他很看好领导做的这个新项目，很符合发展趋势，尤其是其中的一项业务，如果能做好做精一定会大有发展，而就算做不好也能长长经验。ABCD四个人能力相近，但是因为 D 的思维更有高度，所以他做了截然不同的选择。两年后，D 成了这个项目的负责人，收入翻倍。A 已经离职，B 和

C 还是原地踏步在基层。

由此可见，保持思维的独特性，也是一个职场人保持稀缺性不可或缺的一部分。

5. 保持自己的不可替代性。

一个人的不可替代性不是由自己定义的，而是由替换成本决定的。一家公司替换你的成本越高，你的不可替代性就越强，也就意味着你的价值越大。

那么，如何保持自己的不可替代性呢？首先，需要不断提高你的能力门槛，你的能力越强，别人追赶你的难度就越大。你被替代的时候，公司就需要花费更高昂的成本，反之亦然。为什么很多职场人谈涨薪那么困难，公司毫不在乎，也不给面子。这其实就是因为他们不害怕你离开，即使你离开了，他们随时可以用同等或者更低的成本补上这个空缺。

其次，要努力进入公司的核心部门。在核心部门中，你付出同样努力但可以创造更大的价值，而且在核心部门也更容易打开涨薪和晋升通道。

最后，掌握核心技术或者核心客户。如果你手中拥有了核心的技术或者核心的客户，他们将成为你的砝码，巩固你在公司的重要性，因为一旦公司想要替换你，必定需要付出高昂的成本。但职场人一定不要因此而膨胀，因为一旦你侵害了公司的全局利益和长远利益，公司也会“忍痛割爱”。

我们可以填写下面的图表，分析自己的稀缺性。

需求方的需求	
能力长板	
差异性	
思维独特性	
不可替代性	

聚焦专业领域，强化标签，打造职场人设

为什么在职场上有很多人摸爬滚打许多年，能力不俗，经验丰富，却不被提拔，不被重用。

是环境问题？是公司的问题？是领导的问题？

不，很多时候，这些问题的根源，还是在职场人自己身上。

在职场最可怕的是不被看见，永远都是个“小透明”。

很多人把职场“小透明”看作一个初入职场的发展阶段，认为初入职场，什么都不懂，不被看见也很正常，工作久了自然也会从“小透明”的阶段走出来，发展越来越好。但这其实是一种有些幼稚的想法，现实的情况是，仍有很多在职场上奋斗多年的人，像是职场的背景板一样成为那些佼佼者的衬托。这其实是一件很无奈也很辛酸的事情。

齐先生有 8 年的工作经验，能力也可以，但是职业发展却十分缓慢，换了两家公司，一直都是基层。他不是没有碰到过晋升机会，只是他从来都不是被提升的目标人选。

齐先生是个很努力的人，也很拼。每一次职场的不顺，他都归结于自己的努力不够，就会加倍地付出。但也正因如此，齐先生在多次失望后，感到很委屈也很沮丧，让他觉得自己的努力没有意义。

我从来都不会否定努力的意义，但我一直希望的是，职场人不要只有努力，要学会看问题，要看清环境，看清现状，去学习更多的方法和思维，放大努力的价值。

很显然，齐先生的努力太盲目，什么都想做好，但每个人的精力毕竟有限，所以工作这么多年，他没有什么核心优势。从一个领导的视角来看，齐先生是个不错的员工，有什么事情交代下去，一般都会稳稳当当地办好。

但是在考虑提拔人选的时候，很难在齐先生身上找到他的明显标签，他的身上没有明显优势，领导就算有意地想要提拔他，也很难找到提拔他的点。

在职场中，像齐先生这样的人不在少数。努力拼搏，却一直没有亮点，他们的标签很普通或者是很模糊。他们的职场发展平平，甚至很容易遭遇职业危机。

可见，塑造自己的核心竞争力，打造属于自己的独特职场标签，尤为重要。

如果你想要打造自己具有竞争力的职场标签，我建议可以从以下几点出发，让自己脱颖而出，让别人记住自己：

1. **关注群体环境，分析群体特征。**

人的发展永远离不开环境，所以打造自己的职场标签，一定要关注群体环境，也就是你所处的团队，你所在的公司。要分析你所在的这个群体的特征是什么，并分析出有哪些是被需要的，但又没有被占据的特征。然后在这个范围里，再去挖掘适合自己的、可塑造的特征。

比如说，整个产品研发团队对消费者的需求分析总是不够精准，被上级领导多次指出，如果你能够把这项工作做好、做精，那么你很可能会因此脱颖而出。

2. **聚焦专业领域，挖掘个人潜力。**

塑造个人标签最重要的一环，就是提高业务能力，它是支撑起标签的关键因素。每一个专业领域的发展方向都很多，涉及的知识也方方面面，这个时候就需要我们不断聚焦。

就比如说任职于广告公司的设计师小宁，他们公司设计的业务面很广，设计内容会涉及产品包装、宣传海报、展板、宝贝详情页、logo 等。小宁是个全能型员工，领导安排什么做什么，工作干了很多，但是却没有太多可圈可点的成绩。

我当时给小宁的建议是，如果她希望自己能力和职业发展效率更高的话，一定要聚焦一个发展方向下足功夫，死磕到底。小宁最终选择了包装设计方向，一方面她利用业余时间狂补相关专业知识，另一方面每当公司有这方面的工作任务时，她都会自告奋勇去承担。慢慢地，她的工作逐步倾向于包装设计方向，在同事和领导心中塑造了“包装设计高手”这样的标签。每当有此类工作都会分配给她，而在这个不断学习不断实践的过程中，她的这个标签越来越鲜明。后来因为她的包装设计被某品牌方看重，高薪把她挖走。

其实任何一个专业领域都可以被细分成多个领域，当你的力量聚焦于某一个关键点时，最终会产生更大的价值，你的能力标签也就越鲜明，你的竞争力就越强。

3. 锁定辅助标签，放大长板优势，让你更具竞争力。

在职场上，除了突出的专业能力标签，还需要一些辅助标签，比如说，你的性格，你的沟通表达能力，你的态度等，这些标签如果都是正向的，就会放大你的长板优势。反之，你在这些方面的负面标签形象会拉低你的能力，甚至让你错失机会。

曾经，小H就曾为此苦恼过，她的专业能力很强，做的方案也赢得了客户的认可，但是领导却把一位大客户交给了另外一位同事对接。领导的理由是她的性格过于直爽，不善沟通，害怕她做事冒进，害怕在合作的过程中出现什么问题，所以为了公司利益考虑，最终做出了这样的选择。

其实在工作中，很多人能力很强，但是亏在了其他的负面标签上。所以，作为职场人，也要有意识地经营自己的辅助标签。

如果你的标签是“产品策划高手”，同时你的沟通能力强，做事周到心细，那么领导在与客户对接，需要一位产品开发人员时，你会因为这些明显的优势标签而成为领导的首选，自然也会有更多提拔锻炼的机会。

用精练的词语在下面写下你的个人标签。

专业标签	
职业能力标签	
性格标签	
态度标签	

4. 从专业能力到职业形象、言行细节，做好标签塑造。

打造职业标签需要一个不断强化的过程，你不光要找到属于自己的标签，更要在各个方面强化你的标签。

在专业领域锁定标签之后，你需要在这个专业方向上投入更多的精力，去学习和吸收更多的相关知识、方法、思维方式，并在实践中加以应用，如此反复，才能不断地深化标签。

除此之外，你的职业形象需要符合你的标签，因为一个人的职业形象代表着一个人的职业修养。很多职场人并不注重职业场合的穿着，认为那太形式主义。但任何人在了解一个人的时候，第一印象就是外观形象。一个不合时宜的职业形象容易给人留下一个不职业、不专业的印象。

你的言谈举止，你的工作方式，都要符合你的标签形象。如果你想塑造积极的、严谨的职业形象，那么就不要常常与人抱怨或者胡乱揣测。

标签是一个动态值，如果你不注重上述这些细节，你的标签可能随时会糊掉，你的人设也会很快崩塌。

所以，想要成为一个卓越的职场人，就要懂得日复一日地坚持塑造自己，打磨自己。

HANDBOOK OF PERSONAL STRATEGIC GROWTH

第二章

个人目标规划

在起点找到你的远方

为什么有些职场人会感到迷茫？

有的人不知道眼前的工作适不适合自己，犹豫要不要辞职；

有的人觉得自己只是一个普通的小职员，渴望逃离现状，又不知道该向什么方向努力，也不知道该怎样去努力；

有的人觉得，做了许多年的工作，让自己心力交瘁，放弃一切成绩，换个领域重新开始，是不是太疯狂？回望原路身心疲惫，换条新路，不知方向，也没有勇气……

人在职场，各有各的迷茫。迷茫的人是因为在职场失去了方向感，找不到正确的路。

方向感的缺失从根本上来讲是目标感的缺失。很多职场人正是因为没有明确的目标或者根本没有目标而深陷迷茫，在他们的认知里，工作只是一种单纯的谋生手段，每个月期待着发工资的日子，期待年底多发点奖金，从没考虑过未来的发展，或者根本无法描摹未来的样子，只是单纯地希望多赚点钱。

可换个角度思考，如果你不清楚自己未来将会成为一个怎样的人，不知道未来想要过怎样的生活，又怎么能找到奋斗的路呢？

他们看不到自己的远方，不知道自己最终要走向哪里。所以他们漫无目的地游走，被命运推着走，在职场中来来回回做了很多尝试，甚至打拼多年还在职场底层。这样的职场很容易让人感到疲惫，生出抱怨。

没有目标的职场是很可怕的，在无形之中不知不觉就走上了下坡路，蓦然回首才发现自己已经深陷泥淖很久。

小 Y 工作五年，在一家中型企业，工资固定，周末双休。最开始她只是公司的实习生，后来留下来做了前台。她的生活很简单，每天都是领导安排工作，她按要求做完，难一点的工作她不会去钻研，做不下去就反馈给领导。无聊的时候刷刷手机，看看新闻，买买东西，日复一日。直到她发现身边的朋友工资都开始翻倍，开始升职，她与同事的差距越来越大才开始着急。

小 Y 这 5 年，机械地过职场生活，就像是个提线木偶，领导安排什么就做什么。以前，她只是一天又一天地度过自己的职场生活，没有目标，也就没有奋斗的动力，理所应当地安于现状。后来，她想要努力，还是没有目标，不明确自己的职业方向，于是更加迷茫。

其实像小 Y 这样的职场人还有很多，甚至是一些做到中层的人，也常常会感到迷茫，他们或是忙碌，或是悠闲，但都没有职业发展的概念，也没有明确的职业规划。

可一旦你把职场想简单了，那么你的职场路也就会在不知不觉中变得艰难了。

所以，只要你身在职场，且无论你正处于怎样的阶段，都一定要拥有明确的目标。尽早找到自己的职业优势领域，并了解自己获得成就感的方式。因为在职场上，只有找到自身的职业优势，并持续不断地为之奋斗才是摆脱平庸的最佳路线。

职场人究竟该怎样找到自己的目标，走上适合自己的路呢？我建议从以下几个角度去考虑。

1. 明确你向往的生活。

每个人工作最终的目的，都是为了不断地让生活过得更好，所以才会朝着理想的方向前进。那么，请在此刻勾勒你未来的理想生活。换言之，就是你在经过了 10 年或者 20 年的奋斗之后想要过上一种怎样的生活。描述得越详细越好，比如说，你希望自己的年收入是多少，财产状况怎样，有什么样的工作状态，和什么样的人一起工作，处在一个怎样的圈层中，你在哪个方面获得怎样的成绩等。

如果对于未来的生活状态没有明确的概念，那么建议你可以找一个参考值，可以从你身边熟悉的人，如领导、同事、朋友、长辈等，找到参考样本。找到一个你想成为的人，或者从几个人身上综合出一个理想生活的样本。

当你能够明确未来的生活状态时，你的人生目标也会更加清晰。

2. 什么样的职业最吸引你，你希望自己最终做到什么层级。

在你的理想生活中，你的理想职业是什么？也就是你最想做的工作是什么？并且在这份工作中做到怎样的层级才能实现你的理想生活？

在现实中常有这样一种情况，很多人当下并不知道自己向往什么样的职业，那么，这个时候除了亲自去尝试和体验之外，还有另一种方法。就是可以列几类你熟悉的或者是觉得可以尝试的工作，对这些工作进行多维度的调研，去了解这些职业的特点，主要工作职责，日常工作大概是什么样的内容，常会接触哪类人，需要怎样的能力，职业发展前景如何，行业佼佼者拥有哪些成就等。

调研的方法有很多，可以去浏览职业相关论坛，去看资深从业者对职业的心得分享，去招聘网站上看都有什么样的企业在招聘哪类人才，给出怎样的薪资待遇。总之，在这个互联网时代，只要你愿意，就可以不断挖掘出更多有价值的信息。在你了解了这些职业之后，便可以依据自己的性格、能力等特征进行取舍，选出自己更中意的职业。

3. 你是否在某一方面有突出的能力或潜力。

在选择职业目标时，职场人也要考量自身的能力优势，就比如说，你的文笔很好，很喜欢研究化妆品，那么可以综合你的爱好和特长做化妆品相关的文案策划工作，这可能会让你得心应手。

如果你还不能明确自己的特长，那么不妨回顾一下自己的工作经历，你的过往经历，你取得成绩并获得很强的成就感的事情是什么。尽可能多地从你过去的经历中找到这类案例，分析这些成就感的来源，回想你曾在哪些方面受到过赞赏，这也有助于你找到适合自己的职业目标。

此外，你还可以通过挖掘自己的潜力来寻找适合自己的职业目标。有时候我们在某些方面具有一定的敏锐度，但常常被自己忽视。比如，某位刚入职的营销人员给出的宣传文字比文案人员写得更好；某位产品研究员的产品培训精准生动，完全不输培训师；某位实习生，在给客户介绍产品的时候逻辑清晰，对产品了解透彻，最后客户欣然埋单……你要仔细留心这样的细节，发现自己的潜能，进而锁定自己的职业目标。

下面，你可以根据实际情况，在下列问题的引导之下，梳理你未来10年的职业目标和生活目标。

你希望自己在哪个行业，做到什么位置？	
固定资产是多少？	
年收入是多少？	
管理多少人的团队？	
处于怎样的圈层，结交怎样的朋友？	
每天有多少时间用于工作？	
对时间自由支配权限有多大？	
如何安排休闲生活，每年为自己安排几次假期？	
你认为现在身边有谁达到了这种生活状态？	
其他补充	

以终为始，规划未来路径

人生中会有很多事要去做，也总是会面临很多选择，每一次选择都决定着未来一段时间里的发展路径，最后形成我们独特的人生轨迹。那么在面临重大的人生选择时，我们究竟该如何取舍？建议职场人充分地运用“以终为始”的思维，来规划自己的发展路径。

就如同我们想要建造一所房子，不能盲目地去搬砖搭瓦，而是要做好房屋的结构设计、外观设计、景观设计，勾画出房屋最终建造的模样。然后再按照施工图，一步步地去实践，才能建造出理想的房屋。

这是一个简单的道理，但是到了职场中，很多人似乎在日复一日的忙碌中失去了这种做计划的意识，又或者只是做了一份计划，却并没有真正严格实施。

很多人的计划性都很差，但他们并不认为自己的职场发展如此普通和计划性的缺失有什么关系。例如，化妆品公司的徐小姐在被提问未来 5 年的职场计划时，她显得很茫然。她思考了一会儿给出的答案是，希望月薪能过万，再无其他。

当我继续追问她要如何实现这个目标，有怎样的实施计划的时候，她的回答是公司能给自己涨工资，但是直属领导很苛刻，如果她不成全自己，只能跳槽换一家待遇好的公司，慢慢努力，走一步看一步。

提到直属领导时，徐小姐打开了话匣子，开始抱怨领导如何偏袒同事，同事如何地不配合她工作，自己每天忙得团团转，业绩和高薪却都是别人的。领导只盯着自己没做好的事，完全不在乎她的成绩……

从徐小姐的一系列情况可以看出，她对于职场既没有目标，也没有计划性，她奉行的是走一步看一步的做法。而当下在职场中的困境被她归结于种种外部因素。

徐小姐的这种想法在职场中是很普通的现象。当一些职场人陷入困境，又找不到问题的根源时，就更容易通过抱怨外部环境来安慰自己。

“趋利避害”“自我粉饰”，这是人的本性。可一旦陷入这种自我麻痹，人就很难在职场上突破重围。

其实，徐小姐出现一系列职场问题的根源在于她没有计划性。做事时计划性不强，所以很容易出现差错，有时候提前完成工作，有时候达不到目标，不是慢了，就是工作内容有疏漏。所以，对于领导而言，她是一个工作能力并不稳定的人，在她身上很容易出现各种问题。

从职业规划的长远角度来看，她没有清晰的职业发展路径，不清楚自己欠缺的能力，不清楚自己的现状与目标的距离，凭着一种走一步看一步的态度去面对职场，那么她的薪资目标将遥遥无期。

“凡事预则立，不预则废”，有计划的人，做事总是会更稳妥，也更容易达成目标。

所以对于职场人而言，大到自己的职业规划，小到一件具体的工作，都可以充分运用“以终为始”的思维。

以最终目标为导向，计划的可行性、准确度也会更高。

职场人究竟要如何才能养成这种“以终为始”的思维，成为一个具有计划性的人呢？

1. **锁定终点，明确我要去哪里。**

目标是职场计划的终点和起点。所以，在制订职场计划时，要知道自己要去哪里，按照上一节内容所提到的，用多种方法确定自己的目标，尽可能地明确自己渴望的生活，越明确越好。除了你渴望的薪资，还要包括你想做到的职业层级，你的发展方向，你的能力水平，你的成就，等等。通过多维的指标，不断精确自己未来的坐标。

除此以外，还要将这个坐标分解，也就是分为长期目标、中期目标和短期目标。因为，如果只有一个长期目标，那么在与目标距离较远时，人很容易失去斗志，而阶段性目标可以让计划更稳妥。比如，如果你在 10 年后，想要成为高管，拿到 50 万元的年薪。从这个终点倒推，那么第 5 年的时候你需要做到部门经理，能够管理一支小团队，独当一面，拿到 20 万元左右的年薪。第 1 年的时候，你需要让你的直属领导看到你的潜力并重用你，给你更多具有挑战性的项目，然后，再将这 1 年内的计划分解到每月、每周。

2. **确定当前坐标，我在哪里。**

弄清了目标之后就需要明确现状。也就是按照第一章的方法，我们对自己的职业、发展潜力、职场环境等进行多维度的评估，以此来明确自己的坐标。这份现状评估一定要尽可能地保证客观，因为这极大地影响了计划的可执行性和准确性。如果你无法对自己做出客观全面的评价，建议寻求专业人士的帮助，专业的职业顾问可以帮助你打开视角，看到未知的自己。

3. **我拥有什么。**

这其实就是盘点自己目前所拥有的资源。这部分资源包含了内在资源和外部资源。

内在资源主要来源于自身，如你拥有怎样的教育背景，有着怎样的职场经历，拥有哪些个人能力，这些能力中是否有突出的优势。

外部资源包括了你的人脉资源，你的职场环境，领导是否器重你，公司是否具有较好的晋升机会，你是否有熟悉的行业前辈能够在职场上给予你一定的指导和助力等。

盘点了自己拥有的资源，知道自己拥有什么，再对比目标，才能知道自己欠缺什么。同时，你也会更加清楚下一步的计划，明确在这些资源的加持下，可以做哪些力所能及的事，以及哪些具有挑战的事。

4. 我与目标的距离有多远。

计划就是，先看未来，再看脚下，对比之后便会更加清楚你离目标究竟有多远。每个人与自己职场目标的距离都是不同的，因为每个人的起点和终点都不一样。这个距离，要从多方面去衡量，包括薪酬的距离、职位的距离、能力的距离、资历的距离。而这个距离也可以检验你的目标可行性。

例如，你当前的月薪为 5000 元，你希望在 5 年后月薪达到 5 万元。那么按照普遍的职场薪资增长规律来看，在如此短的时间内获得如此高的薪资涨幅，难度是很高的。这样的薪资已经是高管水平。对于一个初入职场的小白来说，在 5 年之内成为高管是不太可能的，很明显，这个目标的可行性并不高。

明确目标的距离，也是为下一步对计划的分解提供依据，让我们能够更加清楚每一个阶段需要走多远，在各个方面要达到怎样的目标才能稳妥地实现最终目标。

请在下表中列出你的当前状态与未来理想状态。

对比维度	当前状态	未来理想状态
职位		
业务水平		
薪资水平		
资历		
其他		

5. 我要怎么去做。

明确怎样去做，其实就是明确实现目标的方法，即你需要在一定的时间内，做好哪些事才能达到不同阶段的目标。

在明确了计划方案之后，还有一条尤为重要的是，弄清楚自己要以什么样的节奏去做。这一点需要根据自己与目标的距离以及自己的能力现状进行规划，按照一定的周期进行分解，计划的内容一定要符合自己的节奏。

值得注意的是，职场计划一定要清晰。越靠前越清楚，越往后就不能过于清晰。

根据上述制订计划的方法，在下表中，用简练的语言写下你的职场计划。

第 1 个月	
第 2 个月	
第 6 个月	
第 1 年	
第 2 年	
第 3 年	
第 5 年	

职场打拼，并不是艺术性行为，不能漫无目的、随心所欲。所以，当你进入一个职场人的角色，一定要塑造自己的计划性思维，稳稳地走好职场之路，一步一步地实现自己的职业目标。

个人战略目标制定的 SMART 原则

在职场中，我们最常见的是计划执行不到位，无法达成目标。但也有一些人严格地执行计划，可工作还是一团糟，目标仍无法达成。他们足够自律，足够努力，足够用心，却忽视了一个重要的问题，就是这个目标本身是否足够科学有效。如果我们的目标不够科学，那么整个计划从一开始就注定了失败。

其实，设置目标并制订计划，这本身就是一个主观性的行为。所以每个人在制订计划的时候，都会不可避免地带有一定的主观倾向性，可一旦这种主观倾向性过强，那么就很容易失去科学性，使计划变形。

例如咨询者许先生，当初他在为自己制订职场计划的时候，过于急切，他希望自己能够尽快提升自己的业务能力，希望自己能在半年之后的竞聘中获得晋升。但当时徐先生刚进入职场不到两年时间，用半年时间打磨出担任主管的能力和业绩，这个目标明显偏高。

许先生当时为自己写下了满满当当的职场计划，而为了完成这份计划，他每天忙得焦头烂额，过度的忙碌和疲累，让他的工作效率明显下降，原本一个勤奋上进的人，却常常被领导批评，最后他不仅没有进入竞聘名单，甚至还被人事部门约谈。这样的结果，一度让许先生感到丧气，却不知道问题究竟出在了哪里。他明明是一个有计划、有目标、有上进心的人。可面临这样的结果，是不是太冤枉了？

经过了深入的沟通之后，许先生才意识到是他过于心急，使目标和计划高于现实的负荷，让他的职场越来越沉重。

所以当你的目标无法圆满达成的时候，不要急着为自己找借口，去推脱责任，而是要深入地思考，是不是目标本身出了问题。

那么在职场中，如何制定一个具有科学性，又符合自己现状的目标呢？我建议职场人一定要学习并掌握 SMART 原则。

SMART 原则是一个简单有效的目标管理方法，在 SMART 原则的支持下，我们可以制订出更加科学有效的计划，达成自己的目标。

SMART 原则主要从以下 5 个方面来衡量目标和计划的科学性。

S 代表 Specific。这意味着你的目标和计划应当具有明确性，它应当是具体的、清晰的，而不能是模棱两可和模糊的。

例如，你希望通过一年的时间提升自己的综合能力，然后去参与部门经理的竞聘。但提升自己并不能算得上是一个明确清晰的目标。清晰的目标需要足够具体，例如在一年之内要为公司创造 1000 万元的业绩；独立策划出多少个令客户满意的方案；自己能够独立承担或主导多少个项目……通过完成这些指标达到一个部门经理的水平。

除此以外，你的计划内容和实现途径也需要足够明确。例如，你想要用一年的时间去学习新媒体文章的创作并可以开始变现，那么你的计划就需要考虑很多细节的内容。你是通过报培训班进行学习，还是自学？你要清楚自己需要学习的方向都有哪些。像自媒体创作，你除了要提升自己的文笔，还需要掌握自媒体创作的思维，学习如何分析用户心理，学习如何打造爆款选题……

在明确了需要学习的内容之后，把所有学习内容进行阶段划分，然后规划每个阶段为了达成学习目标需要学习哪些内容。

M 代表 Measurable。它代表这个计划的最终结果是可以通过明确的指标来衡量的。也就是说，无论是计划本身还是最终达到的结果，都需要可视化、可量化。

比如，如果你想要学习自媒体写作，那么你的计划内容就不能只写研究爆款文章，提升文笔，提升选题能力等，还要计划每周需要写几篇稿件，每篇稿件需要达到多少阅读量，每周策划多少个选题，阅读研究多少篇爆款文章……把每一阶段需要做的内容都清晰地列入计划中。当你完成某一阶段任务的时候，便可以通过你计划中的不同维度指标对自己计划完成情况进行评估。

A 代表 Attainable。计划的目标不能过低或过高，否则目标便没有了意义。

前文中提到的许先生由于太过心急，计划列得太满，完全超出了自己的负荷。换个角度来讲，是他在所设定的时间内，设定的目标过高，这不仅无法助他完成最终目标，还使他的生活一团糟，因此这样的计划是无意义的。

其实还有一些人会把自己的目标定得过低，那么将目标分解之后，内容也会十分简单，容易达到。这样过低的要求，有时候会阻碍自己的发展，使自己的潜力处于惰性状态，无法被激活，直至被淹没。

所以职场人在制订计划时，一定要掌握好尺度，充分考虑好自己的现状。这个计划既要能完成，同时也需要具有一定的难度和挑战，这样才能激活潜力。

R 代表 Relevant。它是指计划与目标应当具有关联性。只有计划中的内容与目标紧密相关，才能保证最终实现目标。也就是说你计划中的内容，要以最终目标为靶向，拥有较高的相关性。

例如某位职场人，他的目标是晋升，但他在计划中把大部分精力用在了如何讨好领导，如何在同事中树立威信等方面，经过一段时间的努力，他最终还是落选。

不可否认，职场中的晋升，与领导的信赖以及同事的支持存在一定关系。但最核心的是，竞聘者能够满足职位的需求，具备岗位所需的业务能力和领导能力。所以舍本逐末的计划，最终也是无效的。

T 代表 Time。它代表着时效性，也就是当你将一个大的目标拆分成多个小目标时，每一个小目标都要有相应的截止时间。每一部分内容都要根据实际的轻重缓急拟定出不同的时间节点。一旦没有时间的限定，那么计划将处于松散无序的状态。

所以，建议职场人的计划需要精准到每一天的内容。例如，你的计划是每天写一篇小文案，这件事情就很容易被忽略。你吃过晚饭之后出去散步，回来累了刷一会儿手机，一不小心就到了洗漱该休息的时间，才猛然想起自己的计划没有完成。如果你把计划设定为每天 9 点到 9 点半练习写一篇小文案，并为此设定好闹钟，那么当你有其他琐碎事情的时候，就会绕过这个时间。当你不断适应了这样一个计划节奏之后，就会形成一种习惯，更容易把计划坚持下去并达成目标。

希望职场人可以充分地掌握 SMART 原则，无论你是制订一个工作计划，还是制订一个关乎职场发展的职业发展计划，SMART 原则都能使你的计划更加科学，稳妥完善，帮助你更高效地实现目标。

如果你准备为自己制订一个目标和相应的计划，可通过下表对其进行检测。

Specific：你的目标是否具体？	
Measurable：你的目标是否可衡量？	
Attainable：你的目标是否可以实现，并具有一定的挑战性？	
Relevant：目标和其他目标是否具有相关性？	
Time：你的目标是否具有明确的截止期限？	

个人战略目标制定成功的 5 个标志

职场不是随遇而安的旅行，有目标才能走得更坚定。

可是，目标是成功的开始，也同样可能是失败的开端。一个错误的、失败的目标，很可能会让你的努力付之东流。

我就曾见过一些职场人，一方面，他们真的很努力，也很用心，是那种努力拼搏、积极上进的人。但另一方面，他们疲惫不堪、非常焦虑、压力满满，整日游走在崩溃的边缘。

陈先生应该就是这类人，他的职场目标很清晰——2 年做到高层的位置，年薪 40 万元以上。但是对于当时的陈先生而言，这个目标有些超负荷。当时他的薪资水平是年薪 20 万元。他为了 40 万元的目标加倍忙碌，几乎不给自己留有休息的空间。偶尔和朋友出去吃饭放松一下，他会有很强烈的愧疚感，觉得自己把太多时间用在娱乐休闲上，担心自己无法达成目标。

在这种长期的高压状态下，陈先生变得很焦虑，尤其是当他竞聘高管失败后，他一度处于崩溃状态，变得很迷茫。

其实对自己要求高，积极上进，这些都是很好的品质，但是陈先生的做法有些走极端，他的目标明显是不合理的。因为这个目标过载，给了他太大的心理压力，压迫了他的职场和生活。

目标的成败与否体现了职场人的努力成效，那么什么样的个人目标才算是成功的呢？

根据多年的职业咨询案例，我总结了以下 5 个要点。

1. 在执行过程中，目标的激励作用大于压力。

有些职场人在设定目标之后、执行计划的过程中，会倍感压力和束缚。要么就像前文中的陈先生一样，被过载的目标压得喘不过气来，要么就是有了目标也不想行动，感觉不到目标的吸引力，常常与自己的惰性作斗争，导致计划连续落空。

一个成功的个人战略目标，它的作用一定是积极的、正向的。它会给人适当的压力，这种压力是可承担的，会促使你有更强烈的奋斗欲望，激活潜能，转化出更大的激励作用。在目标的指引下，会让人更愿意执行计划，并在这个过程中，逐渐地感受到向目标靠近的成就感。

所以，你在为自己的目标努力的过程中，如果感受到了强烈的压迫感和无力感，应当深思自己的目标设定是否合理。

2. 具有一定的挑战性，激发你的学习力和潜能。

每个人职场的目标高低各有不同，有的人希望自己拿百万年薪，有的人希望自己顺利升职，月薪过万。

任何高和低的标准都是相对的，对自己而言，一个成功的目标，最重要的就是适合自己，不能过高或过低。它会具备一定的挑战性，需要你提升自己的某些能力才能达到。在这个过程中，这个目标会激活你的学习力，让你不断地去拓宽视野，打开新世界，并不断深挖自己的潜能。

所以，如果在执行一个计划的过程中，你遇见了一个更加优秀的自己，掌握了更多的技能，获得了更多的自信，那么这个目标就是成功的。

3. 目标合理可实现，而不只是一种单纯的憧憬。

每当谈到关于目标这个问题，很多人的思路就开始天马行空起来。

我要年入百万；我要去大公司做项目总监；我要掉肉 20 斤，瘦成一道闪电；我要当上总经理，开掉我现在的主管……

但是，目标和憧憬是两件事。

每个人对未来都会有美好的憧憬，但不是所有憧憬都可以拿来当作目标。这个世界的确存在各种各样的可能性，草根逆袭成为拥有千万粉丝的网红；埋头奋斗创作的人一夜爆红成了知名作家；做出了爆款项目的经理，快速成为行业中的传奇人物，薪资直线上涨……

这个时代不缺逆袭的“神话”，但是“神话”并不能成为一个成功的样板，对于绝大多数人而言，还是需要沿着科学的成长逻辑一步步地达成自己的人生目标。

所以，个人战略目标的设定，一定是通过努力实现的。举个简单的例子，“一个亿的小目标”对于王健林而言，的确是一个可以实现的小目标，但是对于普通职场人而言，就是天方夜谭。而且，很多人奋斗一生，可能连一千万元的目标都无法实现。

我们可以怀揣遥远的憧憬，但在奋斗的时候，一定要有一个清晰的、值得奋斗的目标。

4. **目标与自身契合度高，符合自己的特点。**

在这个多元发展的世界里，在任何一个领域做到极致都可以获得一个很好的状态。于是，很多人看到了那些美好的状态之后，将之视作自己的目标，但那真的适合你吗？

一个常见的例子就是，很多大学生常常会将花店、咖啡厅、奶茶店、蛋糕店等作为自己的目标，完全不考虑自己的能力、阅历、经济实力等，盲目地投入奋斗，最后以惨败告终。

还有一些职场人，因为羡慕那些自由职业的所谓“自由”，羡慕新兴行业的高薪等，将之视作自己的发展，盲目改行，最后在现实面前撞得头破血流。

销售经理改行做了视频剪辑，才发现一个短短的只有几分钟的优质视频需要花费好几个小时甚至一天的时间才能做好。某产品经理辞职写小说，不光赚的钱没法养活自己，更是发现每天几千字甚至上万字的创作压力要远比上班大。

作为一个职场人，要明白在任何一个领域做到优秀都可以闪闪发光。而任何看起来自由、光鲜的职业背后，都隐藏着数不清的艰辛。

所以，设定目标，不要只盯着它闪光的一面，更要清楚地了解，它需要付出什么样的代价和筹码。同时也要看看脚下，那是不是真正适合自己的路。在错误的路上盲目行走，必定会迷失。

5. **达成目标的过程，不能以完全透支身体和牺牲健康生活为代价。**

在这个快节奏的时代里，绝大部分的工作都是忙碌的，开会、加班似乎已成了职场的奋斗常态。尤其是对于那些目标明确的人来说，他们更是不遗余力地向着自己的目标奔跑。

但是，在这个奔跑的过程中，有些人为了更快地达到目标，忽视了一些重要的东西：健康和生活。有多少人，在工位上停止了呼吸；有多少人，累出一身毛病；有多少人，永远在忙碌，忽视了孩子的成长……

不可否认，每一个人在为自己职场打拼的过程中，都会出现一些健康问题，都会牺牲一部分与家人相伴的时光。但凡事有度，如果你为了达成某个目标而透支了健康，完全忽视了家人，几乎失去了生活空间，那么，这样的目标显然是不合理的。这个时候，你需要重新调整目标，调整自己的职场状态。

填写下表，评定自己的目标设置是否合理。

你的职场发展目标是什么？	
这个目标更多的是让你倍感压力，还是让你充满斗志？	
你的目标是否能够让你意识到自己的不足之处，并为之努力？	
你的目标通过努力是否可达成？	
你的目标是否符合你的性格、能力、现状等？	
你在执行目标的过程中，是否能保持良好的健康状态和生活节奏？	

个人战略目标制定勿踩的 5 个雷区

制定目标是职场人实现个人发展的起点，有了目标才会让我们的职场奋斗更有方向感。可是制定符合自己的、科学的目标却并非易事，即使我们掌握了正确的方法，也很容易一不小心走上错误的路。

一个过高的目标，会成为千钧重担，将你压垮在奋斗的路上；

一个过于急促的目标，会扰乱你的步伐，让你迷茫慌张；

一个随意的目标，来去无影，无法对你的行为产生激励……

每个人在最初奋斗的路上，都曾有过一个美好的目标，但是在形形色色的职场上，我们也见惯了各种各样的挫败故事。

为什么理想总是如此丰满，现实却总是如此的骨感？人生的落差总是如此巨大，如此令人茫然吗？

很多时候，是我们从一开始就错了，误入雷区，越走越偏，又谈何发展。所以，职场人在制定个人战略目标时，一定要有意识地规避错误路径。

根据多年的职业经验，我总结了以下几点职场人在制定个人战略目标时常见的雷区。

1. **不敢跳出当下，不敢向往自己的不确定性。**

在现代职场里，有一个普遍的现象，越来越多的职场人变得不自信了。曾经的职业理想，在现实的打磨中变成了养家糊口的挣扎，长远的职业规划意识越来越淡薄。就算是偶尔想要重新梳理自我，也不再敢为自己设定太高的目标。

我还记得和一位咨询者郭先生沟通时的内容。他的目标是 10 年内成为管理层，拿到 15K~20k 的月薪。当时，他已经工作 4 年，月薪 8K，可因为不自信，他不敢有过高的期望，这个目标是他认为 10 年内的天花板了。

他的目标变成了单纯的升职加薪，甚至很难称之为目标，因为按照他当时的综合情况，只要按部就班地走好职场，自然可以到达那样一个结果。当我问他为什么不敢给自己设置一个更高的目标时，他的回答是，未来有太多不确定性，他没有把握，不敢想太不着边际的事，他害怕会失望。

目标的意义在于促进个人实现更大的发展，而非预判自己未来的成长路径。所以，在设定目标时，一定不要因为不够自信而过于谨慎，束缚自己未来发展的可能性。从普通到卓越，人生能够获得质变的前提是，你对未来有足够的渴望和信念，你认为自己可以成为一个优秀的人。

所以说，制定目标时不要唯唯诺诺，自卑并不是谦逊，敢想敢拼敢实践，才能获得不一样的精彩。许多牛人大咖的成功路径，就是敢想敢做，把不确定的未来变成自己最真实的人生。

2. 目标是不可变的，不顾客观情况与目标死磕到底。

“坚持”是一种被大众所信奉的价值观，“坚持到底就是胜利”似乎已经成为成功的铁律。可事实上，很多时候，盲目的坚持反而会让职场的发展变得一塌糊涂。

伴随着一路成长和学习，每个人都懂得了很多人生道理，可每个人又都有着自己的执着，在一些事上闭塞视听，一条路走到黑，可未来遥遥无期，却让自己身心疲惫。

我曾碰到过不少职场人，他们坚守着自己一成不变的目标，每一次受到打击的时候都不断地鼓励自己：不要放弃，坚持下去。

李先生曾经希望自己能成为一个侃侃而谈的销售高手，可是工作三年，他还是只能靠底薪维持生计。

策划小胡为了坚持做自媒体，每天只睡三四个小时，做了一年，粉丝终于过千，但他也多次住进医院。

李小姐一直很喜欢文化产业，她放弃了高薪工作，做了快一年的编辑，但是毫无起色。她不光失去了对这个行业的爱，也失去了以往自信的风采。

坚持奋斗的姿态总是格外励志，但是从另一个角度去看，盲目的坚持只能感动自己，对于现实毫无意义。

如果一个目标并不适合你当下的处境，它不断打压你的自信，倾轧你的生活，让你付出高昂的成本……那么这个时候，你就需要考虑调整自己的目标，重新校准目标，使其发挥积极的引导作用。

3. 随意制定目标，没有明确目的性。

佛系的价值观近几年在大众的生活中流行开来，并不断地渗透职场，很多人把佛系当成了一种风采，甚至连目标的制定也变得格外随意。

他们在目标的制定中往往是感性占主导，没有明确的目的，也没有强劲的动力，更像是一瞬间的头脑发热，来得快，去得也快。

小云就是这样一个佛系的职场人。公司里新来的销售总监，雷厉风行，形象优雅，俨然一副现代独立女强人的姿态，这让小云为之深深着迷。所以在那段时间里，她的目标就是成为像这位女白领一样的高管。

一次偶然的机会，小云结识了一位插画高手。这位高手非科班出身，自学成才。而现在他不光能在公司里拿高薪，还常年和一些大品牌有合作。在某一个领域做到极致，做出个人品牌，拿到高薪，这种完全沉浸于一件事的感觉格外吸引人，更让小云心生羡慕。于是她兴冲冲地报了培训班，为自己做好了规划，想要模仿这位插画高手的成长路径，成为一个专业人才。

其实像这种情况不止一次发生，因为小云本身就是一个很感性的人。她总是很容易被一些美好的状态所吸引，为自己设定一个又一个目标。而这些目标在执行的过程中，要么就是被新的目标所取代，要么就是因为种种问题而终止，最终都不了了之。

所以职场人在制定个人战略目标时，要尽可能地克制自己感性的冲动。在锁定一个美好的愿景的同时更要分析其背后的运转逻辑。我们不光要看到实现目标后的光鲜和美好，更要清楚它背后需要付出的艰辛，以及需要匹配的能力。

4. 目标脱离实际，违背客观规律。

每当被人问起人生的目标是什么时，很多人开始天马行空地畅想：年入百万，出任 CEO，开豪车，住豪宅……

也有一些人会心怀执念，想要颠覆市场，颠覆商业模式，开创宏伟蓝图。

又或者是不需要付出太多辛苦，便可以稳居高位拿高薪……

在这个高压的社会里，很多人都渴望一飞冲天，一鸣惊人。但是目标不等同于幻想，它是我们需要为之努力的方向，是可以通过努力一步步可以抵达的远方，而不是一个只能在想象中触碰的幻想。

总之，目标背后有阶梯，符合客观发展规律，符合成长逻辑。而幻想背后，只有一重又一重被压抑的欲望。

5. 急功近利的目标，更容易让人乱了脚步。

在这个快速发展的时代，一切都要快，一切都讲究效率。但同时也催生了许多焦虑，很多职场人都渴望快点成长，快点升职加薪，快点成功，觉得一不小心就会远远落后于旁人。所以在制定个人成长目标的时候，一不小心就会急功近利。很多人目标明确、路径清晰，但没有给自己足够的成长时间。

每个人都渴望尽早地收割果实，但是过于急功近利会让你乱了脚步，变得毫无章法。而当目标无法达成时，就会产生更大的焦虑和压力，甚至会使你的职场在不知不觉间走向下坡路。曾经有一位咨询者，他希望自己在一年之内就能独立带项目，获得更多的奖金。但业内正常成长规律是，一般需要经历两三年的努力才可以独立带项目。而他根本就没有相关的天赋和资源，一年的努力，达到别人三年的高度，这无疑是一个巨大的挑战。

现实的世界里并没有那么多逆风翻盘、振奋人心的故事，他不但没有达成自己的目标，反而因为无法承担重任，把项目搞得一团糟。

努力上进是一件好事，讲究效率同样值得鼓励。但过度地求快反而会适得其反，甚至让你失去更多。

如何做好个人战略目标阶段性评估

个人成长战略是一个长期发展的过程，在这个过程中，职场人需要脚踏实地攀登一个又一个阶段性目标，才能更稳妥地走好自己的发展之路。

阶段性目标不仅仅是我们成长路上的里程碑，而且它们之间存在着紧密的联系，所以对战略目标做好阶段性评估尤为重要。

阶段性评估可以让我们发现更多的问题，找到自己能力的短板，并指导下一阶段的发展。

方总是最有计划性、最有节奏的，无论是针对自己的工作还是个人发展，他都十分重视阶段性评估。当然，也曾有人认为他是外企待久了，空有一副花架子，多此一举搞形式主义。但时间久了，方总的发展速度让身边的人望而却步。在他刚担任总监拿年薪的时候，同期入职的同事才刚刚升任团队 leader。

这就是明明很多人都在努力，但每个人收获的结果各有不同的原因，这也充分证明了方法的重要性。

很多人在追求目标的过程中埋头奔跑，一条路走到黑，有困难就去克服，有问题就去解决。

但还有一种就是像方总这样的人，他会在每个阶段对目标和结果进行评估。发现问题，并挖掘问题背后的深层次原因，在下一个阶段进行战略战术上的调整，精准发力。这样的人，在追求目标的路上力量更足，而且越到后期成长越快。

在执行计划、实现战略目标的过程中，我们该如何科学有效地对战略目标进行阶段性评估呢？我认为应该从以下几个方面入手。

1. 回顾目标，对阶段性成果进行多维度的复盘总结梳理。

在阶段性评估时，职场人应当回顾自己的主要目标是什么，当初为什么制定这个目标。明确了初衷和主要目标之后，应当从目标出发对结果进行多维度的评估和总结。

首先要明确自己的主要目标是否达成，它的达成率是多少。如果你的主要目标已达成，次要目标未完成，那么你的阶段性目标就是合格的。反之如果你的次要目标已达成，或者超额完成，而主要目标完成率较低，那么你的阶段性目标是失败的。

除此之外，你还需要通过目标的多个指标对阶段性成果进行衡量。以策划人员为例，他的阶段性评估就应当包括：在本阶段是否升职，是否涨薪，做过多少项目提案，方案通过率是多少，这些方案在实际应用中为公司创造了多少价值，这些方案中有多少影响力较高的方案。

将上述指标完成结果与目标进行对比便可以清晰地看到，在本阶段究竟完成了哪些指标，有哪些部分是还没有做到位的，哪些内容是新增的。

当我们从多个维度分解结果，就能清晰地看清目标的达成情况，而不是一种含糊的自我感知。

试着在下表中对你某个目标的阶段性成果进行评估。

指标分解	主要目标	次要目标
指标评估维度		
完成情况（用数据量化）		
未完成部分		
超额完成部分		

2. 梳理并挖掘问题的根源。

在对阶段性目标进行评估的过程中，我们应该着重注意两方面。一方面是优势，另一方面是存在的问题。

想要发现自己的优势需要从结果出发。在完成目标中表现卓越的部分是什么，其背后的根源是什么，可以从职业能力、社会能力、个人能力等多个角度去分析。

例如，某位职场人在某一阶段出色地完成了几个大项目，实现了自己第一步的升职目标。我们需要在这些结果中，挖掘是什么因素促使他达成目标，分析领导重用他的主要原因是什么，业绩、潜力还是能力？同时也要从过往项目中分析，哪些方面的能力在项目中起到了主导作用，逐步地抽丝剥茧，挖掘优势。

而这些优势将成为后期职场发展中需要聚力的焦点，使其逐渐变得精专，成为不可替代的一技之长，形成职场中的个性标签，打造个人品牌。

当阶段性目标在某些方面未能达成时，职场人需要正视这些问题并分析这些问题背后的真正原因，而不是得过且过，告诉自己在下一阶段要努力。这样的努力更像是一个自我安慰的口号，毫无意义。因为你不知道问题究竟出在哪里，也就无法知道自己真正需要调整和努力的方向。过去的问题，过去的错误，在无意识的情况下还是会出现。

这其实也是很多人经常在工作中重复同样错误的原因。

未能达标的结果是问题的表现，那么究竟如何才能透过现象看本质，挖掘出这些问题背后真正的原因呢？

有些职场人在犯了错误，出现了一个糟糕的结果之后，想破了头也始终无法找到原因。我建议可以采用丰田公式5WHY法。也就是通过5次重复，不断深挖问题的本质。

问题：你为什么会在这次竞聘中输给竞争对手？

原因：因为业绩落后于竞争对手。

问题：你的业绩为什么会落后于竞争对手？

原因：营销策略出现偏差。

问题：为什么营销策略会出现偏差？

原因：对目标客户分析不够精准。

问题：为什么对目标客户分析不够精准？

原因：目标市场客户调研样本不足。

问题：为什么对目标市场客户调研样本不够充足？

原因：时间紧急，根据有相似产品操作经验对目标市场进行了主观判断。

如此一来，通过层层追问，更容易引导我们挖掘深层次原因。尤其是那些源于自身的因素，如果不在后续职场中加以改正，错误可能会不断被强化，甚至酿成更大的错误。

3. 探索解决方案并在下一阶段进行充分验证。

阶段性评估的作用不仅在于评判，更重要的是为了提升自我，优化发展路径，解决问题，以便更高效地达成下一阶段目标。

其实，这就是一种典型的解决问题的思维模式。我在与很多领导和高管沟通的时候注意到，高层次的职场人都具有这种解决问题的思维。无论我们针对一个问题展开多么深入的探讨，他们都很关注这个问题背后的根源是什么，以及将如何解决问题作为最终落脚点。

对于职场人而言，这种阶段性的评估，也不仅仅是为了评估，而是为了优化和升级，也就是聚焦自己的长板，做精做专；提升短板，减少不利因素。从这两方面入手，对下一阶段达成目标的策略进行优化升级。

比如说，在现阶段，因为沟通问题，团队凝聚力下降，没有达成业绩目标。那么，下一阶段就需要从沟通入手，建立沟通机制，提升团队战斗力，从而促使目标的顺利达成。

4. **除了要检验目标完成的结果，还要注重在完成目标过程中的自我提升。**

阶段性目标是长期目标的必经之路，我们在评估的过程中不只是为了评价目标的完成情况，更重要的是要清楚自己在达成目标的过程中获得了哪些成长和提升，这属于达成目标的隐性成果。

例如，你在本阶段达成了目标，但在较大程度上，这份成功来自外力。那么，这个阶段性目标的成果其实并不理想。再比如，你在第一阶段的目标是升为中层，如果你的中层岗位是靠一些特殊手段获得，而非自己的能力和业绩，那么在中层这个岗位上，你也很难干出优秀的业绩，下一阶段的发展也会变得格外艰难。

个人成长是一个阶段性攀爬的过程。每一步的成长不仅是为了阶段性果实，更重要的是为下一步蓄力，这才有可能实现稳步的增长和发展。

通过上述一系列的方法对阶段性目标完成情况进行评估，我们可以在达成目标的过程中快速进步、迭代，从而达成最终目标。

确保计划的可执行性

我们每个人都知道计划的重要性，习惯对大小事情做计划。但并不是每个人都能够合理计划，保证计划执行到位。

我们的生活中经常出现这样一些情况。年初设定的目标计划一箩筐，年底复盘时计划还是计划，目标仍是目标。追寻其中原因，有的人会单纯地把计划无法执行归结于个人的意志力较差。但事实上，具备一定管理思维的人都明白，计划失败是多方面造成的。

例如，来源于外部环境的不可预见的突发事件打破了计划；计划在执行的过程中出现了很多棘手的难题没有办法解决；计划内容过载；个人因时间精力有限，或因惰性无法执行，导致计划不断被拖延……

导致计划失败的原因多种多样，那么我们能不能保证计划可执行，以及该如何保证计划的可执行呢？具体可以从以下几点进行考虑。

1. 确保计划清晰有效，符合逻辑，符合人性。

一个有效的计划一定是符合事物发展逻辑并符合人性的。

一个科学的计划会有清晰明确的路线，不会让我们在完成一项工作之后无所适从。在一个有效的计划中，我们永远都知道下一步的方向，明确知道自己该做什么，并且它的节奏是合理的，可以在计划的时间内完成。

例如，你为了学习某一项新的技能，将自己所有的休闲时间都安排得满满当当。也许乍一看计划表非常充实，但执行起来你会发现困难重重，因为每个人的精力都是有限的，当我们在疲惫，被情绪所控制的时候，我们的思维运转速度会大大降低，学习和工作的效率也会降低。如果一个人长期在疲惫的状态下去完成很多个计划，那么他很容易被压垮，自信心受打击，最终放弃。

所以在制定计划的时候，不光计划的内容要合理，完成内容的节奏也要符合个人特征。

有些人常常为自己计划了很多内容，但是却没有条理，就像在整理房间时将杂物通通放进一个又一个箱子里。这样的做法，从表现上看是很有计划的，但本质上来讲，他的计划是杂乱的，效率低下的，甚至是无效的。

如果你希望自己的计划是清晰的，那么在做计划的时候，一定要从内容维度和时间维度上对计划进行梳理。

时间维度的划分很简单，整理出自己有效的可用时间，将这些内容分配到各个时间段。

内容维度的划分可以根据自己的计划内容进行分解。假设你的计划是学习英语，但是学习英语包括了许多方面，因此你可以将计划划分为记忆单词、语法练习、口语练习、复习等几个部分。这样一来，你就能清晰地了解每一天各个部分都需要完成哪些内容，能清楚自己的学习进度。

2. 在计划中对可能出现的困境进行提前预判。

我们要清楚地知道，任何计划都会存在一定的风险以及不可控因素，所以在计划之初，我们就应当把握好每一个细节，并对计划进程中可能出现的不确定因素进行预判，进而准备好解决方案，以备突发状况。这样一来就能够有效地减少计划中的障碍，提高自己对紧急事件的应变能力，更稳妥地实现目标，达成预期的结果。

3. 执行性高的计划具有一定的弹性。

所有的指标都需要被分解为可量化、可执行的最小单位。

职场人需要做好价值排序，保证时间和精力能够最高效地被使用。

职场上分清轻重缓急是一门重要的学问。因为它指导着我们安排工作的次序和逻辑，并对结果产生质的影响。

很多人明明很努力但结果总是不尽如人意，当这种情况发生时，很多职场人会习惯性地将原因归结于职场险恶，领导刁难人，公司环境差等。但事实上，有非常多的职场人并不懂得价值排序。他们在做工作时，常常会按照自己习惯的模式去解决问题，又或者是先去解决那些相对容易的工作。抛开本质你会发现，他们用了80%的时间去完成80%并不重要的工作。而从价值维度上来看，这80%并不重要的工作，它的价值只占20%左右。

我身边接触的一些职场高层做事都非常尊崇“二八原则”。他们会用自己80%的时间和精力，去完成20%最重要的工作，因为这20%的内容，可以撬动80%的价值。

如何去使用你的时间和精力的核心是做好计划内容的价值排序。在此我们可以借用四象限时间管理法。

四象限时间管理法是美国的管理学家科维提出的一个时间管理理论。他将我们的工作内容划分为重要紧急、重要不紧急、紧急不重要、不重要不紧急4个部分。

这其中重要指的是这件事情的影响或直接产生的价值，紧急意味着在一定时间内越早完成越有益于结果。

职场人可以根据四象限时间管理法，对自己计划中的内容进行安排，进行价值排序，规划好完成次序，使自己的时间和精力最大限度地产生价值。

4. 强化动机，充分调动主观能动性。

我们都清楚，积极主动地去完成一件事，按部就班地完成一件事和被迫

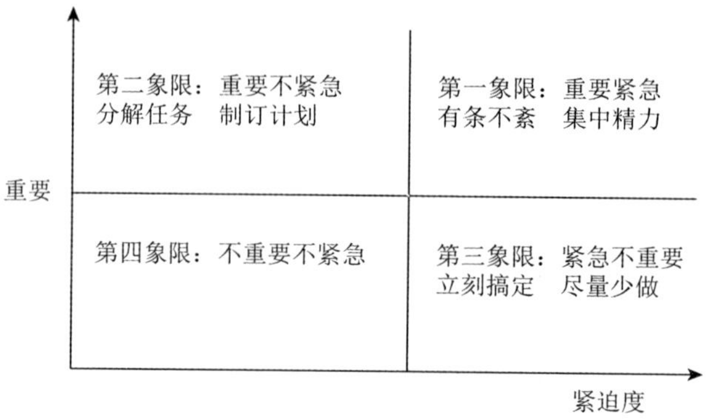

四象限时间管理法

地去完成一件事这三种不同的态度，完全可以产生截然不同的结果。因此强化动机就是为了充分调动我们的主观能动性，以保证高效地完成目标。

强化动机需要我们明确目标的意义，也就是我们为什么要达成这个目标，在达成目标之后，我们的职业发展会到达一个怎样的状态。

在梳理的过程中，我们要清楚达成目标给我们带来的意义是多层次的。它有客观层面的现实意义，也就是在我们努力达成目标之后，我们的职业地位、收入、圈层、认知水平、行业地位等这些客观的东西会获得怎样的改变。

除了目标激励，我们更要懂得去挖掘深层次的动机，在达成目标之后，我们能获得怎样的满足感、成就感、价值感、自信心。正如马斯洛需求层次中所指出的，人的终极需求是自我实现，可以实现自我的某些价值，而这份价值感，将成为一种源源不断的动力，去促使我们达成目标，克服完成计划过程中所遇到的种种难题。在我们厘清了这些问题之后，目标会变得更加有吸引力。

5. **奖惩机制必不可少。**

如果要确保一个计划具有较高的执行性，那么奖惩制度必不可少。对一个人而言，其成长战略计划所设定的奖惩机制不需要太过复杂。

只需要在合适的节奏中，为自己设定一个小小的调节机制。比如，以项目为单位，或者是以月度为单位，在自己达到预期目标之后，可以奖励自己一份礼物，这个礼物可以是一餐美食，可以是一本书，可以是一件衣物，甚至是一个杯子。任何可以给自己带来小小满足的激励都可以。这一份自我激励是对执行计划的一个正向反馈，它能够大大增加我们的满足感，并督促我们在下一阶段继续坚持。

另外，如果没有达到目标，则需要设置小小的惩罚机制，比如减少一次外出，减少一次购物，增加一定的学习量等。尤其是在我们出于个人主观原因而未达成目标的情况下，一定要对自我放纵进行负面反馈，提醒自己遏制惰性。

在这里我们要明确一点，奖励和惩罚都不是最终目的。最终目的是要调动自己的主观能动性，更积极地执行计划，实现目标。

通过下表中的问题，测评你的计划是否具有较强的可执行性。

你的目标是什么？	
你的计划是否足够清晰？你是否清楚每天执行计划的内容，在什么时间执行，以及如何去执行？	
你的计划在执行中的有利和不利因素分别是什么？	
你的计划是否具有弹性？当它突然被打乱，你是否有应对策略？	
你对于实现目标是否有强烈的动机？动机是什么？请按照重要程度依次写下来。	
你的计划是否有奖惩机制，它的奖励机制和惩罚机制分别是什么？	

个人战略目标的动态管理

目标的实现不能单靠毅力，还要依靠管理。

每个人在明确了个人战略目标之后就进入了执行阶段。这一阶段包括计划行动、控制、调整和实施。这个过程就需要围绕战略目标进行动态管理。

在管理学上，目标管理亦被称为成果管理，它指的是以目标为导向，以人为中心，以成果为标准，是组织和个人取得最佳业绩的现代管理方法。美国的管理学大师彼得·德鲁克于 1954 年在他的著作中率先提出了“目标管理”这一概念。

目标管理的概念并不高深，它是我们实现最终个人发展战略目标的重要手段，贯穿于我们职场中和生活的每一天。

战略目标制定之后，并不意味着它是一成不变的。我们不能一味地按照原定目标强制执行，而是要在执行过程中确保个人战略符合自我发展需求和环境变化需求。

我曾见过一位电商运营人员，他有着清晰的职业理想，也有过不少成功的案例，他的目标是成为该行业运营的大咖，创立自己的电商品牌，并持续为此奋斗。他是个很努力的人，但同样也是一个非常固执的人。在短视频营销直播电商不断崛起的时候，他依旧在和传统运营死磕。那两年，他不光没能完成自己的原定目标，甚至遭遇了职业的滑铁卢，把前期积累的资本都赔了个精光。这样的例子在职场中已经是屡见不鲜。

执着，是一种优秀的品质，是一种不屈的精神。但是，任何事物都是在不断变化发展的，在实现目标的过程中，我们同样需要懂得审时度势，对目标进行动态化管理，不断对策略和目标进行调整，去适应环境，适应自我发展需求，才能最大限度地实现目标。

针对个人战略目标的动态管理，建议职场人从以下几个方面着手。

1. 做好目标的事前控制。

想要形势稳妥，必然少不了未雨绸缪。在执行计划之前就需要预判可能导致目标偏离的种种影响因素。所有的危机都是有预兆的，抓小要比防大更重要。

德国飞机涡轮机的发明者——帕布斯·海恩，在 20 世纪 40 年代提出了在航空界关于飞行安全的法则，这一法则后来被广泛应用于企业的安全生产管理当中，并用他的名字命名，这便是人们所常说的“海恩法则”。

一起严重事故的背后，必然有 29 次轻微事故和 300 起未遂先兆以及

1000 起事故隐患。所以，危机事件到来之前都会有所预兆，千万不要忽视那些小的漏洞和失误。在计划执行的过程中一定不要忽视细节。

为执行计划做好充足的准备，也是事前控制的重要方法。例如，你想要学习某项新的技能。在你真正去执行计划之前，要对此进行充分的了解，了解学习难度，了解学习周期，了解学习瓶颈，准备好充足的学习资料。同时你也可以向行业前辈请教他们在学习的过程中碰到哪些问题，他们又是如何解决这些问题的。这些宝贵的实战经验可以不断强化我们的事前控制能力。

针对这些因素采取的预防措施能尽可能地避免危机发生，就算我们在执行计划的过程中出现了问题，偏离了目标，也可以高效解决。

2. 在目标管理的过程中督促和检查要贯穿始终。

在执行计划的过程中，我们要将目标的计划值和实际情况进行对比，以便及时地发现问题。

发现目标偏离的时候要及时采取纠偏措施。值得注意的是，在寻找应对措施的时候，要尽可能地减少主观判断，用科学的工具解决问题，而不是依靠经验。

在心理学有一个非常有名的“缪勒莱耶错觉”，很多人看到两个不同方向的箭头，会得出横线长短不同的结论。

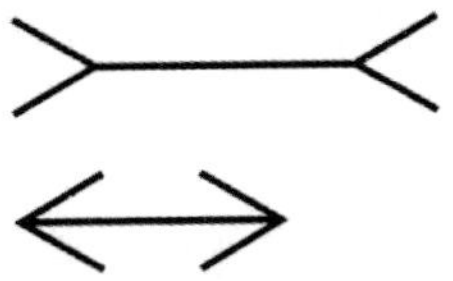

“缪勒莱耶错觉”示范图

其实这种情况在职场上也经常会发生。曾有一位高管和我分享过这样一个案例。某产品在上市之后，业绩表现并不理想，该项目经理有着丰富的相关产品营销经验，凭借这些经验，他重新调整了宣传策略。营销预算大幅度提升，但结果仍是收效甚微。直到结果与目标偏离得越来越远，这位项目经理才意识到自己犯了经验主义的错误。在新的市场环境之下，自己的经验显然已经无法奏效。

为了扭转市场的颓势，他重新召集各个部门，对产品生产设计和营销宣传等各个环节进行评估，进行了全方位的升级和调整，才让新产品销售难的局面破冰。

从客观上看，错觉的产生大多与环境的变化有关，而从人的主观上讲，错觉往往与我们过去的经验有关。也就是说，人对当前事物的感知，总是会受到环境的变化和过去经验的影响。而危机事件基本上都是突发变故，而且几乎无任何经验可以借用，因此，专业化的系统管理要比以直觉和经验做出的仓促应对更可靠。

所以，在发生问题时，我们更多地要依照科学的管理方法，制定行之有效的解决措施，而不是仅凭经验对其盲目判断。

3. 在目标管理的过程中更要重视成本管理。

目标的动态管理不能只盯着目标，同时也要做好成本管理。如果为了实现目标而付出了高昂的成本，那么从某种意义上来讲，这个结果也是失败的。

例如作为一名职员，在某一个阶段，他希望快速提升 PPT 制作水平。因为急于达成目标，他不惜占用工作时间。经过一段时间的努力，在 PPT 制作能力上，他的确达到了目标的水准，但是因为占用了较多工作时间，他的工作质量大幅度下滑，甚至因此绩效考核没有达标，这种顾此失彼的做法并不妥当。

这种问题不仅会出现在普通职员身上，我接触过的许多中层和高层，他们也存在类似成本问题。有很多人为了业绩，为了 KPI 而投入无休止的工作中。在工作中他们很有章法，不断给自己加码，为此透支了健康，不断地挤压自己的生活空间，没有时间陪伴家人，这些都是极其高昂的成本。

在这个时代，每一个奋斗者都很忙，都会为达到目标付出一定的成本。但我们不能因为忙碌，为了追求效率，追求成果，毫无限度地提升自己的成本。只有掌握好计划的节奏，才能找到工作与生活的平衡点。

4. 接受执行过程中的不确定性，并不断优化目标管理。

在计划执行的过程中，无论我们做了多么周全的事前控制和准备，都很可能会发生一些意外的情况。当这些意外状况来临时，我们应坦然接受这种不确定性，直面问题，拆解问题，最后解决问题而不是被它打乱脚步，失去了方向。也就是，在出现问题时，不要因情绪纠结，更不要在情绪的驱使下做出不理智的决策，解决问题，永远比发泄情绪更重要。

当一些意外情况发生时，消极应对，这些意外情况会理所当然地成为困境。迎难而上，反而有可能迎来新的发展契机。

一方面，我们要敢于接受执行目标过程中可能会遇到的不确定性，但另一方面需要注意，要始终关注终极目标，尽可能地不要为自己增加太多的临时性指标，减少由自己产生的不确定性才能最大限度地掌握目标实现。

5. 客观评估，要重视结果，而不是聚焦于努力。

在个人战略目标动态管理的过程中，对结果进行评估尤为重要。尤其是在自我评估的过程中，很多人容易受主观倾向影响，趋利避害，回避自己的错误，尤其是结果不够理想时，会不由自主地去寻找客观原因，并肯定自己的努力。

所以一些职场人常常会进入这样一种十分委屈的抱怨模式。陈述自己为了某件事付出了多少心血，承受了多少压力等，但却面临糟糕的客观情况，甚至产生了不够理想的结果。在这种情况下，他会更容易获得周围人的劝慰，并心安理得地完成自我谅解。

可这样一种自导自演的心理游戏，从现实角度来讲是毫无意义的。所谓动态目标管理，就是要直面真实，直面数据，直面结果。当一个人能够坦然面对自己的失败和成功时，他才能够真正地看清自己并及时地进行自我反馈，发挥优势，提升短板。

明确自我目标的同时，要学会战略性舍弃

有很多人认为，奋斗的人生就是不断地去争取，不断地去追求。但事实上，最高效的成长路径是除了要懂得给自己加码，还要学会为自己做减法。

我曾接触过一位中层管理者，他是一位很有才华的人，业务能力很强，

他的职场成长也很快，但有一个时期他陷入了一种很糟糕的状态。当时，因为他的优秀吸引了不少人脉，有很多资源都向他抛出了橄榄枝，这位中层思维十分活跃，很多项目他都想去尝试，都觉得大有可为。在那段时期他同时做了很多项目，整个人忙得团团转。起初他还是处于一种十分兴奋的状态，但后来多个项目都遇到了不同的瓶颈，结果远不如他预期，而且麻烦也越来越多，曾经的兴奋变成了后来的身心疲惫。

我当时在和他复盘这些项目的时候，也很认可他对各个项目的看法，那些他看中的项目也的确很有潜力。但任何一个组织或个人，其资源和精力都是有限的，即使像他这样优秀的人才，也是如此。而面对源源不断的资源和机会时，他不断地选择给自己加码，但当这些压力超载时，最后只会把自己压垮。

凡事取舍有度，看起来是一个人人都懂得的简单的大道理。可奇怪的是，当我们身处职场面对资源和诱惑时，我们双眼读取的都是机会，于是说服自己去抓住机会，生怕与其失之交臂。

在职场上，尤其是那些能力强、有才华的人，他们往往会更容易获得机会和资源，这每一种选择背后，似乎都指向了一种美好的发展。所以很多人选择竭尽所能地去抓住每一个机会，为自己制定目标、做计划，再去不断试错。

职场人当然有权利去试错，但不能因为自己的欲望，无限度地去试错。每个人在职场的黄金上升期都是相对固定的。你占用了大量的时间和精力去找路，你的试错成本就会不断攀升，你的黄金上升期就会变得越来越短。

美国职业学家萨柏把人的职业发展划分为五个大的阶段：

（1）成长阶段，0~14 岁。经历对职业从好奇、幻想到兴趣，再到有意识培养职业能力的逐步成长过程。

（2）探索阶段，15~24 岁。择业、初就业。

（3）建立阶段，25~44 岁。建立稳定职业阶段，历经两个时期：

★尝试期（25~30 岁）：对初就业选定的职业不满意，再选择、变换职业。变换次数各人不等。也可能满意初选职业而无变换。

★稳定期（31~44 岁）：最终职业确定，开始致力于稳定工作。

（4）维持阶段，在45~64岁这一长时间内，劳动者一般达到常言所说的“功成名就”，已不再考虑变换职业，只力求维持已取得的成就和社会地位。

（5）衰退阶段，人达到65岁及以上，其健康状况和工作能力逐步衰退。即将退出工作，结束职业生涯。

学无止境，我们在一生的奋斗过程中都要不断学习，提升自我。但社会同样是现实的，处于职业建立期的优秀人才，更容易拿到满意的offer，也同样拥有更大的发展空间。如果你到了职业稳定期，仍处于尝试状态，那么你的职业发展将会格外艰难。什么都想尝试，往往最后什么都得不到。

有时候选择放弃一样东西，必选择争取一样东西，这需要付出更多的智慧。

那么作为职场人，在为自己设立职业发展目标的过程中，究竟该如何学会选择，做好战略性舍弃，让自己聚焦于未来发展呢？

1. 评估你的目标在未来是否对自己有长期效益，及时舍弃短期诱惑。

未来的发展潜力和发展前景是职场人在为自己选定目标时一项尤为重要的指标。我们不仅要看它产生的短期效益，更要关注它的未来发展。

一般来讲，一个真正长久的可持续发展的目标，需要有持久的投入，才会有持久的发展。但在当下社会环境中，有很多新鲜事物、新机会，同时也伴随着很多诱惑，它们的核心逻辑是，你要付出较少的时间和精力，去获得较高的回报。低投入，高产出，这看上去是最有效率的路径，常常被人拿来作为目标，但最后的结果是，你很有可能颗粒无收，最后成为被收割的“韭菜”。

其实无论是职场基层的菜鸟，还是在职场摸爬滚打多年的管理者，都很容易栽倒在这一条路上。我见过不少积极努力的职场人，为了提升自己的能力，为了赚钱，为了打磨自己的专长，被各种课程、知识服务所吸引，一时兴起，给自己制定了一个实现蜕变，甚至是完成人生逆袭的目标。可他们耗费了很多时间和精力，却所得甚少。

对于每个职场人而言，时间和精力是最贵重的筹码，但它也同样是消耗品。如果你不能将时间和精力运用得当，那么就不要抱怨职场发展缓慢。

所以，在为自己设定发展目标时，如果一个目标无法在未来给你带来可持续发展，无法让你获得增值，那么，这样的目标也就是你需要快刀斩乱麻舍弃的。从根本上来讲，舍弃短期诱惑，其本质是在与自己的欲望对抗，回归理性发展。

2. 为目标做减法，找到最主要的目标。

每个人在成长的过程中，出于各种原因，都会给自己设定很多目标，有的是受他人影响，有的是临时起意，有的是个人兴趣，有的是工作需要等。积极努力是优秀品质，但目标过多，则会让人迷失方向。

很多人都明白“断舍离”可以让生活回归简单，那么，在人生发展的战略规划上，该如何为目标做减法呢？不妨试试下面这个方法。

拿出一张纸，在纸上写下20个目标。写满之后，再逐个删去那些你认为不重要的，没有强烈意愿坚持下去，与你的职业发展方向契合度较低的目标。留下与你的当前职场相关度最高的，你在此方面具有潜力或者十分感兴趣的。

3. 目标是否与自己有较高的契合度。

适合自己的才是最好的，这是一个大众认同的观点。但是在为自己选定目标时，很多人仍会变得盲目，盲目地把别人的成功案例作为样本，盲目地被成功的个案所诱惑。

互联网直播爆火，越来越多的企业和品牌转战线上短视频和直播。一位私企领导也十分动心，并将直播、短视频营销作为未来五年的发展目标。但是，连续两年的投入，不仅没有实现经营目标，反而出现了业绩下滑的情况。原来，他们公司的经营产品，是以“产品+服务体验”为特色的，而短视频、直播的线上营销形式，并不适合产品的特点，无法充分地体现其核心竞争力。而且，公司缺乏这种线上营销的专业人才，想要在这个红海市场分一杯羹，并不是一件容易的事。所以，如果一开始的目标就不适合公司的发展，那么，无论他们怎样努力，最后的结果都很难达到期待值。

这个案例可以引申到个人发展战略目标的选择。很多目标都指向一个美好的发展前景，可目标虽好，却并不一定适合每一个人。

曾经有一位职场人徐先生，他身边有同事在业余时间做起了自媒体，从0粉丝到1万粉丝，再到10万粉丝，让他小赚了一笔，并有了一定名气。徐先生非常羡慕，便也开始研究起来，但半年过去了，粉丝还没过千，更别提收入了，可是每天他花费了大量的时间和精力在拍摄素材和剪辑上，有时候还会偷偷占用上班时间。美其名曰为了目标，为了梦想，但结果是苦涩的。

从根本上来讲，徐先生并不适合做自媒体，一方面他性格腼腆，不爱出境，不善表达。另一方面，他本身对此并无爱好，只是眼见同事发展好，也想尝试。其实像徐先生这样的人不在少数，他们在潮流下，对一些吸引人的、具有诱惑力的目标跃跃欲试，畅想自己在达到目标后的美好状态，甚至有时候会以“梦想”的名义给自己完成“洗脑”，却最终在现实脚下惨败，他们不是不够努力，而是一开始就选错了方向。

针对如何精简目标，职场人可以参考以下问题对目标进行评定。如果你有6个以上“是”，则可以保留目标，6个以下则需要重新考虑是否舍弃目标，或对目标做出相应的调整。

目标评估问题	针对问题，填写“是”或“否”
你的目标是否能给你带来可持续的发展，使你成为某个领域的专家？	
你的目标是否需要持续的长期的投入？	
你的目标是否与你当前的职业相关？	
你的目标是否能够发挥你某方面的潜力或特长？	
你的目标是否与你有较高的契合度，符合你的个性？	
你的目标是否随时可以被另一件事替换？	
你是否愿意为了你的目标付出一定的时间、精力和辛劳，甚至为此放弃一部分休闲娱乐？	
你在执行计划，追求目标的过程中是否能获得一定的满足感？	

HANDBOOK OF PERSONAL STRATEGIC GROWTH

第三章

不确定环境下的职业选择与决策

科学地做好每一个选择

我们每个人一生中都要做无数个选择，小到今天穿什么，晚餐吃什么，喝哪一种咖啡，大到该报考哪个专业，该把简历投给哪一家公司，该接受哪一家公司的 offer，该投资哪一个项目……可以说，选择不仅决定了我们的人生走向，更会直接影响我们未来的发展。它如此重要，但不是每个人都能做好。有的人，选择困难，左右顾忌，无法决断，把自己束缚在各种各样的矛盾中。

简单来讲，做选择其实就是选择对我们最有益处的路，可现实往往是利与弊各占一半，我们卡在天平两端，小心翼翼，难以取舍。一个最常见的现象就是，很多职场人会在考虑职场去留的问题上犯难。去与留各有利弊，怎么选都有它的合理性，但也都有各自的顾虑。

有的人在面对选择时感性决策，被一时感受蒙蔽双眼，因为与领导意见不合拍桌子走人；一时心软帮关系好的同事粉饰错误；怕担责任让同事背锅……情绪化的决策，往往会埋下更多隐患，酝酿出更大的问题，甚至让人遭遇职场滑铁卢。

有的人害怕选择，习惯性地把选择权交到别人手上。有这样一位咨询者，他能力很强，很受领导重视，却有一个最大的问题，就是不敢决策，他总是将决策权让给同事，直到同事逐渐成为团队核心，率先升职，他才意识到自己在不知不觉间，把职场晋升的路让给了别人。

做对了选择，意味着迈向更宽阔的上升路径。做错了选择，也就意味着亲手为自己设置了险境。

那么，在我们发展的历程中，究竟该如何科学地做好每一个选择呢？首先我们要明白什么是决策，以及科学的决策流程是什么。

决策是为了实现特定的目标，根据客观的可能性，在占有一定信息和经验的基础上，借助一定的工具、技巧和方法，对影响目标实现的诸多因素进行分析、计算和判断选优后，对未来行动作出决定。

通过决策的定义，我们可以将决策分为以下几个步骤：

1. 明确目的，锁定目标。

决策是服务于目标的，是为了解决问题，所以，作出决策的第一步，就是要找出问题，明确目标。明确我所作出的选择最终是为了什么，要达到怎样的结果。

有的时候会有这样一种情况，决策路径本身是优质的，但它不能直达目标，但对于我们而言，这也是最优路径。

例如，咨询者胡小姐当初接到了 4 家公司的 offer，有工资高的小公司，也有工资水平相对较低的大厂，她当时很为难，家人们支持她去小公司，希望她能多赚一些，生活过得更好一些。其实，就这些选择本身而言，没有对错优劣，而对于胡小姐来说，哪一个是更好的选择，则需要针对她当时职场阶段的目标来评定。

我给出的建议是，接受大厂的 offer，当时胡小姐虽然有了一定的工作经验，能力也不错，但她当时缺少一些大项目的背书，能力还有上升空间。薪资固然重要，但是对于正处于职场上升期的她，最需要的是职场筹码。大厂的平台可以让她得到更多的锻炼，接触更多的大项目作为她的职业背书。现在，3 年时间过去了，胡小姐已经成为项目经理，工资也已经翻倍。

如何明确目标，可以参考第一章制定目标的相关方法。

2. 收集足够多的决策信息。

所有准确的判断都要建立在掌握大量信息的基础之上，否则我们很难真正地权衡利弊。决策分析需要我们透过现象看本质，它的前提是需要我们对现象有全面的把握。

举个最简单的例子，每一个品牌在作出营销策略决策时，都会提出多个方案，并反复论证，才能做出最终决策。而在决策过程中，不仅要针对产品本身进行多维度的分析和研究，还要采集大量市场数据，充分了解目标消费群体的特征、需求、习惯、消费心理，以及市场竞品的卖点、市场策略等。

一个产品如果完全不顾消费者需求、市场趋势、竞聘营销策略，那么它在市场上必将寸步难行。

所以，在做出最终决定之前，一定要通过多种途径，掌握多个维度的信息，以保证自己的决策不会因为信息的偏差而产生方向性错误。

3. **确定选项。**

决策信息能够为我们提供多角度的决策思路和决策方案，在掌握了充分的决策信息后，我们需要根据它们列出可能性的方案。你可以准备一张白纸，言简意赅地写出你的每一项可选方案，然后逐一写下每一种方案的现状，越详细越好，最好列出每一项方案的优势和劣势。

当你能够耐心地梳理好每一种选择的相关信息时，你做决策的时候就多了一分决策的把握。

4. **评估你的方案。**

做决策其实就是在不同的方案中选出最科学的、最能满足当下需求的方案，选择达成目标的路径和方法。在对比思考的过程中如何取舍呢？这需要我们从多个角度，对每一个方案进行评估后才做出取舍。

所谓最合适的选择就是投入产出比最高的那一个。哪一种选择能够使我们以最小的成本撬动最大的利益，这便是我们最终要寻找的那条路径。

你需要付出的成本包括了你的时间、精力、资源等。对成本分析得越详细，对方案的掌握也就越精准。

收益指的是每一种方案最终预期会达到怎样的结果。在预估决策结果的时候，我们需要考虑的不仅是决策所带来的直接的显性结果，同时还要考虑它的隐性结果，也就是在未来给我们带来怎样的价值。

除了要对正向结果进行预判，还需要预估到糟糕的一面。预判你的每一种方案最坏的程度是什么，是否在自己可承担的范围之内。这样在你完成决策执行的过程中，一旦发生意外情况，可以有充分的心理准备，以及详尽的危机预案。

5. **做出选择。**

通过对比分析，选出你最终的方案。

需要注意的是，做任何一个决定时，都应从多个角度去考虑，站在事件相关人的立场去看问题，这样才更容易看到事情的另一种面貌。在养成这样的思维习惯后，分析问题也会更透彻，更能权衡利弊，做出一个科学的决策。这其实属于“替身决策思维模型”，即把自己代入另一个角色去考量这个问题。

延展到职场中就是，当你准备为某件事情做决策时，不光要考虑自己的利益得失，更要考虑到你的同事、你的领导等事件相关人。如果一件事情只关乎自己，不妨去找信赖的前辈和朋友，或者相关专业人士，倾听他们的声音。当你能够用多元化的视角看问题时，决策依据就更充分，决策也会更靠谱。

在做出决策的同时，要准备好 Plan B，这样能保证出现意料之外的情况时，可以快速反应，最大限度地确保目标达成。

在做出决策之后不要轻易推翻自己的决策，否则决策不仅无法解决问题，它本身还会成为问题。我们可以从结果预判倒推决策流程，通过逆向思维对决策进行评估，来为自己决策的科学性增加一道保险，以巩固自己的决策。

6. 落实决策。

执行才是决策的落脚点，在做出决策之后要依据决策方向执行计划。在这个过程中，需要分阶段地评估成果，用实际执行情况对决策形成动态反馈。决策的宗旨是服务于目标，所以在执行决策的过程中，应根据实际情况对决策进行相应调整。

7. 评估决策。

在你的决策达成某种结果后，应该对决策进行复盘。对决策执行过程以及结果进行评估，检查决策效果。如未能达成目标，则需要分析其中原因，并分析决策中可能存在的问题，对后续的决策进行调整。

通过对决策结果的评估，可以快速积累有效的决策经验，提升决策水平。

以上，就是决策的整个过程，职场人在面对任何职场问题时都可以依据决策流程的指导，循序渐进地做出恰当的决策，这是一种极为实用的思维工具。

请试着按照下述决策流程，完成一项简单的决策，进行练习。

1	明确目标	你的决策为了达成什么结果，或者解决什么问题？
2	收集信息	收集决策相关的背景、相关人、现状等信息。
3	确定选项	根据目标与已知信息列出至少三种可行方案。
4	评估方案	评估每一个选项的优势、劣势、投入产出比。
5	做出选择	根据上述评估从已知选项中做出最佳决策，并通过预判结果倒推决策的科学性和可行性。
6	落实决策	根据决策执行计划。
7	评估决策	根据实际结果，评估决策是否可以达到预期效果，是否存在缺陷，是否还有优化空间。

更客观地分析自己的处境

任何一个人的职业成长之路都不是一帆风顺的，尤其是在当下竞争激烈的现代职场环境中，充满了太多的不确定性。

从大环境来看，产业升级，政策调整，新模式、新技术、新理念的冲击……每一个行业随时都可能被颠覆，新机遇同时也带来消亡。

在大环境的影响下，职场人所面临的不确定性更是层出不穷。降薪、裁员、调岗、客户流失、项目夭折……似乎在每个人的成长路上，都充满了坎坷，每一种障碍都必然会给职场人带来不小的冲击。但并不是每一个职场人都能很好地化解障碍，理智地做出对策。

一些人在面对一些不确定的危机和困境时，会表现得尤为焦虑，有些人是没有想法，只知道干着急，或者是想法太多左右摇摆，举棋不定。

当初肖先生在面临调岗时就很为难，接受新的岗位就意味着要完全放下自己过去的经验，换到一个新部门，面对一个新领导，以及种种未知的困境。但如果不接受调岗，留在原来的职位上，他可能就要面临降薪。又或者还有另外一种选择，那就是跳槽。

每一个选择背后，都有一定的可行性以及一些未知的担忧。肖先生说那一段时间他的思绪变得很乱，感觉怎么都想不清楚这件事情，有时候烦了，他觉得干脆裸辞算了，什么都不去想，换个环境，一切重新开始。可回归现实，回归生活，还是要面对这一切。那段时间他就这样来来回回，仿佛走入了思维的怪圈，找不到方向，也走不出去。

很多职场人在面临一些难题，一些选择的时候，都会出现这样的反应。他们并不知道该如何厘清自己的思路，不知道如何拆解出其中的因果关系和利弊关系，而是被事情本身所衍生出来的情绪困扰。可就事情本身而言，无论你多么焦虑难过，垂头丧气，如果你不去积极解决，问题永远是问题，甚至在时间的发酵下，会让你错过最佳决策和解决时机。

在肖先生百思不得其解，向我做咨询后，我为肖先生提供了一套决策分析的方法。其实在决策中，决策本身并不难，当你能够把自己的处境利弊关系分析清楚时，究竟该选择哪条路，究竟如何去解决，答案自然就明了了。

所以很多时候职场人的困境并不是不懂决策，而是不会分析。那么当这些职场障碍使我们的发展脚步放缓时，究竟该如何去突破困局呢？建议职场人通过以下几种思路进行分析。

1. 整理信息，明确现状，总结关键问题。

想要突破困局，首先要厘清自己当前的处境。任何一种情况，任何一种处境，又或者是任何一个难题都会有一系列的相关信息，如果你不去对这些信息进行整理，那么这些信息纠缠在一起时就是杂乱的，让你无法找到头绪，每当想起的时候，常常是一些零碎的、让人烦躁的细枝末节，并伴随着糟糕的情绪。

整理信息并不难，任何一种情况的发生，都会有相关的背景、时间、地点、原因、相关人、现状、矛盾点等信息。我们可以将自己所处的情况进行拆解，对应归类信息，当我们把这些信息逐一拆解后，对自己当下的处境也就会有更全面的了解和掌握。在分析自己的客观情况时，我建议职场人要拿出一张白纸，把自己的情况写在纸上，这有助于我们厘清思路。

在全面掌握了自己的情况之后，我们要做的就是对这些信息进行提炼，找出关键性问题。

个人职业发展中所面对的种种困境，有人会认为它是一堵墙，是一个障碍。但我们同样也要看到它其实只是一个或者是多个问题，只要解决了这些关键性问题，那么障碍将不复存在，我们才能顺利通关。这其实也是一种解决问题的思维。如果你无法直接找出突破当前困境的关键问题，那么不妨可以试试“结果倒推法”。

你最终想要达到的目标是什么？
如果需要达到这个目标，需要具备哪些条件？
在这些条件中，哪些是已经具备的，哪些是还不具备的？
在不具备的条件中，哪些是你通过一些方法就可以具备的？
哪些是以你当前的能力或者是条件无法具备的？

用这样的思维，逐步从结果倒推，直到找到目标和现实的矛盾点，那么这个点就是解决问题的关键，也是你走出困境的主要路径。

2. 拆解因果联系，寻找问题的源头。

寻找对策，解决问题，最有效的根本方法就是直击要害。在我们找出了当前困境的关键问题之后，要做的就是找出这些问题背后的根源，抽丝剥茧，明确是哪些因素导致了当前的问题。然后在后续制定对策的过程中改变这些不利因素，问题自然就迎刃而解。

咨询者胡经理在刚刚升为中层领导的时候，有过一段很压抑的职场过渡期。当时他的压力很大，连续两个项目业绩都不理想。下面基层员工没士气，怨声载道，上面高层领导也对他很不满意。

那段时间里，胡经理觉得仿佛做什么都很不顺利，他对每一个项目认真复盘，最后找到了自己出现职场困境的根本原因。他刚升任中层，还没有调整成管理者角色，对员工的管理相对松散，在决策时，更受到了团队中意见领袖的影响。另外，他没能将上层领导的战略意图理解透彻。最后导致整个项目既没执行到位，又偏离了战略目标。

在厘清自己的现状，找到了其背后的根本原因之后，胡经理有针对性地做了调整，对待下属，既充分尊重每一位团队成员的努力和价值，也同时也严格地执行团队管理制度，让团队的每一个人对制度产生敬畏，对工作不敢含糊。对待上层领导，他开始运用向上管理的思维，保持与上层领导的高效沟通，并不断使自己与上层领导保持思维上的一致性。在做出这些根本性的调整后，胡经理也逐渐进入了中层管理角色，而许多事情也都开始变得顺利起来，发生了根本性的改变。

3. **看见发展趋势。**

任何事情都是在不断变化发展的，所以当我们看待一个问题的时候，一定要学会用发展的眼光看问题。

举一个最简单的例子，当你为某件事情陷入糟糕情绪的时候，你可以试想一下，1 个月后，1 年之后，5 年之后，你还会为此难过吗？很多问题在时间的延展中会不断变化，甚至发生本质上的改变。

而在我们的职场中，当你困惑于某一件事情，或者是准备为某一件事情做出选择时，不光要对眼前的情况做出全面的分析和详尽的了解，更要看到未来的变化。要问一问自己，1 年之后甚至是 5 年之后，这件事的发展趋势是什么？

例如，当你选择是否接受某家公司的 offer 时，你需要考虑的，不仅是眼前会获得多少工资，更要考虑这家公司在未来是否能给你带来更大的发展，是否能让你有机会获得更多的历练，是否有充足的资源以及晋升的机会等。总之，能着眼未来的人，更容易做出有价值的决策，能够走得更远。

上述是一些分析问题的方法，如果你仍做不到，可以借助外力，如咨询信任的前辈或专业人士。

锁定职业方向，告别内心摇摆

绝大多数职场人几乎很难在初入职场时就找到一份满意的工作。很多人大概都经历了这样的过程，在刚进入职场或者刚进入一家公司的时候，踌躇满志，想要一展拳脚，做出一番成绩。可现实与理想总是相差甚远，各种各样的不如意、不顺利，渐渐把理想磨平，让人心生不满，心生怨气。

有的人果断放弃，把希望寄托于新的土壤；有的人兜兜转转才找到了一个相对满意的工作；有的人来来去去，甚至对职场产生了深深的怨念，渴望创业或者成为一个自由职业者，逃离职场；也有一些人找到了自己愿意为之奋斗的理想职业，进入了职业上升通道。

其实在每个人的职业成长发展过程中，我们除了要努力创造价值，还要选择合适的赛道，找到自己的职业方向。

做不同的选择就会走不同的路，归根结底，人生就是一个不断选择的过程。

人们不仅要面临职业选择，在工作中也会面临更多的选择。大多数时候选择也许没有对错，但是，在做选择的时候，职场人应该懂得权衡利弊，聚焦于自己的职业发展，而不是眼前的得失。

时间是职场人最珍贵的成本，面对任何选择时，都不要盲目草率，增加试错成本。

不管是初入职场的新人，还是已经在职场上摸爬滚打了许多年的老职场人，关于职业的迷茫一直都在，都会面临职业选择的困惑。

职场新人没有任何职场经验，对一切都是未知，在没有任何经验可参考的情况下，他们不知道自己该做出怎样的选择。

而对于一些职场老人来说，过往的职业经验使他们对自己的职业产生厌倦，但又对其他职业方向不够了解，往往容易进退两难。

那么究竟该如何摆脱迷茫，锁定自己的职业方向呢?

1. 如果你对当前的职业感到厌倦，那么你要清楚你究竟厌倦的是什么。

跳槽在职场中是一件最平常的事情，每个人跳槽都是为了追求更好的职场发展，找到适合自己的职业方向和适合自己的平台。而且每个职场人都会经历一个探索期，不断地去试错，逐渐缩小自己的范围，最后锁定自己的职业方向。

有的人探索期很短，他可以快速地进入自己的赛道，但也有一些人把大量的时间浪费在选择赛道上，那么他的发展也必将落后于他人。甚至有的人，在探索自己的职业方向时习惯了跳槽，每到一个公司一两年的时间，就会对自己当下的处境产生强烈的不满，认为当前的职业并不适合自己，进而频繁跳槽，去寻找自己的理想职业。

当你想要跳槽，放弃眼前的工作时，一定要清楚自己是为什么选择离开。是因为当前的这份工作无法体现自己的价值，无法让自己获得提升，还是客观环境让你产生了强烈的不满。

如果仅仅是因为工作不顺利，与同事不和，或者是对公司的某些方面不满意而选择离开，那么，本质上并不能说明这份工作不适合你，只是当前的这个岗位没有满足你的某些要求。

客观地讲，没有一份工作能满足职场人的绝对理想。“钱多事少离家近”是一种永远都不可能被满足的欲望。尤其是对于一些底层的职场人而言，他们可选择的能获得优厚条件的岗位相对较少。但如果只是一味地想去寻求一份理想职业，那么你最终将在一个又一个失望的环境中循环。

所以，当你不断地因糟糕的职场环境选择跳槽时，应该冷静下来，明确自己不断跳槽的真正原因，并在自己的过往经验中，选择一个能够体现自己价值，愿意为之忙碌的方向深耕下去。用自己的提升，带动自己职场环境的升级。

2. 除了工资福利，更要看能否打造一技之长，符合自己的个性。

有些人迷茫，是不知道哪种工作适合自己。也有一些人迷茫，是因为选择了错误的方向。

每个人工作都是为了生活，努力赚取更多的劳动报酬，这本身无可厚非。但在面临职业选择时，把工资福利待遇高低作为唯一选择标准是很容易让你偏离自己正确的人生方向的。职场人投入工作，既为公司赚取价值，每个月获取相应的薪资报酬，同时也是在为了自己的未来蓄力。所以在选择职业方向的时候，除了要考虑薪资待遇，更要注重在这个岗位上是否能够充分地体现自己的价值，这个岗位的特征是否符合自己的个性。

在每一个岗位上认真工作都会得到一定的锻炼和提升，但是，如果一个岗位与你的个性有较高的匹配度，并且能够让你清晰地看到未来的发展方向，打磨出一技之长，那么在这样的岗位上，你的成长速度也会更快。

比如，一个善于沟通并乐于沟通的人，如果选择了一份整天埋头制作文件的工作，那么，这份工作既无法充分利用他的性格优势，又会在某种程度上让他感到压抑。一旦他因为薪资优势选择留下来时，这种去留不得、两头为难的压力会逐渐让他产生焦虑的情绪。

建议职场人在没有明确的职业方向和职业目标的时候，充分考虑选择一份可以让你发挥自己一部分性格特长，并能打造出一技之长的职业，而并非为了一个略高的报酬，选择一份让自己感到压抑的工作。

3. **正确看待职业与兴趣之间的关系。**

将自己的爱好与职业结合在一起，被很多人当成职场的终极幸福指标。但绝对理想的目标真正投射到职场生活中时完全是另外一番模样。

说到兴趣，我们不得不说另外一个概念，那就是“天赋”。根据我多年的职业咨询案例来看，天赋未必能成就你的事业，因为有了天赋，不坚持或没有兴趣一切都为零。但有了兴趣后，你只要坚持，大概率的情况下可以获得成就。当然，这里所提到的兴趣是有益于职业发展的兴趣。

人们做事的过程中，经常会遇到一些难题或者困境，有时候会自然而然地想到放弃。但是这个时候，兴趣常常会给我们添一把柴，让我们坚持下去，从而成为为数不多的佼佼者。

在职业咨询时，很多人都追求“天赋”，认为找到了“天赋”，你的职业发展就找到了根源。但从我的职业咨询实践得到的结论是：职业发展需要寻找兴趣点，兴趣点才是你职业发展的根源。

对职业的兴趣点，可能会有这样的一个过程：

（1）从兴趣到喜欢。每个人看到一个未见过的事物，可能很感兴趣，也可能很排斥。如果你持续地关注，说明你此时有了兴趣点。就拿太极拳来说，你看到别人练习太极拳时，内心跃跃欲试，也想比划一番。这样，你的潜在兴趣点就被激发了。

（2）从喜欢到想放弃。到了第二步的时候，你会发现你遇到的困难比想象的多，内心就有了放弃的想法，这是所有事物发展必须经历的阶段。就拿我们身边的案例来说，多数人都是在这一阶段放弃的。

（3）从想放弃到咬住牙，全力以赴坚持下来。当你想要放弃时，你只需要再坚持一下，就会发现其实自己做的事情还是非常有意义的。当你处于这个阶段时，你需要做一些成功的事情来增加你的信心，只有有了信心你才会坚持。

（4）最后，兴趣点变为职业发展的根源。当你的职业走到了第四阶段时，你的兴趣点就变成了职业发展的根源，同时你也找到了自己职业发展的根本。

这是所有人职业发展的一个周期，但大多数人都在第二个周期懈怠了。我认为，职场不是短跑赛道，而是一场马拉松；职业发展更是如此，需要找到兴趣点，然后坚持下来。对任何人来说，职业的价值并不是一蹴而就的，而是需要长久的积累和精进。

究竟该求职还是创业

人们总是会情不自禁地艳羡和欣赏隔岸的风景。这种现象也同样出现在职场中，职场人往往非常羡慕领导，羡慕那些创业者，认为他们可以自由支配时间，可以赚到更多的酬劳，可以享受更好的生活，可以自由支配员工……

同样，我也听过非常多的领导羡慕职场人。他们羡慕职场人可以把工作和生活区分得非常清楚，他们没有那么大的压力，只需要把眼前的工作做好。他们旱涝保收，不需要承担公司的任何风险。他们来去自由，随时可以离开一家公司，开启一段全新的职场……

其实无论是在职场打拼还是创业都各有利弊，就这两种选择本身而言，没有高下之分。但是结合每个人的实际情况，在面临选择的时候，这两条路最终会将人指向不同的人生方向。在现实生活里，大部分人都毫无疑问地走上了求职之路。但是对于一些具备了创业条件的人来说，又该何去何从呢？

在选择求职还是创业之前，我们要清楚这两种选择背后需要面对的是什么。

求职的优点：

有不少人认为，自己并不具备创业的条件，那么为了生活，求职成为一种被迫的选择。但相对于创业而言，选择走入职场其实具备了很多优势。在职场中打拼，虽然无法与公司分享利润，但同时也并不需要承担公司的营收风险。每个月可以拿到稳定的工资，随着工作经验的积累，能力的提升，可以赚取的报酬也越来越多，甚至一些优秀的职场人一年赚取的薪酬，要比很多创业者还要多。

职场人所需要承担的压力，只是岗位本身的压力，而创业者需要肩负起整个公司的运营和发展。不仅如此，职场人来去自由，可以毫无顾忌地随时选择新的平台。

求职的缺点：

总地来说，求职之路相对于创业而言具有一定的稳定性。但这些稳定性背后，也存在着一定的劣势。就比如说，职场人更多的是负责执行，做好自己的分内工作。但也正是由于负担的内容较少，且相对固化，职场人的认知和思维很容易被框定在一个狭窄的区域，思维缺乏活力，没有足够的格局。

尤其是一些重复性较强的工作，会在日复一日中磨平职场人的活力，他们只能为了生活被迫奋斗。而当一个人的意志被磨平之后，他的发展也会渐渐走向平庸。

职场人虽然不必承担企业的盈亏危机，但是要承担自己的职业危机。尤其是在35岁之后，如果你还是为能够在某些方面积累一技之长，显现出足够的价值，那么很容易被职场新人替代，面临低薪、被迫择业或者失业的情况。

创业的优点：

创业者在创业的过程中必将面对各种各样的难题，但是在经历大风大浪的同时也能锻炼出大格局。创业者一般都会有较高的危机感，他们需要保持思维的活跃性，并不断升级自己的认知。创业者不仅与竞争者赛跑，同时在与时间赛跑，所以他们做事情更有目标感。从现实角度讲，创业一旦成功，创业者也将获得企业丰厚的利润和更大的发展空间。

创业的缺点：

很多职场人一直都有一个误解，他们认为成为创业者当了领导，时间上会更自由。上班晚到一会儿，早走一会儿，全凭自己说了算。但事实却截然相反，一个真正的创业着，很难将工作与生活区分开。他们往往要将更多的时间投入工作，更准确地来说，创业者几乎没有明确的上下班，而是处于一种随时随地的工作状态。创业者所要承担的风险，更是不必多言，企业安危系于一身。而高风险背后，必然会承担职场人无法想象的压力。

说到求职和创业的选择，你可能想搞明白到底什么样的人适合创业。根据我本人多年创业的经历，我认为具有以下几点的人才适合创业：

（1）有强烈的个人成就感，有改变世界的想法。

（2）对某事有独到的理解，能切中用户或客户的要害。

（3）有激情，执行力强。

（4）有智慧，可把控资源和链接资源。

（5）价值观要正。

求职与创业之间，究竟该如何选择呢？我的建议是，谨慎选择创业。

1. 千万不要为了逃避而选择创业。

创业者们选择创业的初衷往往是多种多样的，或是因为看好了一个项目，或是因为资源，或是因为一个好的机遇……但唯有一种原因不可取，那就是为了逃避职场。

我接触过许多自主创业的领导，那些成功的创业者们，没有一个人是为了逃避职场而被迫创业的。

为了逃避职场而选择创业，不能绝对地说没有成功者。但在绝大多数情况下，在这种动因下选择创业的人，他失败的可能性更高。

我也接触过或间接听说过很多类似的案例。有的人在职场打拼多年，受够了领导的压榨，受够了职场的磕磕绊绊，拿出自己多年的积蓄选择创业，好不容易看上一个项目，但最终在现实里惨败，悔不当初。有些人因为对职场积压了太多的怨念和情绪，把创业当成了一根救命稻草。可越是在这种心态之下，越容易变得不够理智，导致盲目创业，犯下致命的错误。

2. **在选择创业之前，当好一个员工和管理者。**

在没有任何社会经验的情况下直接成为一个创业者，现实的世界里的确存在这样的成功者。但创业本身就是九死一生，一个毫无职业经验的创业者获得成功的案例，在整个市场样本中属于极个别现象。所以我并不建议没有职场经验或者职场经验较少的人去选择创业。

在我的职业咨询案例中，也曾有过一些一毕业就选择创业的大学生。在接触了较多类似案例之后，我发现这些大学生创业者身上有一些共性。在创业之初，他们对未来的规划格外理想化。有一类大学生创业者的确是有些新点子、新想法，但是在整个创业执行的过程中，因为缺乏管理经验，缺乏对社会、对商业模式的了解，不断地被现实碾压。

还有一种是向往美好的创业状态，这一类人大多会选择奶茶店、花店、咖啡厅等项目，并在初创阶段对一些形象设计充满执念，而不去真正思考运营模式和营销宣传。最后的结果常常是销售不理想，被沉重的运营成本拖垮。

所以如果你想要选择创业，那么至少在创业前，要有充足的职场经验，担任过员工和管理者的角色，才能够为你的创业成功增添一分胜算。否则，你的创业很有可能变成一个试验品，你将为你缺乏管理能力而埋单。

3. **明确自己的诉求，才能判断出哪条是更好的路。**

对于一个社会经验较少的人来说，很多人会规劝其谨慎选择创业。但是对于一些社会经验丰富的管理者，尤其是一些大公司的高管来说，身边则常常会有人劝说其创业，做一番自己的事业。因为他们有资本、有资源、有能力，看起来似乎是万事俱备，只欠一个选择。

但从我的专业角度上来讲，我会建议这些管理者明确自己的诉求，并慎重选择。客观来讲，很多人之所以能够成为高管，拥有一定的能力以及社会地位，其实有一部分是来自平台。而当这样一位管理者选择创业时，那些过往因平台带来的资源都会快速消减。

一位大公司的管理者，在管理小团队的时候并不一定得心应手。因为大公司常常制度完善，并拥有可充分调用的资源。但创业公司小团队的管理完全不同。所以高管创业很容易水土不服，即使他们能够在大海上乘风破浪，但也很有可能溺死在小河流里。所以，从客观情况上来看，大公司高管去创业的人有很多，成功的有，但失败的更多。

创业之路，九死一生，这是属于勇敢者的游戏。它需要付出昂贵的成本，承担更高的风险，面对方方面面空前的压力。

从成本分析，高管选择创业比普通人的机会成本更高，他们会失去当下稳定的、丰厚的收入，还有社会地位、稳定的生活，以及那些来源于大企业的可调配资源。

从收益分析，在创业的初期和中期，可能收益极低，甚至是呈现负增长，或者是血本无归，而后者的可能性更大。所以，成为创业者的收益具有极大的不确定性。

从风险分析，市场竞争残酷，尤其是对于创业者来说，也许一个环节失误，便会被市场绞杀，或是扼杀于萌芽之中。金字塔顶端固然风光无限，在看不见的底层，是千千万万创业者的血泪和被粉碎的付出。而大公司抗风险能力强，高管们搭载平台，可以获得很好的庇护。

从压力分析，在大公司做高管，工作虽然忙碌，但总有限度，工作中的各个环节运转成熟，且都有相应的责任人，高管只需要承担工作本身的压力。

成为创业者后，要考虑成本、资金、管理、运营等多方面的问题，要承受整个公司方方面面的压力。而且，大公司的高管往往习惯了曾经的高度，在成为创业者时，很容易不接地气，端着自己曾经的身份。我曾接触到一位创业的高管，每当手下有人提出不同观点时，这位高管不会就事论事，总是会说自己曾经年薪百万，经验何等丰富，用资历压倒质疑声。最后，这家创业公司维持了一年多就熬不住了。

创业更适合那些有情怀、不怕苦不怕累、有明确目标的人。而在高风险、高成本、高压力、收益不明确的情况下，冷静分析下来，很多人其实还是倾向于稳定性更高的生活。

4. 盘点自己的实力，孤注一掷的人往往都输不起。

一个没有给自己准备退路的人，我一定不会建议他选择创业。

有很多人会觉得那些选择孤注一掷的创业成功者，非常具有英雄气概，也是在这份执着和坚持下创业才得以成功。

但客观来讲，我们在选择创业与否的时候，不要过分地聚焦于那些成功的创业者们曾经的执着，更要看到那些失败的创业者们最终的结局。

人生不是电影，并不是每个人都能注定成为英雄，如果你完全不给自己留好一条退路，贸然地选择创业，那么一旦创业失败，你可能赔上的是自己的整个人生。

综上所述，求职是更适合大多数人的选择，如果你考虑创业，那么可以通过以下问题进行自我检测，如果你回答为“是”的确定答案不超过 10 个，那么在现阶段请谨慎选择创业，走入职场会更适合你。

问题	回答“是”或“否”
你是否喜欢独自完成自己的工作，并且做得很好？	
你是否曾为了某件事而付出了两年以上的计划，并逐步实施，完成了计划？	
你的朋友是否常寻求你的指引和建议？你是否曾被推举为领导者？	
你每天是否能够为自己某件感兴趣的事情投入 10 个小时以上的精力？	
你是否具有成本思维，做事的时候计算投入产出比？	
如果你的创业失败，没有收益，从经济和心理上是否可以接受？	
你是否有足够强烈的创业动机，并愿意为此坚持两年以上？	
你是否有完备的创业计划和执行计划？	
你周围的亲人、朋友等是否有三个以上的人支持你创业？	
是否有三个以上同行业的从业者认可你的创业项目？	
在工作时你是否有足够的耐心和耐力？	
你是否能够与性格不合的人合作？	

续表

问题	回答“是”或“否”
你是否擅长社交，并在短时间内给对方留下深刻印象？	
你是因为跟风或者逃避选择创业的吗？	
你对创业领域是否有足够深的了解，并积累了相关资源？	
你的创业项目是否有成熟的运营模式和变现模式？	
你是否有充足的现金流以及人脉？	

寻找职业生涯的“镜子”和“尺子”

每个人在走入职场的那一刻就面临着无数的选择，而在千变万化的职场中，只有找到适合自己的路径，才能让自己的职业发展走得更稳，走得更好。

一位某知名房企的销售总监刚进入职场的时候，和很多人一样不知道自己该干什么，能做什么。所以，在职场最初的两年，他做过三份工作，分别是策划、产品专员和销售。经过职场初期的磨合，他意识到自己非常喜欢房产销售工作，经过 8 年的打拼，他从最初的小楼盘销售员成长为知名房产企业的销售总监。随着人脉资源以及经验的积累，他在这个领域越做越好，水涨船高，他的平台也越来越大。

职场人还有另外一种情况，同样是最初迷茫，努力地投简历找到一份工作，然后朝九晚五，日复一日，只是听从上级领导的安排去完成每一项工作，却从没有深思这份工作是否适合自己，是否可以成为自己未来的职业发展方向，碰到工资高的跳槽机会时义无反顾地离开。

可是如果一个人的职业发展完全是在机会和薪资待遇的牵动下才向前推进，那么本质上，他的职业发展是迂回曲折的，越是到了职场后期越会乏力。因为在这样的情况下，他很难积累足够的职业竞争力，并很有可能在 30 岁至 40 岁进入职场迷茫期，遇到瓶颈。

迷茫是职场的常态，尤其是在当前的经济环境下，越来越多的不确定涌入职场人的生活。选择越来越多，也让人越来越迷茫。

此刻，不管你是初入职场的新人，还是在职场兜兜转转多年的奋斗者。如果你仍不知道该如何找到自己未来的路，那么不妨运用职业生涯中的“镜子”和“尺子”。

职业生涯中的“镜子”就是个人职业方向定位。从事一份真正适合自己的工作，能够让你充分地找到自我，获得强烈的价值感。

相信很多人对此都深有体会。同等劳动强度的工作，如果这份工作能够带给你足够的价值感，你会觉得相对轻松，工作中产生的疲劳感也可以很快消退，还会产生一种持久力。反之，如果你对这份工作本身无感，或者反感，工作带给你的疲惫感会加倍。

如何检验一份工作是否适合自己呢？建议职场人可以通过以下 3 个方面进行测评。

一份真正适合自己的工作能让你对自己的职业有强烈的满足感，享受自己的工作过程，愿意承受工作中的辛苦。工作的成果，能给自己带来强烈的价值感，而不是充满厌倦和反感。

一份真正适合自己的工作是可以一生长期发展的，并不是因为偶然的机会让你在短时间内获得成果。也许对于一些能力很强的人来说，他们可以做好很多的职业，但是只有那个能够给他们带来可持续发展的职业才是真正最适合的。

一份真正适合自己的工作能够充分发挥你的性格和天赋优势以及你的潜力，使你获得较快的进步和发展。在一份职业中，当你的专业优势和经验优势与竞争者持平时，你的性格优势和天赋优势会让你更快地脱颖而出。

一般来讲，每个人都有自己的职场试错期，但一定不能让这个试错期无限延长下去，这样你会不知不觉地进入迷茫期，甚至一不小心走向下坡路。所以，建议职场人通过上述维度对自己从事过的职业进行评判，找到适合自己的职业方向。

在职业选择上，职场人还需要一把“尺子”，对自己的各项能力进行评估测量。

常见的专业职业测评工具有：埃德加·施恩的职业锚测试、WVI 工作价值观问卷、罗克奇价值观调查表、MBTI 人格类型量表、卡特尔 16PF 人格特征量表、五大人格模型、DPA 动态自我识别管理测评、一般能力倾向测验（GATB）和差别能力倾向测验（DAT）。

读者可以根据下述埃德加·施恩的职业锚测试，进行自我测试。

埃德加·施恩的职业锚测试

职业锚的概念是美国埃德加·施恩教授提出的，他认为职业规划实际上是一个持续探索的过程。在这一过程中，每个人都在根据自己的天资、能力、动机、需要、态度和价值观等慢慢地形成较为清晰的与职业有关的自我概念。所以，他领导专门小组对斯隆商学院 44 名 MBA 毕业生进行长达 12 年的职业跟踪研究，包括面谈、跟踪调查、公司调查、人才测评、问卷等多种方式，最终分析总结出了职业锚（职业定位）理论。

下面给出 40 个问题描述，请您根据实际情况从 1~6 中选择一个数字。

选“1”表示这种描述完全不符合您的想法；

选“2”或“3”表示您“偶尔”或“有时”这么想；

选“4”或“5”表示您“经常”或“频繁”这么想；

选“6”代表这种描述完全符合您的想法。

下面，请根据问题表述做出相应的回答，用圆圈画出符合你个人情况的选项。

序号	问题描述	答案选项					
		从不	偶尔	有时	经常	频繁	总是
1	我希望做我擅长的事，这样我的专业建议就会不断地得到采纳。	1	2	3	4	5	6
2	当我整合其他人的工作时，我非常有成就感。	1	2	3	4	5	6

续表

序号	问题描述	答案选项					
		从不	偶尔	有时	经常	频繁	总是
3	我希望我的工作能够按自己的方式，按自己的计划去开展。	1	2	3	4	5	6
4	对我而言，安全与稳定比自由和自主更加重要。	1	2	3	4	5	6
5	我一直在寻找可以让我创立自己事业（公司）的创意（点子）。	1	2	3	4	5	6
6	我认为只有对社会做出真正贡献的职业才能算是成功的职业。	1	2	3	4	5	6
7	在工作中，我希望去解决那些有挑战性的问题，并且胜出。	1	2	3	4	5	6
8	我宁愿离开公司，也不愿从事需要个人和家庭做出一定牺牲的工作。	1	2	3	4	5	6
9	将我的技术和专业水平发展到一个更具有竞争力的层次是成功职业的必要条件。	1	2	3	4	5	6
10	我希望能够管理一个大的公司（组织），我的决策将会影响许多人。	1	2	3	4	5	6
11	如果职业允许自由地决定自己的工作内容、计划、过程时，我会非常满意。	1	2	3	4	5	6
12	如果工作的结果使我丧失了自己在组织中的安全稳定感，我宁愿离开这个工作岗位。	1	2	3	4	5	6
13	对我而言，创办自己的公司比在其他的公司中争取一个高的管理位置更有意义。	1	2	3	4	5	6
14	我的职业满足来自我可以用自己的才能去为他人提供服务。	1	2	3	4	5	6
15	我认为职业的成就感来自克服自己面临的非常有挑战性的困难。	1	2	3	4	5	6
16	我希望我的职业能够兼顾个人、家庭和工作的需要。	1	2	3	4	5	6
17	对我而言，在我喜欢的专业领域内做资深专家比做总经理更具有吸引力。	1	2	3	4	5	6
18	只有在我成为公司的总经理后，我才认为我的职业人生是成功的。	1	2	3	4	5	6

续表

序号	问题描述	答案选项					
		从不	偶尔	有时	经常	频繁	总是
19	成功的职业应该允许我有完全的自主与自由。	1	2	3	4	5	6
20	我愿意在能给我安全感、稳定感的公司中工作。	1	2	3	4	5	6
21	当通过自己的努力或想法完成工作时，我的工作成就感最强。	1	2	3	4	5	6
22	对我而言，利用自己的才能使这个世界变得更适合生活或居住，比争取一个高的管理职位更重要。	1	2	3	4	5	6
23	当我解决了看上去不可能解决的问题，或者在必输无疑的竞赛中胜出，我会非常有成就感。	1	2	3	4	5	6
24	我认为只有很好地平衡个人、家庭、职业三者的关系，生活才能算是成功的。	1	2	3	4	5	6
25	我宁愿离开公司，也不愿频繁接受那些不属于我专业领域的工作。	1	2	3	4	5	6
26	对我而言，做一个全面管理者比在我喜欢的专业领域内做资深专家更有吸引力。	1	2	3	4	5	6
27	对我而言，用我自己的方式不受约束地完成工作，比安全、稳定更加重要。	1	2	3	4	5	6
28	只有当我的收入和工作有保障时，我才会对工作感到满意。	1	2	3	4	5	6
29	在我的职业生涯中，如果我能成功地创造或实现完全属于自己的产品或点子，我会觉得非常成功。	1	2	3	4	5	6
30	我希望从事对人类和社会真正有贡献的工作。	1	2	3	4	5	6
31	我希望工作中有很多机会，可以不断挑战我解决问题的能力（或竞争力）。	1	2	3	4	5	6
32	能很好地平衡个人生活与工作，比达到一个高的管理职位更重要。	1	2	3	4	5	6
33	如果在工作中能经常用到我特别的技巧和才能，我会感到特别满意。	1	2	3	4	5	6
34	我宁愿离开公司，也不愿意接受让我离开全面管理的工作。	1	2	3	4	5	6

续表

序号	问题描述	答案选项					
		从不	偶尔	有时	经常	频繁	总是
35	我宁愿离开公司，也不愿意接受约束我自由和自主控制权的工作。	1	2	3	4	5	6
36	我希望有一份让我有安全感和稳定感的工作。	1	2	3	4	5	6
37	我梦想着创建属于自己的事业。	1	2	3	4	5	6
38	如果工作限制了我为他人提供帮助或服务，我宁愿离开公司。	1	2	3	4	5	6
39	去解决那些几乎无法解决的难题，比获得一个高的管理职位更有意义。	1	2	3	4	5	6
40	我一直在寻找一份能最小化个人和家庭之间冲突的工作。	1	2	3	4	5	6

分数计算说明

现在重新看一下你给分较高的描述，从中挑出与你日常想法最为吻合的3个，在原来评分的基础上，将这三个题目得分再各加上4分（例如：原来得分为5分，则调整后的得分为9分），然后就可以开始评分。

按照“列”进行分数累加得到一个总分，然后将每列的总分除以5得到平均分，将平均分填入表格。记住：在计算平均分和总分之前，不要忘记将最符合你日常想法的三项额外加上4分。

	TF 技术/职能型	GM 管理型	AU 自主/独立型	SE 安全/稳定型	EC 创造/创业型	SV 服务/奉献型	CH 挑战型	LS 生活型
	1（ ）	2（ ）	3（ ）	4（ ）	5（ ）	6（ ）	7（ ）	8（ ）
	9（ ）	10（ ）	11（ ）	12（ ）	13（ ）	14（ ）	15（ ）	16（ ）
	17（ ）	18（ ）	19（ ）	20（ ）	21（ ）	22（ ）	23（ ）	24（ ）
	25（ ）	26（ ）	27（ ）	28（ ）	29（ ）	30（ ）	31（ ）	32（ ）
	33（ ）	34（ ）	35（ ）	36（ ）	37（ ）	38（ ）	39（ ）	40（ ）
总分								
平均分（/5）								

最终的平均分就是你的自我评价的结果，最高分所在列代表最符合你“真实自我”的职业锚。

职业锚	总分	平均分	说明
TF			技术/职能型职业锚：这种定位的人会发现自己对某一特定工作很擅长并且很热衷。真正让他们感到自豪的是他们所具备的专业才能。追求在技术/职能领域的成长和技能的不断提高，以及应用这种技术/职能的机会。他们对自己的认可来自他们的专业水平，他们喜欢面对来自专业领域的挑战。他们一般不喜欢从事管理工作，因为这意味着他们将放弃在技术/职能领域的成就。
GM			管理型职业锚：这种定位的人对管理本身具有很大的兴趣，具有成为管理人员的强烈愿望，并会以此为职业目标。他们的身上具有一定的管理者特质，并不断地在职场中有意识地提升管理者所需的相关能力，这样他们可以承担更大的责任，并能够具有较强影响力的决策。
AU			自主/独立型职业锚：这种定位的人追求自主和独立，不愿意接受别人的约束，也不愿受程序、工作时间、着装方式以及在任何组织中都不可避免的标准规范的制约。无论什么样的工作，他们希望能用自己的方式、工作习惯、时间进度和自己的标准来完成工作。
SE			安全/稳定型职业锚：安全与稳定是这种类型的人选择职业最基本、最重要的需求。他们需要“把握自己的发展”，只有在职业的发展可以预测、可以达到或实现的时候，他们才会真正感觉放松。
EC			创造/创业型职业锚：这种定位的人，最重要的是建立或设计某种完全属于自己的东西；建立或投资新的公司；收购其他的公司，并按照自己的意愿进行改造。创造并不仅是发明家或艺术家所做的事，创业者也需要创造的激情和动力。他们有强烈的冲动向别人证明：通过自己的努力能够创建新的企业、产品或服务，并使之发展下去。当在经济上获得成功后，赚钱便成为他们衡量成功的标准。
SV			服务/奉献型职业锚：这种定位的人希望职业能够体现个人价值观，他们关注工作带来的价值，而不在意是否能发挥自己的才能。他们的职业决策通常基于能否让世界变得更加美好。

续表

职业锚	总分	平均分	说明
CH			挑战型职业锚：这种定位的人认为他们可以征服任何事情或任何人，并将成功定义为“克服不可能的障碍，解决不可能解决的或战胜非常强硬的对手”。随着自己的进步，他们喜欢寻找越来越强硬的“挑战”，希望在工作中面临越来越艰巨的任务。
LS			生活型职业锚：这种定位的人喜欢允许他们平衡并结合个人的需要、家庭的需要和职业的需要的工作环境。他们希望将生活的各个主要方面整合为一个整体。正因此，他们需要一个能够提供足够的弹性让他们实现这一目标的职业环境，甚至可以牺牲他们职业的一些方面，如：提升带来的职业转换，他们将成功定义得比职业成功更广泛。他们认为自己在如何去生活、在哪里居住、如何处理家庭之事及在组织中的发展道路方面是与众不同的。

职场发展遇到瓶颈的时候，应该怎么办

很多人都会遇到自己的职业瓶颈，大多在30~42岁遇到自己的职业瓶颈期。在他们身上，我发现了这些普遍特征。

他们对当前的这份工作失去了热情，很难调动起积极情绪，常常被一些无可奈何以及疲惫的情绪包裹。

他们在自己的工作中已经感受不到明显的成长，大多数时间都是在做着重复的内容，即使他们偶尔下决心想要提升自己也无从下手。

他们的薪资在过去3~5年没有太大的变化，而未来升值的可能性也不大。

他们对自己的职业充满了危机感，对公司的人事变动很敏感，感觉自己随时都有被裁员的风险，同时也担忧很难找到下一份工作，或者是迷茫，不知道该找一份怎样的工作。

而在职场瓶颈期的另一面，他们还有着巨大的生活压力，要赡养父母，

养育孩子，支撑家庭、房贷、车贷、保险等。来自生活的巨大压力，让身处瓶颈期的职场人无法停下脚步。

那么究竟该如何破局，打破职业瓶颈期呢？职场人可以参考以下思路。

1. 分析需求。

任何时候想要解决问题，最先要做的并不是直接去寻找解决办法，而是拆解这个问题背后的真正需求。打破职业瓶颈，也就意味着晋升、加薪，提升自己在行业的影响力。解析了需求之后，也就有了更清晰的奋斗目标。接着，最重要的就是找到真正阻碍你职业发展的关键因素：究竟是什么阻碍你达到自己的目标。因为只有真正地意识到问题的存在，这些问题才能够真正地被解决。

在职业瓶颈期很多人都会处于一种非常迷茫的状态，不知道自己究竟想要什么，不知道自己未来能做什么，也不知道自己该去学习什么。所以他们往往尝试了很多，但又浅尝辄止，因为没有强大的动力和明确的目标就很容易放弃。

这个时候我建议采用第一章提到的方法，寻找自己的榜样和目标。最直接的就是在同行业中找到一个最为钦佩的人，并认真对比自己的差距在哪里，问自己想不想成为他那样的人。

通过对比法，你能快速找到自己渴望的职业状态，树立一个明确的目标，比如你未来期待的薪资是怎样的，你期待的职业状态是怎样的，又有怎样的行业地位，怎样的经验和资历。

然后再按照我们前面所讲述过的设立目标的原则，将这个目标不断分解，变成可执行的计划，再按照计划的路径一步步操作。

在选定对标人物的时候，一定要注重合理性，千万不要盲目妄想短时间内收入翻倍，实现财富自由等，而是要踏踏实实地规划好自己的职业目标。

2. 蓄力重建兴奋点。

很多职场人工作久了会没有激情，像是进入了一条重复的轨道，日复一日地过着同样的生活，用熟悉的技能重复地处理熟悉又琐碎的工作。

下班后吃饭、刷手机、追剧，一天就这么过去了。周末逛街或约朋友吃个饭看电影，一周就过去了。工作似乎没有多忙，却有一种挥之不去的疲惫感，偶尔会生出一种想要裸辞，去看看诗和远方的念头。

相对舒适的职场，最开始会让人感到安稳，渐渐会让人感到麻木，最后这一切将演变成一种疲惫感并消磨你所有的工作激情，让你不知不觉地走入职场瓶颈期。在这样一种情况下，职场人需要打破这种舒适，克制本性的懒惰，重建对工作的兴奋点，在目标的指引下，把更多的精力投入实现目标当中。

当自己完成阶段性目标或者取得一些成果的时候，给自己设置相应的激励反馈。同时，职场人可以选择记录自己实现目标的过程，在工作中找到自己的价值感和兴奋点。

3. **重塑成长路径，完成自我增值。**

有这样一种职场人，他们擅长用工作时长来衡量表现，总喜欢用工作资历证明自己的价值，驳斥他人的观点。他们理所应当地把自己当成职场前辈和资深人士，喜欢对别人指指点点，却很少自我反思。

他们总觉得，经验代表正确，而他们站在正确的一方。新人永远都不懂规矩，不懂行业，没有经验。

他们喜欢通过晒加班、晒辛苦赢得上级领导的信赖，展示自己的优秀和忠诚，对破坏规则的职场新人嗤之以鼻。

这类职场人在走入瓶颈期之后会面临更大的困境。因为他们把自己的经验当作价值，一旦职业发展缓慢，就会产生怀才不遇之感，就更难发现自身问题，并将自己的处境归结于外部原因，甚至因此产生抱怨。

但事实上，时间和经验并不等同于优秀，真正优秀的人懂得聚焦于当下的结果和未来的价值，只有失败的人才会沉浸在自己过去的经验和成绩中。

想要获得更好的职业发展就需要付出相应的筹码，而这筹码就是你的价值。所以，职场人进入瓶颈期代表其价值增长缓慢甚至停滞。唯有让自己继续成长，实现增值，才能重新回到职业上升轨道。

自我增值的方法有很多。处于职场瓶颈期的人，他们会有一个很大的特点，就是不善在主动还是被动的情况下，在很长时间内他们的工作范围基本都在自己十分熟悉的领域。而当一个人的能力在某方面达到纯熟之后，需要做的是升级。在这个时候，只有在工作中主动承担更具挑战性的任务，或者尝试了解职业的相关领域，才能让你突破过去的认知，提升相应的能力，最终达成目标。

4. 学会在工作中复盘总结经验。

很多职场人对工作复盘没有足够的重视，他们认为自己完成了一项工作，达到了一个结果，这项工作也就结束了。可事实上，他们缺少了最重要的一步，那就是对工作进行复盘。其实工作经验的价值并不在于过去你做了什么，取得了哪些成绩，而是这些成绩背后，你拥有哪些能力可以让你在未来创造更多的价值。每一项的复盘可以让我们提取更多宝贵经验，并在后续的工作中扬长避短，不断提升自己的短板，为自己的未来蓄力。

利用业余时间，打造自己的一技之长。你把自己的时间和精力用在哪里，哪里就会开花，哪里就会结出果实。建议职场人为自己做一份学习规划，以周为单位，为自己规划出一段充能的时间。你可以结合自己的职业选定一个方向。你也可以选择阅读、参加培训或者学习课程等多种方式来打造自己的一技之长。日积月累，这些能力不仅能助你顺利走出职场瓶颈期，甚至能够助你实现人生的蜕变。

5. 寻找更具发展潜力的平台。

小胡当初在一家老牌医药企业，拿着4000元的工资。一年之后，他选择了离职。他很喜欢文案工作，但在这家老牌企业里，他的创意文案一直不被认可，他的领导更希望他做出符合公司传统套路的东西，套路之外的内容在领导眼中是没有价值的。

小胡在公司里看不到任何发展，他很害怕自己继续留在这里会消耗掉对工作的热情。后来，他转到某电器品牌企业做文案工作。在新的工作环境里，他获得了很大的成就感，两年时间工资就已经翻倍。

我一直不建议把跳槽当成职场问题的解药，但是，如果你在职场中足够努力，但仍发展平平，进步缓慢，那么你可以回头好好地审视一下自己所处的平台，看看这个平台是否适合自己，这个平台本身有多少发展机会。

在职场的征途上，人们前赴后继，渴求拥有更好的发展，可很多人却渐渐放松自我，不知不觉败下阵来。

职业瓶颈期不是洪水猛兽，并不可怕。无论你身处怎样的职位，怎样的环境，都要做个努力奔跑的人。即使你深陷泥潭，也要努力做出改变，否则你失去的不只有现在，还有未来。

现实中碰到难题，该如何运用决策工具

你是否曾为自己做过的某个决定后悔过？假如自己当初选择了某某单位，今时今日又会是一种怎样的状态。

黄小姐在职场发展遇到瓶颈的时候，就十分后悔三年前没有接受集团外派任务，如果当时接受了，是不是有可能会有更好的发展，不至于进入瓶颈期？

可事实上，外派也是一种高风险的选择，虽然外派可以得到基层锻炼的机会，但是会离开领导的雷达区。外派一旦失败就可能离职，成功的只是分公司的管理人员。所以，外派本身未必是一个最优选择。

我们都知道，再多的假设在现实面前都毫无意义。但是，这种悔意的背后却有一个值得我们深思的问题，那就是决策力。

每个人，每一天都会对各种各样的事情进行决策，无论对错，在短时间内并不会带来太大的影响。但是，在面对一些棘手的问题时，不同的决策必然会带来不同的结果，影响相差甚远。

在面对一些关乎个人发展的难题时，做出科学决策更显得尤为重要。因为进与退之间，完全有可能是截然不同的两种人生发展。

另一家创业公司要高薪挖你过去，你会不会离开已经打拼了 5 年的公司？

直属领导暗中收受回扣，要不要汇报给公司？

家乡那里有一个不错的工作机会，你会不会选择离开打拼了 10 年的大城市？

有一个很好的项目，要不要辞职创业，告别打工人的烦恼？

在整个人生发展中，我们每个人都可能会遇到像上述所提到的、一些关于人生的重大选择，而每一种选择背后都是一种截然不同的人生状态。

在面对这些难题的时候，怎样才能做出最好的选择呢？我的建议是，你可以尝试以下的决策工具来建立你的决策思维。

1. 德尔菲法。

德尔菲法又名专家意见法，是依据系统的程序，采用匿名发表意见的方式，即团队成员之间不得互相讨论，不发生横向联系，只能与调查人员发生关系，通过多轮次调查专家对问卷所提问题的看法，然后经过反复征询、归纳、修改，最后汇总成专家基本一致的看法，以此作为预测的结果。

例如，当我们在面对一个新的工作机会，并为是否要跳槽纠结时，请运用德尔菲法。

第一步是在我们作出决策时邀请专家。

专家的定义其实很广泛，可以是各个领域的，比如有丰富的职业经验并且十分优秀的职场人、行业前辈、熟悉的 HR，或者是猎头和职业咨询专家。在征求专家的意见时，需要把自己的客观情况，包括自己的职业经验、过往成绩，以及公司情况等，提供给对方，作为专家预测的依据。

第二步是独立预测。也就是请每个专家在不受任何干扰的情况下，根据你所给出的信息以及自己的经验，认真地对这个问题进行决策评判，看他们对于你是否应该跳槽的问题做出怎样的决策和评价。也就是决策结果是什么，是去还是留。决策依据是什么，为什么选择跳槽，又或者为什么选择留下。哪种选择可能会使你未来获得更好的发展，又会发展到怎样的程度。

第三步是统计回归。将不同专家的意见收集起来，进行归纳整理，并以匿名的形式把这些信息反馈给专家，让他们借助这些信息对结果重新预测。在条件允许的情况下，尽可能地进行多次预测，直到大部分专家不再修改自己的意见。

第四步是分析结果。对预测结果进行分析，分析那个未来发展更好的选择是否与自己的个性、主观意愿相匹配，是否有自己绝对无法接受的因素，并在综合专家的意见之后，做出自己的最终决策。

上述这种决策工具适用于缺乏决策思路的职场人。因为他们在面对问题时，容易被焦虑的情绪所左右，无法厘清问题的思路，不懂权衡利弊，以及不能对决策的发展进行预判，没有清晰的想法。德尔菲法正好可以弥补决策思路不清的问题，并可以借助专家意见，助人找到最利于自己的决策。

2. **满意决策。**

在面对决策时，有职场人还有这样一种情况，他们既懂得权衡利弊，又懂得预判事态发展，但在面对选择时举棋不定。这类人的突出表现就是想法太多，总觉得会有更好的决策方案，也常常因此贻误了最佳决策时机。

一般出现这种情况时，我会建议职场人使用“麦穗理论”进行决策，也就是西蒙所提出的“满意决策”。

传说古希腊哲学大师苏格拉底的三位弟子曾请教老师，怎样才能找到理想的伴侣。于是苏格拉底带领弟子们来到一片麦田，让他们每人在麦田中选摘一束最大的麦穗——不能走回头路，且只能摘一束。

第一位弟子刚刚走了几步便迫不及待地摘了一束自认为是最大的麦穗，结果发现后面的大麦穗有很多；

第二位弟子一直左顾右盼，东张西望，直到终点才发现已经错过了前面最大的麦穗；

第三位弟子把麦田分为 3 份，走第一个 1/3 时，只看不摘，分出大、中、小三类麦穗，在第二个 1/3 里验证是否正确，在第三个 1/3 里选择了麦穗中属于大类的麦穗，这可能不是最大的一束，但他心满意足地走完了全程。

在西蒙的“满意决策”论中，他认为：一切决策都是折中，只是在当时情况下可选的最佳行动方案。为了满意，而不是最优，你的决策应该遵循以下原则：

第一	定下最基本的满意标准
第二	考察现有的可选方案
第三	如果有可选方案满足最基本的满意标准，就不再寻找更优方案

3 年前，高管徐总走到了自己人生的重要转折点，当时因为他做了一个大项目，迅速成为业内大咖，领导高薪挽留，三家大厂向他抛出了橄榄枝。当时他考虑了一段时间，对比权衡之后，选择了那家上市公司，后来陆续还有不少企业开出更具诱惑力的条件，身边有不少朋友都替他惋惜，说他决定做得太早，为什么不再等等。

但是，徐总对此很淡然，他已经做了“满意决策”，所以必然不会为错过后面的其他选择而后悔。在多年的职场经历中，他见过太多人因为犹豫不决而错过最佳决策时机。很多人总是觉得后面会有更好的选择，但在这样的心态之下，人也很容易错过最好的：走过整片麦田，却找不到一束满意的麦穗。

科学的决策工具还有很多，比如，“KT 法”有四个主要步骤：状况分析，问题分析，决策分析和潜在问题分析。它是一个相对系统化的决策流程，帮助职场人从问题出发，并在问题的解析中找到最恰当的决策。再比如说，“决策树分析法”“SWOT 分析法”等。不知道如何决策的职场人都可以通过这些决策工具，建立属于自己的决策思维，以应对职场发展中的各种问题。

提升自己的决策能力

决策，并不是领导的专属，任何一个人想要过好自己的人生，都离不开决策能力。

可很多人常常会面临这样的问题，一碰到事情就无所适从，不知该如何是好，任人摆布，觉得别人说什么都对，根本不知道该如何决策。

某公司职员 T 就是这样一个人，她进入职场 4 年多，在工作上领导很满意，有意提拔她做主管，经常授权她带队做一些项目。T 在业务能力上没得说，但是一到做决策时就犯难。因为她总是怕拿捏不好分寸，顾虑很多，厘不清头绪，经常被团队中一些善言的积极分子左右，结果往往不尽如人意，领导也很失望，最后 T 与晋升失之交臂。

其实不止是在工作的决策上，就连在生活中遇到大大小小的事情，很多人都不敢决策，或是不会决策，最后只能盲目听从别人的想法，做事背离自己的初衷，把自己陷入尴尬境地。

还有些人在决策时十分盲目，全凭感觉，不懂得权衡，做了决策后反而带来更多的麻烦，这时又会后悔当初的选择，自相矛盾。

我们今时今日脚下的路，是坎坷，还是坦途，是步步高升，还是节节败退，都与我们在工作和生活中的每一次决策密不可分。在前面的章节我们提到了科学的决策方法，但科学的方法，需要在一定决策能力的基础之上才能充分发挥其作用。那么职场人究竟该如何提升自己的决策技能呢？我建议从以下几点入手。

1. 要具备足够的行业知识、专业知识。

所有决策的依据都是建立在对大量信息的掌握和理解之上的，尤其是当我们在工作中，或者是职业发展上面临一些选择时。如果不具备足够的行业以及专业知识，那么你就很难做出准确的判断。

所有的决策都是在知识和理论的指导下做出的合理决定。如果你缺少对问题判断的知识和理论，就会出现认知的偏差，导致决策失误。

一般来讲，专业性不足的人做出的判断常常是感性的、片面的，带有强列的主观色彩。而专业性强的人做出的判断，往往更加客观、全面、科学，并更容易达到预期结果。

就比如，在评判一个产品是否会在市场上受到消费者喜爱的时候，一个不具备专业知识或者专业知识储备较少的人，会习惯性地从一个消费者的角度提出自己简单的感受，做出自己的判断。而一个专业人员会从目标消费人群、消费心理、市场现状、竞品分析、产品卖点、营销策略等多个维度进行分析，然后再做出判断。

专业和非专业的决策，高下立判。所以，如果你希望提升自己的能力，促使自己获得更好的职业发展，那么就扎根自己的职业，提升专业度。先做到专业，技巧和方法才能发挥价值。

2. 提升情商，减少情绪对决策的干扰。

情绪无形，却有着巨大的“杀伤力”，尤其是在情绪支配下做出的决策容易造成很不堪的后果。

人在情绪的影响下，往往容易做出非理性的决策。所以，当我们做出一项重要的人生选择时，一定要尽可能地弱化情绪因素。

有些职场人在工作中很情绪化，在做决策时，容易因为跟人赌气为难同事，搞得同事关系紧张。有时候还会因为一些事情不满意就愤然离职，完全不顾这份工作能给自己带来的价值和提升，只为了争一口气。往往这类人后来都会为自己的情绪埋单，承担更糟糕的后果。

“野马结局”法则很好地诠释了情绪的反作用力。非洲草原上有一种吸血蝙蝠，它们以吸食动物的血液为生，常常会附着在野马的腿上吸食血液，直到吸饱了才会离开。野马会因此而暴躁狂奔，但还是拿它们没有办法，有不少野马甚至会因此被活活折磨致死。事实上，蝙蝠所吸收的血量远不足以使野马毙命，其真正的原因是暴躁的狂奔。所以，因为情绪失控而大动肝火容易造成糟糕的“野马结局”。

当我们带着情绪去思考某件事情的时候，会带有强烈的主观倾向性，而这种主观倾向性容易让我们陷入思维误区，并说服自己去完成自己主观所期待的决策。

我们每个人都无法阻止情绪的产生，但一定要注意不要在情绪支配下做出任何决策。越重要的事情，越要保持冷静，深思熟虑。心理学上有一个著名的“淬火效应”，它的原意指金属工件加热到一定温度后浸入冷却剂中，经过冷却处理，工件的性能会更好、更稳定。我们在决策过程中受到情绪的剧烈影响时，应该充分地运用“淬火效应”，给自己一个冷静期。情绪是人的本能，我们无法控制情绪的产生，但可以通过这种冷处理的方式最大限度地减少情绪的影响。

3. 提升认知和格局，以合作共赢的思想去做决策。

阅历再深的人，思维上都会有一定的局限性。我们在做决策的时候，一定要意识到自己的这种局限性，并不断地拓宽自己的视角，提升自己的格局。

在职场中，那些拥有大格局的人往往更容易化解难题，做出更科学的决策。如果一个人视野狭窄，只顾及自己的利益，那么他在解决问题的时候，思维也会狭窄，不知如何变通。

在决策时，一定要有意识地培养多元思维，查理·芒格在《穷查理宝典》中提到了一个影响他生活、学习和决策的思维方法“多元思维模型”。这种思维模型可以给我们提供更多的思维角度，兼顾多方利益，寻求共赢，同时有助于我们把目光放长远些，考虑决策的持久价值和影响力。

心理学上有一种“非零和效应”，由“零和效应”演绎而来。“零和效应”含义为实力相当的双方在谈判时作出大体相等的让步，方可取得结果。而“非零和效应”正是反其道而行之，双方不再是“你之得即我之失”的关系，而是能够以一种共赢的心态，找到双方需求的契合点。眼前的利益是短期的，只有在“非零和效应”下做的决策，才容易获得长久的合作和发展。

4. 提炼经验，让决策发挥持久作用。

决策能力是可以通过不断积累而逐步提升的。对过往决策结果进行复盘能够让我们获得更多的宝贵经验。无论决策结果最终是成功还是失败，都可以对未来产生一定的指导作用。对于那些成功的决策案例，我们可以将总结的经验用于未来相似情况的决策中，并进一步优化决策方案，这可以大幅度提升我们的决策效率。

而那些决策失败的案例能够让我们充分地认识到自己在哪些方面还有不足，抑或是遗漏了哪些关键信息。将决策中的各个要素进行分解，并逐步找到出现问题的源头，下一次决策就可以针对此方面做出优化和调整，从而避免出现同样的问题。

在对结果复盘的过程中一定要警惕，避免出现事后聪明偏差。当某项决策产生结果之后，如果这个结果曾在预测范围之内，很多决策者都会认为：早知道会这样。在这种心态的指导下，我们会产生一种自己比实际更善于决策的偏差印象，从而大大降低我们从过去的案例中学习经验的能力。

5. 任何决策，都要做好最坏的打算。

一般来说，我们在做决策的时候会习惯性地考虑在不同的选择之中会获得什么，要如何获得，但任何决策都是存在风险的。因此，风险评估是一个不可忽视的重要环节。在做决策时，我们不光要以最好的结果为目标，去努力执行，同时也不要忘记做好最坏的打算，做好充足的心理准备和应对预案。这其实是一种“决策损失思维模型”。这种反向决策思维可以让我们的决策更加理性。

在职场打拼 12 年的林总从来不畏惧做任何决策，用她的话来讲就是“做最好的努力，最坏的打算”。这样就没什么可畏惧的了。因为一切好的、坏的，都在预料之中。

我们每个人都不可能一直幸运，随时都可能面对一些突发或者失控的状况。当你做好了各种准备时，就算那个糟糕的场面到来，我们也不至于无路可退。所以，在做决策时，提前做好最坏的打算可以大大提升你对决策的风险控制能力，能帮助你更稳妥地达成目标。

规避决策中的常见偏差

在决策中，我们除了要学习正确的方法和掌握合适的工具之外，也应当学会避险，规避那些容易出错的雷区，从正负双向把控决策的准确性。

归根结底，一些决策的雷区主要来自人性的弱点。根据多年的职业咨询案例，我总结出以下几种常见的决策偏差。

1. 过分自信带来的决策偏差。

理智的自信可以给人提供源源不断的能量，增强人的信心。但盲目的自信容易给我们的决策带来较大的偏差，并直接影响结果。在我接触的案例中，一些初入职场或者是正处于职场上升期的人更容易出现这种自信带来的决策偏差。当他们在职场中取得一定成绩，或者发展顺利时，会高估自己的能力以及影响力。

曾经有一位职场人刚升为项目经理，在给客户提案的时候很有把握，以至于在很多方案的细节决策中，在没有足够信息支撑的情况下便做出了主观的判断，可最终客户对方案并不满意，选择了另外一位合作者。正是因为这次失误，这位项目经理才认识到自己盲目自信。

想要避免这种在决策中的主观偏差，最重要的就是在做决策时，以充分的客观信息为依据进行判断，并在做出决策之后进行因果推导，由结果倒推决策依据。依据的客观性越强，便可以最大限度地避免主观盲目判断。

2. **锚定偏见。**

我们很容易因为第一印象对某些事物产生刻板的偏见。相对于那些后续收集的信息，有一些最初的想法会在决策中占有较高的权重。

比如职场人在接触某位客户时，认为对方很难缠，那么在后续的沟通中，一旦发生问题或摩擦，职场人很有可能认为客户是一个难缠而苛刻的人，所以才出现这样的结果，从而无法从客观的角度去分析问题本身。这就在决策时出现偏差。

所以在决策过程中，职场人应该有意识地剔除第一印象，适时地切断联系，将更多的目光聚焦于问题本身，减少刻板印象的影响力。

3. **信息采集偏差。**

在决策过程中，比起被别人说服，更可怕的是自我说服。在收集决策信息时，人们容易偏向那些支持自身观点的内容。

很多想要跳槽辞职甚至是裸辞的人，在个人情况描述过程中，提供的信息会有一定的倾向性，隐性地指向一个结果。

例如某化妆品公司的谭小姐，认为她的领导独裁，她的同事大搞办公室政治，她的努力结果一次又一次地被轻视。从她所阐述的信息来看，这的确是一份不足以留恋的工作。

但是，她所在的公司是当地行业中的领军企业，而且公司有完善的薪资福利体系、晋升体系等，她当时所处的部门，有很多机会接触大项目……在综合了全部的信息之后，我的建议是让谭小姐留下来。当时谭小姐正处于职场发展黄金时期，除了薪资福利之外，她还需要一些大厂经验和大项目的背书。而当前的公司恰恰能满足她现阶段的职业需求，也是能够使她在未来快速增值的更优选择。

在决策中为了避免带有主观偏见，最初对决策信息进行采集时应当划分信息模块。可以根据 SWOT 分析法，逐步分解当前情况，并逐条填充信息。这就像是搭建一所房屋，先构建它的骨架，再去添砖加瓦，使其在一定秩序下变得丰富全面，而不是选择性地抽取信息，拼凑出一个自己想要的答案。

4. **代表性偏见。**

如果一个人在两个相似事件中做出了相似的决策，而这个决策最终并没有达到理想的结果，那么在下一次同类事件的决策中，决策者就会形成一种先入为主的印象，认为过往的决策方向是不正确的。

代表性偏见其实也是一种经验主义带来的决策偏见。针对这种情况，我们在分析客观情况的时候可以将历史经验作为参考，但是在做最终决策时，要把它当作单一事件来对待，切断与过往经验的联系，根据科学的决策流程重新审视。

5. **随机决策。**

很多人常常会将一些随机事件赋予一些特殊的意义，并以此作为参考案例，这样就会把偶然事件当作成功的模板，决策就很容易受到影响。

随机决策事件十分常见，例如有不少人看见一些抖音红人因为一些偶然事件走红，便策划着同样的套路，想要博取流量，最后投入了大把的时间和金钱，却还是默默无闻。

真正有价值的经验一定是符合某种客观规律，并且经得住时间检验的。所以，在做决策时要充分运用科学的决策工具，谨慎使用片面经验。

6. **承诺升级偏见。**

很多人常常为了证明自己最初的决策是正确的，大量投入资源给那些一开始就注定失败的决策。这样的孤注一掷看似很有气魄，但实际上是有勇无谋。

这是一种类似于赌徒的心态，输得越多，就越想要投入更多，希望能赢回所有，可结果往往是惨痛的。

所有的决策都是为了达成目标，但决策并不是一成不变的，如果决策在执行的过程中偏离目标，要懂得及时止损，不要为了沉默成本而投入更多的资源。对决策本身过分地执着，终会付出沉重的代价。

7. **依赖式决策。**

有很多人非常痛恨选择，尤其是在面临重大问题时，他们不愿意思考，只想得到一个看似稳妥的结果。曾经有不少职场人来找我做职业咨询，他们在陈述完自己的情况之后都会问：如果你是我，究竟会怎么选择？

这样的人在面临生活和工作中的抉择时往往非常依赖他人，常常将选择权交给别人，需要身边的人带入思考，替他做出选择，并给出相应选择的理由。这种行为本身是对他人的打扰。有的人因此失去了朋友之间舒服的关系；有的人在他人的帮助下做出决策之后面临糟糕的结果，甚至会把责任推给帮助他决策的人；有的人在听取别人的意见之后付出了沉重的代价，为自己不愿决策而埋单。

其实无论是哪一种情况，过分依赖于他人进行决策都是不可取的。每个人都有自己的境况，每个人都要为自己的选择承担结果。我们在做决策的时候可以听取他人的建议，但一定不能停止自我思考，要自己掌握命运的主动权。

8. **逃避式决策。**

很多大学生在刚毕业的时候都会面临一个选择，就是继续考研还是去找工作。很多大学生面对这个问题的时候会感到迷茫。有一部分人为了逃避职场中的种种未知烦恼而选择继续考研深造。

还有一些职场人，为了逃避职场中的种种不顺，如与领导沟通不畅，与同事关系不和，便不断选择跳槽。

在这里我想说的是，无论是考研也好，还是跳槽也好，这个决策的动因都应当是为了未来更好的职业发展，而不是为了逃避一个问题。

因为逃避而做出的决策最终会让你走入更大的困境，甚至影响自己整个的职业发展。

所以，你在做任何决策时都要谨记：决策是为了达成某个目标，而非逃避某个问题。

第四章 如何融入职场和公司

融入职场第一步，做好环境评估

职场人入职新公司后的首要任务是什么呢？

不少人的观点都是要做出成绩，这样才能得到领导的重视。但事实上，比起业绩来，更重要的是融入环境。如果进入新公司后不能与环境相容，很容易出现“排异反应”，即使做出了成绩，职场发展也很容易受阻，甚至被排挤出局。

一位产品策划人有想法和创意，他入职了一家大公司，也很珍惜这次机会，很长一段时间都处于一种非常兴奋的状态，工作也很投入。但是，他做事我行我素，有时候与同事产生摩擦也并不在乎。

一段时间后，他发现同事们对他似乎很有意见，一些需要配合的工作进行得非常不顺利，他也渐渐被孤立。

这种情况让他很烦恼，甚至有了辞职的念头，但是好不容易得来的工作机会又让他十分不舍。同时他也很困惑，自己明明在努力工作，在为职场奋斗，却为环境所不容。

其实存在这种想法的职场人还有很多，他们大多数的观点是，在职场中什么样的人都会遇到，不可能让所有人都喜欢自己。工作就是来赚钱的，不是来拉关系的，所以即使来到一个新环境，只要做好自己的工作就足够了。

但是，身处职场，没有人可以独行，如果无法融入环境，职场便犹如逆风而行，坎坷重重。你很有可能在还没有获得展示机会之前就已经被环境淘汰出局。

职场如江湖，无论大小都少不了人与人之间盘根错节的关系，也必然会存在一些规则。所以，当你进入一个新环境后，最重要的是了解这些规则，并融入其中，这样你才能站稳新的舞台，才会有充分展示自己的机会。

当职场人面对新环境时，究竟该如何去做？

1. **从宏观到微观快速了解公司。**

有不少人认为，做好自己的本职工作，了解岗位相关内容，已经是尽职尽责，完全没有必要去了解更多。而且，自己既不是领导，也不是高管，就算了解了一些公司层面的宏观信息，也没什么用处。所以，对自己的公司不够了解似乎成了职场中一桩见怪不怪的事情。

但部分与整体是紧密相连的，你只有对公司有了深入的了解之后，才能更容易读懂领导决策的战略意图，也更容易把握本职工作的方向。

除此之外，了解公司更有助于我们扩大自己的职场格局，站在全局的角度思考问题。

正所谓“知己知彼，百战不殆”，想要融入新的职场环境，你需要尽快了解公司，从宏观到微观全面地掌握公司的信息。

公司的宏观信息包含公司的主营业务、组织架构、发展历史、企业荣誉、企业文化、行业地位等。你可以通过互联网、公司内网以及公司培训等多个渠道去了解。尤其是一些大公司，其组织架构相对复杂，变化也很快，所以你要时刻关注这种变化。因为这不仅关系到你是否能够顺利融入职场，同时也关系到你未来的发展。

一些微观的信息包括自己所在部门的职责、部门领导、汇报层级、各业务沟通流程等。这些内容看上去非常简单，但是有很多职场人即使工作了很久，对这些内容也没有做到足够清晰的了解。这种模糊的印象也容易使职场人在工作中出现差错。

通过下表可以检测你对自己所在的公司是否足够了解，如发现自己的了解不足，建议及时补足。

检测项目	○十分了解 △了解部分 ☆不了解
公司的企业文化	
公司的主营业务以及核心业务	
公司的运营模式	
公司的发展历史	
公司的荣誉	
公司的组织架构	
公司日常规章制度	
常规的制度流程	
公司的核心部门	
行业未来 3~5 年的发展趋势	
公司未来 3~5 年的发展规划	
直属领导的工作职责和权限	
自己的工作职责和权限	
公司内部的一些不成文规则	

此外，你还需要了解公司的一些规定，比如日常管理、会议要求等。有不少职场人在入职时并不会认真地阅读公司的规定。在职场中经常会有这样的现象，有些职场人在工作过程中会形成自己的一套职场行事标准，轻视规则，把它当作是无伤大雅的小事。举个最简单的例子，有些人会在下班前的几分钟就开始收拾东西，准备打卡下班，而在一些非常重视时间管理的公司中，如果频繁出现这种情况，这些人很有可能被辞退。所以，在进入新环境中，了解规则并敬畏规则，是融入其中的重要一步。

2. 做好人际环境评估，建立自己的边界。

在进入一个新的职场环境时，要及时地做好人际环境评估，了解每个人的边界，并建立自己的边界。

很多职场问题其实都来源于缺乏边界感，即过度地干涉，过度地关心，过分地索取……无论我们是越界者还是被侵犯者，一旦越界，就可能会被环境排斥。

职场新人小科在初入职场时就因此吃了不少苦头。小科作为公司的新人，刚到公司时很多业务还不熟悉，需要花费较多时间学习，部门里的一些同事看他是新来的，便打着给他多一些锻炼机会的旗号，交给他一些零零碎碎的工作。小科性格随和，又抹不开面子拒绝，便都一一应承下来。

为了完成这些额外的工作，小科常常一个人加班。在实习期结束之后，小科因为忙于应对各种各样的杂事，自己的核心工作并没有做出什么亮点。

在职场上，很多人都不希望成为受人驱使的老好人，但很多人像小科一样，初入职场或者初到一家新公司时因为陌生便不好意思拒绝别人，没有及时地为自己建立边界感，最终出现自己的领域被别人任意践踏的情况。

边界感并不高深，简单来讲，就是要知道说话做事应该在哪里停止。

在心理学上，它被称为心理疆界。每一个人或动物都在尽力地保持着自己的两种生存空间：物理空间和心理空间，而这种空间与外界的界限就称作疆界。心理疆界是为了能够将自己与他人隔开，以保持自己的个性空间，保护自己的“心理财产”。

没有边界感的人往往会变成两种角色：侵犯者和被侵犯者。被侵犯者的结果是，在职场上容易成为苦不堪言的老好人，被他人肆意“掠夺”。所以在初入职场时，一定要快速地了解职场人际环境，建立边界，这样才能够快速地被环境接纳。

3. 评估工作氛围，找到隐藏标准和禁忌。

每一个公司的职场情况都各有不同，在进入新的职场环境后，你需要快速地对工作氛围进行评估，看看你的工作是严肃紧张的，还是相对轻松的。具体如何评估，可以通过观察同事们的工作状态，休息时间的状态等进行深入了解。

如果有人在工作时间摸鱼划水，快到休息时间就开始等着休息，自我放松，那么这样的职场环境是松懈的，在这样的环境中，你很容易被同化变得散漫。所以职场人要有意识地做好自我管理，同时，也要重新对这个工作机会进行认真评估，如果这份工作无法让你实现成长和增值，那么也可不必融入。

如果同事们在上班时间很忙碌，且在无人监管的状态下都能很投入地工作，甚至有的人会在休息的时间主动赶工，这样的工作氛围说明工作压力相对较大，但是每个人都很有责任心，也很自律，可以让你快速地学到更多的东西。那么，你要尽可能地跟上同事的节奏，这样才能更快地融入这个群体中。

此外，在这个观察的过程中，职场人还需要尽力去挖掘一些隐性的规则。比如说，与同事之间工作沟通的注意事项，有的人很在乎时间，如无必要尽量不要去打扰，有的人喜欢文字沟通，那么就尽量不要发语音。在团队协作中，大家习惯了抛出一个想法，群策群力进行讨论，那么你在工作的过程中也要尽可能地去适应团队的节奏。

4. 熟悉领导工作模式，建立向上管理。

熟悉领导，也是融入职场环境的关键点。

在进入新的职场后，很多人在了解熟悉了自己的岗位职责之后就会习惯性地选择闷头努力。他们并没有主动和领导沟通的意愿，或是畏惧与领导的沟通，尤其是刚进入一个新的环境时，对领导的畏惧心理会更重，甚至把靠近领导当成一种谄媚的行为，害怕引起同事的反感。

这虽然是一种群体意识，但并不意味着它是正确的、有价值的。我曾接触过不少职场精英，他们认为在自己的成长期有一部分成长得益于领导的指点。因为领导所指点的工作思路和工作方法已经经过了大量的经验验证。而一门心思闷头工作的人往往要花费更多的时间才能在工作中总结出一些经验。

所以，每一位职场人在进入新环境时，要树立向上沟通思维，与领导保持平等、通畅的沟通，这样才可以获得更多的指点和经验，这些经验有助于职场人形成更高效的做事逻辑，快速适应新的职场环境，并为后续的发展打下一个很好的基础。

在职场总会面对各种各样的新环境，随性而为、随遇而安的态度会大大增加职场中的不确定性，有章法地融入职场，才能够让你的职场之路走得更稳。

快速在团队里找到自己的位置

加入一个公司，入职一个岗位，并不意味着你真正成为团队中的一员。

一位文案工作者时常纠结："我来公司一年了，但同事好像都不太喜欢我，在工作中经常出现矛盾。我想辞职，但是有点纠结……"

他的工作能力不错，做出过不少好的文案，可就是在新团队一直不太受欢迎，他甚至试过去讨好同事，约同事吃饭，请大家喝下午茶，但效果并不明显。他当时一直纠结去留的问题。

这位文案工作者认为，他当前与团队无法相融是因为同事们大都是公司的老人，他们在一起工作时间长，互相了解，感情深厚，也比较排斥新人。

但在职场中，感情只是增加团队凝聚力的黏合剂，能否融入团队取决于一个人是否能够找准自己的位置，并充分发挥自己的价值。

那么，怎样才算是融入了团队呢？

如果你的业务能力较强，那么你的工作重心应当聚焦于打磨你的标签，由专业变精深，用你的一技之长，不断强化你在团队中的重要性。

如果你当前的业务能力还不足以满足团队的需求，那么你需要找好一个既符合自己职业发展定位，又能够满足团队需求的着力点，然后制订计划，一步步地靠近你的目标位置，并逐渐走向团队的核心。

具体该如何去做，职场人可以参考以下步骤。

1. 明确在工作中你的核心能力是什么。

职场人选择一家公司，不仅仅是付出劳动去达成公司的企业目标，同时也是在塑造自己的职业形象。所以在融入一个团队之前，职场人应当对自己有充分的认识，认清"我是谁"，勾勒好自己的个人能力图谱，找到自己的职场核心能力以及自己的职业发展方向，具体方法可以参考第一章的内容。

2. 思考在过去的时间里你在哪方面积累的最多。

过往的职业经验是一个人职业价值的最有力证明。同时，从过往的经验中，我们可以找出自己在团队中担任的角色以及胜任力。过往经验的指导可以帮助我们在新的团队中更快速地锁定自己的方向。

例如，一位设计师可能在过往的职业经验中做过包装设计、logo 设计、详情页设计、VI 设计、海报设计，等等。如果在过往的职业经验中，他的包装设计经验最为丰富，或者有过优质作品，那么在新的团队中，他也同样可以将包装设计作为自己的主要设计方向，承担起团队中包装设计的工作任务。

3. 想一想 5 年之后你希望别人怎样介绍你。

在 4 年前，一位项目经理还是普通的产品策划专员。他的职业发展之快，让很多人都羡慕不已。那么，他究竟是如何实现这种令人艳羡的蜕变的呢？这位经理说，他当初在加入团队的时候很迷茫，最开始是别人分配什么任务他就去做什么。身边很多人都告诉他，慢慢熟悉就好了，但是随着对工作的熟悉，他却越来越迷茫。当他来找我做职业咨询的时候，我问了他一个很简单的问题：5 年之后你希望别人怎样介绍你？

正是这个问题让这位经理找到了自己的答案。他当时很崇拜一位项目负责人，希望自己 5 年之后也成为那样一个人。在那之后，他把自己项目的这位负责人作为一个参照标准，把项目经理作为自己的目标，除了做好本职工作之外，还会在团队中规划分担相应的工作内容，在实践中学习提升自己，他这样才一步步地成为优秀的项目经理。

4. 明确这个团队最需要的是什么，哪些是你可以做到的，哪些是需要你去提升充实自己的。

除了认清自我能力和自己的发展方向之外，职场人还需要把目光放在团队之中，明确团队最需要的是什么。

比如说一个策划团队需要一个 Excel 制作高手，或者是一个阐述能力较强的人，能够把方案更好地展现给客户，那么如果你能具备这样的能力，或者是以此为目标打造自己的能力，则会更加容易融入团队。

分析团队的需求能够让我们快速找到自己的落脚点，充分发挥自己的优势，并弥补自己还不具备的能力。

5. 了解这个团队未来的发展方向是什么；在这样的发展之下，对你的岗位提出怎样新的要求；为了适应未来的发展，你需要做到怎样的程度。

融入一个团队，被一个团队接受并逐渐地站稳脚跟，这是一个持久的过程。

团队处于一个不断发展的过程中，团队关系也是在不断变化的。就算是团队中的老成员，如果他无法适应团队的发展，那么也很容易与团队脱轨。相信很多职场人都接触或者听说过，有些人供职于一家公司5年甚至10年的时间，仍旧被裁员。

职场讲的是价值而不是情分，所以，如果你想要融入一个团队，并在团队中站稳脚跟，逐步成为团队核心，那么一定不要忘了聚焦团队的发展。不仅要在当下找到团队中属于自己的位置，而且要看到团队发展对成员的需求，并以此为目标不断地匹配自己的能力，为团队提供价值。

6. 根据你的能力以及团队发展需求制订计划，并去执行。

需要注意的是，在这个执行的过程中，你要时刻关注与团队成员的配合，并充分地尊重团队工作的模式，万万不可我行我素，完全按照自己的节奏做事。否则你再优秀也很难在团队中发光，甚至很容易被排挤在团队之外。

与你的直接领导建立一种和谐的职场关系

在进入一个新环境后，你一般会与你的领导保持一种怎样的职场关系？

我曾针对此问题，对一些职场人进行过采访。

“我的领导很忙，有事情才找领导，速战速决。”

“我们领导脾气大，很严格，动不动就发火，尤其我还是个新人，所以越少有交集越好，我可不想踩雷区。”

“我们领导的想法又多又乱，完全不按套路出牌，没法沟通。”

“我只要做好本职工作就好了，和领导也就是一些简单的工作交流，而且也没必要有太多的沟通。”

综合一些样本分析，很多人对自己的领导持有的是一种抗拒心理。也就是，如果没有必要情况，他们一般不愿意和自己的直接领导主动联系，有一些职场人就算是重视与领导的关系，却找不到具体的方法，没话找话硬沟通会让彼此都尴尬，所以只能尽心做好领导安排的工作。

但事实上，如果想要快速融入一个新的职场环境，那么你一定要学会和领导建立和谐的职场关系。因为他作为你的直接管理人，掌握着大量的职场资源以及你的上升发展通道。

人的能力需要在合适的平台、恰当的位置以及一定资源的加持之下才能展现到极致。如果你在新环境中无法得到领导的认可，就很难获得更多的发展机会，甚至有时候你的领导会直接掐断你的职场机会，让你失去这份工作。

在职场中与领导保持和谐的职场关系常常会被一些人误认为是一种谄媚，或者是一种职场手段，但这种观念是对职场的一种致命误解。

那么在进入一个新环境之后，究竟该如何与自己的直接领导建立和谐的职场关系呢？我建议职场人可以参考以下几种方法。

1. 观察领导的工作模式和工作习惯，并适应领导的节奏。

进入一个新的职场环境之后，就免不了在工作上与领导沟通和磨合。在这个过程中，职场人一定要细心地去留意领导的工作模式、工作习惯等。

黄总是某公司的营销总监，职场经验 18 年，先后供职于 5 家公司，与自己的每一任领导都保持着融洽的关系。就拿他现在所供职的公司来说，他仅用了一个月的时间就完全熟悉了公司环境，领导也对他非常满意。很多同事都觉得他在和领导沟通时就像是多年的合作伙伴，十分合拍。

但事实上，这对黄总来说并不是偶然事件，他在职场上打拼多年，经历过多个领导，而他能够与每一任领导都保持着较高的默契是因为每到一个新环境，他都会用心去了解他的领导，熟悉他们的工作模式，了解他们的思维方式，凡事学会用领导的视角去思考，在这种方法的指导之下，他们的默契度也就越来越高。

在职场中，无论你与领导有多少交集，都可以通过多个角度去了解他。

例如，通过领导的决策，可以充分了解领导的价值观并分析他的思维角度；通过一些工作细节，可以把握领导的工作习惯，比如说领导喜欢在哪个时间段审批文件，沟通时喜欢当面沟通、开会沟通，还是随时随地利用互联网沟通，时间管理是否严格，等等。你对领导的了解越深，你在后续的工作磨合中就越容易把握尺度，进而建立一种舒适的职场关系。

根据下表内容测评你对领导（或直属领导）的了解程度。

领导的沟通习惯是什么？微信、钉钉、面对面？	
领导的决策习惯是什么？独立决策、开会提案探讨、其他？	
领导在决策中最在意什么？成本、结果、其他？	
领导器重什么类型的员工？	
领导是否愿意放权？	
领导的性格怎样？	
领导是否在意细节？	
领导最不能容忍的事情是什么？	
领导是否注重时间管理？	
领导最在乎哪些细节？	
领导喜欢在哪个时间段处理文件？	
领导的开会模式是什么？	

2. **积极汇报，主动向上沟通，让领导看到你的能力和潜力，认识真正的你。**

职场汇报是一个重要课题，一个不懂汇报的职场人，他的发展也容易大打折扣。

在进入一个新的职场环境之后，有很多职场人会抱有一种低调的心态，并不会主动地去向领导汇报工作，有时候完成了一项任务，没有及时向领导汇报，然后闷头继续干。但事实上，即便你能力够强，足够努力，也很容易给领导留下糟糕的印象，或者是在领导心中没有存在感。

所以想要与领导建立和谐的正常关系，一定要学会主动汇报，有条理地去汇报。在事前，汇报目标计划。在工作中，有节奏地进行动态汇报，让领导掌握你的工作动态，并进行深度沟通，根据实际情况，适时调整。在工作之后，要客观地汇报工作结果，并及时进行复盘。

人与人之间若想建立一种舒适的关系，需要双向的认可。从另一个角度来讲，向领导汇报工作其实是在制造机会，让领导更加了解你，看到你的能力，同时也很有可能会给予你更多的指导，帮助你获得快速成长。

3. **不卑不亢，保持合适的距离。**

有很多职场人总是觉得领导高高在上，害怕与其沟通，即使和领导没有太多的交集，也没有被领导批评过，却仍对领导有一种莫名的恐惧感。

领导们真的都很严肃可怕吗？

并不是，我认识的许多领导或是高管朋友都很随和，也很好沟通，完全不是职场人眼中的高冷模样。

很多人畏惧领导，不敢与领导沟通，无法建立一种舒适的职场关系，其实根源并不在于这些领导，而是职场人从一开始就在心理上把自己和领导置于不同层面。他们在一种恐惧心理的支配下，把领导捧得高高的，把他们当成一种高不可攀的权威，并在言行中表现出了自己的弱势，显得极为卑微。

但在同一个职场环境中，下属与领导，只是一种管理与被管理的协作关系。职场人这种心理上的弱势就像是一堵墙，使其无法与领导进行真正平等的沟通，甚至有时候领导主动与下属沟通都很有可能被过度理解为另一种暗示。所以，如果你希望和你的领导保持舒适的职场关系，在沟通过程中，应当保持尊重，但不能表现得过分卑微，要建立一种平等的沟通状态。

4. **管理领导的期望值，并努力超越领导的期待。**

想要与领导建立和谐的职场关系，最离不开的就是信任，信任并不会凭空而来，它需要职场人在日复一日的工作中不断积累。想要获得领导的认可和信任，除了要对工作本身付出持续不断的努力之外，同时要懂得管理领导的期望值，让领导感受到你的稳妥以及惊喜。

稳妥来自你达到了领导的期待，惊喜则是来源于你超出了领导的期待。

在领导安排一项工作任务之后，你需要给出适当的承诺，承诺不宜过高，也不宜过低，至少要满足岗位需求。在承诺时不要把话说满，为意外情况留有余地。

在承诺之后，要把超越领导的期待作为目标，尽最大的努力给领导惊喜。

经过一段时间的持续积累，你便会给领导留下一个可信赖的、优秀的正面标签形象。

融入职场最禁忌的 10 条规则是什么

一个相对稳定的职场环境都是建立在一定的规则基础之上的。所以，想要融入新的职场环境，职场人不光要做到适应新的规则，还要了解融入职场的禁忌，一旦你不小心越界，踩了红线，就很容易被边缘化。

根据多年的职业咨询案例经验，我总结出了以下 10 条融入职场的禁忌。

1. **过度的经验主义。**

在职场中，经验可以给我们提供参考依据，但过度地信奉经验主义很容易成为众矢之的。一次，一位职场朋友找我做职业咨询，她不明白为什么自己经常被领导责骂，甚至不知道自己错在哪里。

在和她交流的过程中我找到了原因，她经常拿经验主义来向领导汇报工作。比如，公司用户增长可通过××方法来实现。领导问她，理由和依据是什么呢？她会说，之前公司就是这样做的。显然，这样的答复很容易引起领导的反感。

经验的价值在于为当下和未来的工作提供更加高效的方法和参考依据，而不是用来当作判断依据。因为任何经验都具有时效性，一个睿智的职场人更懂得用数据和事实说话。过度地迷信经验会让你快速地失信于领导和同事。

2. 盲目开展工作，急于发号施令和改变现状。

一般来说，进入新环境接手的工作都存在一些遗留问题。有很多职场人在进入新环境时急于表现，渴望改变现状，就一头扎进工作里，甚至对同事指手画脚，发号施令，这样的表现很容易让公司的老员工感到反感，尤其是对一些“空降兵”来说，最忌讳盲目开展工作，急于发号施令。

我曾面试过这样一位职场人，他刚刚入职一家公司，第二天就开始对公司几位老员工发号施令，最后不到一周就惹得老员工集体罢工了，他也很快被离职了。所以，想要快速融入职场，一定要先熟悉环境，以柔和的方式融入环境，和同事建立一种和谐的协作关系，这样才能让你更好地施展拳脚做事。

3. 盲目站队，高调“秀恩爱”，过度融入。

一些新入职人员在对公司内部事务还没有清晰的认识和了解时，就急于选择站队，认为自己找到了依靠，可以站稳脚跟，甚至高调“秀恩爱”。这种做法是很危险的。

职场站队本来就是禁忌，无论是普通员工还是高管，领导最希望看到的是他给公司带来价值和发展。这种职场站队行为，对于职场人而言也许是抱团取暖，但是对于公司而言，会加剧公司的派系斗争，产生更大的内耗。这样的人很容易会被领导淘汰出局。

4. 对公司满腹抱怨。

任何一个职场人都需要清楚没有完美的职场。无论你换了多少个公司，处于怎样的岗位，都会在职场中遇到一些不如意的人或事。也许你不太喜欢领导的做事方法，也许会有糟糕的同事，也许会遇到让人反感的公司制度……

很多职场人在进入一个新环境后，随着对环境了解越来越多，一些问题也会渐渐浮出水面。一旦这些问题触碰到自己，便会在心里产生落差，之后就忍不住抱怨，甚至有人会拿原来的一些职场经验做比较，提起原来在××公司怎样好。

有些时候，你会得到一些同事的附和，在抱怨吐槽找到共鸣之后，你以为是自己得到了纾解。但这些抱怨也很容易传到领导的耳朵里，这些抱怨可能成为锋利的刀，最终会划伤你自己，让你在新的职场失去立足之地。

5. 妄下决断，否定他人，毫无沟通技巧。

你是否有过这样的经历，你正在表达自己的观点，在没有完全清楚地表达自己的意思的时候，却被人贸然打断、否定。

“你说得不对……”“根本不是这样，一看你就不懂……”他们的滔滔不绝格外刺耳。

面对这样的人，你会有继续沟通下去的欲望吗？

黄先生的工作能力很强，善言谈，工作经验也很丰富，但是他这个人非常强势，说话总是咄咄逼人。

在会议上，只要有人对他的想法发出了不同的声音，他就会马上站出来理论一番。道理不能服人，他便会以自己过去的经验来反驳别人的观点。

“你这方法根本行不通，我在这个行业干了将近 10 年，这里面水很深，你根本不懂。”

“你这方案，根本没有可行性，真搞不懂你为什么会这么策划。”

“你这想法太浅了，根本打动不了消费者。”

有时候甚至对方还没有详尽地表达，他就以偏概全地否定了别人，不给人说话的机会。

时间久了，团队成员的积极性被扼杀，因为他们但凡有不同的想法，都会被评价为“想法幼稚”“不能落地”“没有可行性”等，所以就没必要给自己添堵找麻烦，也没有人愿意发表想法。其他部门的同事，都尽可能地避免与他沟通。

在沟通不顺畅的情况下，工作进展也自然会问题重重，是他用自己的武断割裂了与环境的链接，也因此无法在环境中调用有效的资源。

很多人常常会在思考中简化认知的过程，通过某些片面的信息形成刻板的印象，并对一些事件妄下结论。但这样的结果只会让你离客观事实越来越远，也同样会暴露你的浅薄与无知。所以，你在融入职场环境的过程中，即使在某些事情上有不同的想法，也不要急于否定他人，而是要多听一听不同的声音，尊重他人的想法，并恰当地表达自己。

6. 不是你的钱，一定不要拿。

每个公司都有月薪、奖金、绩效提成，有的公司也会有一些项目分红等。但是，除了合理合法的收入之外，千万不要动歪心思，一旦染指灰色收入，这将会成为你的职业污点。当你背上了这个污点，融入环境也会难上加难。

7. 信守承诺，哪怕是并不那么要紧的小事。

哪怕你是天才，在职场中也离不开领导和同事的信任。而赢得信任的基础就是信守承诺。

职场人小鹏在入职不久后就给领导和同事留下了靠谱的印象。比如他说第二天早上会把文件放到领导的桌子上，文件就一定会按时出现，不管加多晚的班他都会做完。他说 30 分钟之内给领导报表，就绝对不会超时 1 分钟。承诺同事的一些小事，都会在承诺时间内做得妥当。即使偶有意外无法按时达成，他也会第一时间向对方讲明情况。渐渐地，这些细节就会积累成一种坚固的信任。也因为这份信任，他很快被这个环境接纳。

很多人在大事上并不含糊，说到做到。但是在一些看起来不要紧的小事上就会对自己放宽要求。但请切记，诚信无大小，细节更不可忽视。一旦你频繁地在小事上失信，就很难被环境容纳。

8. 永远不要和你的领导闹僵。

在职场中，经常会有一些领导安排一些不靠谱、无法完成的工作，又或者领导厚此薄彼，把很难的工作交给你，把轻松的工作交给别人。这种时候，你一定要服从领导的安排，不要消极抵抗，甚至和你的领导闹僵。服从领导的安排是下属的本分。如果对领导的安排怀有异议，可以用提建议的方式表达，也可以在实践中尝试过后再去和领导进一步探讨。

还有一种情况是，有一些高管在跳槽到新公司的时候会有一些观点与领导存在差异。但是，作为“空降”高管，领导坚持的就是高管应该坚持的。即便领导的观点与高管的经验相违背，也不代表曾经行不通现在也行不通。所以，要么你有坚实的理论基础和经验总结，可以说服领导改变主意，要么就坚定不移地执行领导的目标。

9. **可以琢磨你的领导，但永远不要试探你的领导；支持你的领导，一定要让你的领导感知或知道。**

在进入新的职场环境后，任何职场人都可以运用向上管理的思维，对领导进行管理，去构建和谐的职场关系。但是，每个领导都有底线和原则，作为职场人千万不要去触碰或者试探。如果你一再地试探，会使领导高度警觉，对你重新评估。你最应该做的是支持你的领导，从领导的角度看问题，解决问题，高效地执行领导的决策。用语言和行动让领导感受到你的支持，领导也会更愿意给你倾斜机会和资源的支持，因为没有一个人会大费周章在为自己培养一个“敌人”。

10. **不要总是想着和财务搞好关系，因为财务是领导的中枢。**

不管你为之创造了多少价值，公司的钱都不是你可以私自衡量和占有的，也没有一个领导会喜欢一个窥探公司财务状况的员工。一个不断试图跟财务拉关系的人，换了任何人都会对他警惕起来，容易成为领导的眼中钉。

如何通过向上管理获得领导的关注

每个职场人都清楚，只有获得领导的关注和青睐才有可能获得更大的发展空间。那么究竟怎样才能获得领导的欣赏呢？一个刚刚进入新环境的职场人，具体又该如何去做呢？

对于这个问题，职场中存在这样一种普遍的观点，就是抓住机会好好表现，成绩做好了，领导自然会高看你一眼。

先证明价值，用价值赢得领导的认可，这样的逻辑似乎并无不妥。但这种方式极为被动，也并不算高效。

有人会说，如果这样的路径算不上高效，难道是要去鞍前马后讨好领导吗？

其实，职场人完全可以选择另外一条高效路径，也就是通过向上管理获得领导的关注。

向上管理是近几年来逐渐获得越来越多职场人认可的一种新的认知和职场成长路径。

我接触过许多职场中层高管，这类人在职场上升很快。他们每到一个新的职场环境，除了能够快速地适应新的工作环境，建立起职场的人际关系之外，还能用较短的时间获得领导的认可。

有人会理所当然地认为他们能力强，领导自然会刮目相看。可职场中，并不是所有能力强的人都会获得领导的欣赏。能力只是一个必要条件，除此之外，他们都非常重视向上管理。

一直以来，人们习惯性地认为管理只能是由上而下的。但是在新时代的职场环境中，上级与下属之间的关系，已经不再是传统的管理与被管理的层级关系，而是一种共生共赢的关系。所以，管理也同样可以由下至上。

在掌握了向上管理的方法之后，下属与上级之间的沟通会更加顺畅，形成较高的契合度，达成彼此的目标，实现真正的职场共赢。

向上管理，并不是要你对领导发号施令，变换彼此的位置，而是要通过一系列的方法，引导你的领导，并配合你的领导去实现共同目标。具体的实操方法如下：

1. 深入了解你的领导。

很多职场人都对领导抱有一种畏惧心理，在没有必要的情况下，不会与领导产生过多的接触。所以，有些职场人即使工作了很久，对自己的领导仍很陌生。

许总是一个非常爱才惜才的人，有一次他碰到一个非常紧急的项目，为了赶工，让一些其他部门的员工也参与进来。原本他对这个项目已经不抱期望，毕竟是临时抱佛脚，参与人员的能力也并不强。可令他没想到的是，正是这一次的大胆尝试，让他发现了一位非常优秀的员工，让许总意外地拿下了这个大项目。令许总意外的是，这位员工已经入职半年之久，只是做一些普通的日常工作。

许总询问他，有如此强的策划设计能力，为什么不早一点展示出来？

这位员工给出的答案是，因为许总太严厉，害怕做不好而丢了工作，所以才不敢去尝试。

事实上，许总是一个十分爱才惜才的人，愿意给员工机会去展示自己，也不会不分轻重地辞退员工。

现实的职场就是这样，职场人与领导之间常常存在着认知偏差，他们对彼此缺乏了解，并理所当然地把对方定义为自己想象的样子。

而在这种认识的偏差之下，职场人很容易失去很多展示自己的机会。

所以，向上管理最先要做的就是充分了解你的领导。了解他的职责是什么，他的目标是什么，他的需求是什么，他的优势是什么，他的劣势是什么，他的期待是什么，他做事的底线是什么，具体可以参看我们前面的文章。

在对领导做了全盘了解之后，摸索出适应领导风格的工作模式。一个能够在工作中与领导保持较高契合度的人，不仅会让领导觉得舒服，也更容易获得领导的认可。

2. 尝试用领导的思维去思考和执行。

同样一件事换一个角度，必然呈现完全不同的状态。有些职场人常常会很不理解领导的决策，又或者是在工作时把握不好方向。

在工作过程中，我们要学会转换思维。从一个普通职场人的角度思考问题时，人们常常更加会关注自己的得失。比如，因为某个项目，领导要求周末加班。在这个时候，很多人就会心生抱怨，因为加班会打乱自己的计划，占用自己的休息时间。尤其是当职场人认为这件事情不够要紧，并不需要加班时，他们甚至会觉得这是领导的变向压榨。在这样一种心态之下，很有可能会影响工作效率。

但是，如果能够从领导的角度出发，你就会发现这个项目虽然在时间上来得及，但是如果提前完成，可以有更多的时间进行检验优化，增加项目的胜算。而且，在客户要求截止时间前提交方案，更能增加客户的满意度，有助于成功地拿下方案，由此一来，团队的业绩会更好，奖金也会增加。

所以，在执行工作之前，除了要思考如何去完成这项工作之外，还要养成换位思考的习惯，从领导的角度去考虑做这件事最终目的是什么，为什么要这样布局，希望达成怎样的效果。

当你习惯了用领导的思维去分析问题时，会对领导更增加一份理解，这时你再去着手每一项工作时，也会更有把握。对于领导而言，他们也会更愿意提拔一个和自己思想同频的下属。

3. **保持高效沟通。**

与领导保持沟通，并不是要高频次地与领导闲聊。一个没话找话、常常与领导闲谈的人，并不一定会与领导建立熟悉亲近的关系，更有可能会引起领导的反感。

对于职场人而言，时间尤为宝贵。一个能成为管理者的人会更加在意自己的时间。

沟通本身并不是目的，而是一种方法。

所以，在与领导进行沟通时，你要尽可能保持高效的信息传递，在沟通时间里转换出高价值。

与领导进行沟通时，要始终以工作为着眼点。在一项工作开始之前，要通过沟通明确目标，根据目标沟通资源支持；在任务进程中，分清主次，向领导进行汇报，要让领导掌握工作动态；出现问题，要实情告知，同时提出解决对策。

在沟通中，要注意摆正自己的角色，不要对领导的决策做出过度的评价，时刻谨记自己执行者的身份。

4. **推动决策。**

为什么有的人频繁加班，却还是得不到领导的赏识？因为很多人常常在一个不够明确的决策下摸索着去做工作，那么即使做得再多，但工作内容本身偏离了领导希望的方向，最终也只会是一场徒劳。

所以，当你的领导做出某一项决策之后，你需要帮助领导把目标细化，明确更具体的目标是什么，结果的考核标准是什么，哪些可以不做重点，什么需要及时汇报，什么情况下可以争取支持，完成工作的时间节点是什么。

在每一个任务中，都可以充分运用“6W3H”方法去细化，让任务具体清晰。

6W	Who（谁）
	Whom（对谁）
	When（何时）
	Where（何地）
	What（做什么）
	Why（为什么）
3H	How（怎样）
	How Many（多少个）
	How Much（多大程度）

5. 寻求评价。

众所周知，事后的结果复盘有助于增长经验。所以越来越多的职场人开始重视工作复盘，但这些复盘的内容中，有一项很重要的指标就是领导对此的评价。在这一环节中，很多人会以自己的主观想法去代替领导的评价，认为领导觉得这件事做得如何，又或者根据领导的某些反应状态、情绪细节等进行评估。但大多数时候，这些数据反馈都带有浓重的主观色彩，脱离了实际。

职场人不妨在完成一项任务之后，尝试向领导寻求评价。比如说绩效如何，是否符合领导的预期，有哪些优势和长处，有哪些提升空间，以及领导对此是否有更好的建议。

在这样一个寻求反馈的过程中，可以让你从另一个角度看清自己的表现，同时也会有机会得到领导更多的指点，这些宝贵经验可以让你更快速地成长，在新的环境中脱颖而出。

如何快速在同事中建立威信

有不少职场人在进入新的职场环境之后显得非常局促。老员工们彼此熟悉，而自己作为后来者不知道该如何融入新的环境。尤其是一些性格偏内向的职场人，他们在人际交往中总是偏被动，所以他们往往需要一个更长的适应期。

曾经有过一些职场人在找我做咨询的时候提到，他们在进入新环境之后，觉得自己遭到排挤，为此而深感困扰，并理所当然地认为，这是老同事在集体排挤新同事。但事实并非如此，其实很多糟糕的职场关系都是因为职场人在一开始没有与同事之间建立和谐的关系，而在产生误解时，这就形成了坚固的印象标签，并进入一种恶性循环。

那么，在进入一个新的职场环境后，究竟要如何做才能快速地与同事建立和谐的人际关系呢？对此我有以下几点建议。

1. 打造自己的专业度。

职场人际关系建立的前提是基于所有人都供职于同一家企业，彼此之间在工作上有不可分割的联系，而足够的专业度，是建立职场和谐人际关系的基础。

贺小姐在进入新公司之后，就引起了一阵不小的骚动。公司里的同事都主动与她交流示好，为她提供帮助。

但并不是每一位新员工都有像贺小姐一样的待遇，因为贺小姐在行业中打拼多年，资历深厚，做过许多大项目，是同事们敬仰的大神级别的人物。这样一个优秀的人，自然会吸引身边的人与她交流，向她学习。

所以，打造自己的专业度是融入职场的最大利器，你的一技之长将成为你最好的名片。如果你暂时还做不到那么专业，那么至少要做到敬业，不给同事拖后腿。

如果一个公司新人在工作中常常给同事带来麻烦，那么，即使这个人性格再好，也很难被同事接纳。

2. 拓宽知识广度，增加与同事的谈资。

一般来说，职场的休闲时间里，一些私下的交谈可以快速拉近人与人之间的距离，增进彼此的了解。

所以职场人在进入新的环境之后，可以多加留意同事们在休闲时间谈论的话题，并对这些话题做相应的了解，拓宽自己知识的广度，增加与同事的谈资。通过这些简单的沟通，你可以快速与同事建立情感联系。

人与人之间的沟通，本质上是一个信息交互的过程。所以建议你在业余时间通过读书来扩充自己的知识储备。

读书可以给我们带来系统化的知识，有助于加深我们的深度思考，同时也能给我们提供充足的与人交流的信息，让身边的人感受到与你沟通的价值，并愿意与你建立友谊。

3. 注重着装以及基本职场礼仪。

服饰是一种语言，它能最直接地展现一个人的精神面貌。注重着装也是一种职场必备修养。虽然在当下的职场中，大多数企业对职场着装没有过多要求，但职场人不能因此而放松对自己的要求，至少要保持最基本的整洁，显示出一个舒服的工作状态。相反，过度夸张的服饰或是不修边幅容易给同事留下糟糕的印象。

除了着装礼仪，职场人还要注重职场社交礼仪，有公共意识，在办公环境里，尽可能不要对别人造成打扰，你不在意的事情并不代表别人也同样不在意。不要随便打断别人说话，给予每个人充分的尊重等，这些细节都需要注意。

4. 建立舒适的心理边界。

人与人之间过度的亲密或疏离都不会让人感觉舒适，所以在融入职场人际关系的过程中，一定要学会与周围的人建立舒适的心理边界。

心理边界是通过一件又一件小事建立起来的，在日常沟通中一定要注意以下情况：

不要去窥探同事的隐私。虽然在日常的职场中，有人会主动和同事分享一些自己的见闻，一些生活琐事。但是作为一个旁观者，千万不要对同事的个人生活大加评判，更不能在好奇心的驱使下去刨根问底。

个人的隐私也不适合在办公室大肆宣扬，因为这很有可能对同事造成困扰。如果你喜欢分享，大可以在休息时间分享给你的朋友。

办公室用品的界限要归属清楚，不要自认为彼此关系熟识，就随意使用他人物品。借了东西一定要及时归还，同事帮忙，一定要及时致谢。

对于一些小事，很多人并不在意，但是在我过往的职业咨询案例中，很多人讨厌自己的同事，很大部分都是因为这些小事。这些小事背后体现的是一个心理边界的问题，每个人都有属于自己的心理边界。

人与人之间的交际其实是一个彼此试探，并不断给彼此打分的过程。如果你在交际中没有注意这些细节，很容易在不知不觉中被同事打上差评。如果这种差评意向成为一种集体认同，那么你将很难融入这个群体。

5. 建立情绪影响力。

情绪无形却有着强大的影响力，如果你希望进入一个新的职场环境之后能够快速融入人际关系中，那么一定要做好自己的情绪管理。因为情绪是会传染的。心理学上有一个“踢猫效应”，讲的是一位父亲在公司受到了领导的批评，回到家里就把沙发上跳来跳去的孩子痛骂了一顿。孩子很生气，为了发泄怒气，就去狠狠踹了身边打滚的猫。猫逃窜到街上，正好迎面有一辆卡车飞驰而来，司机为了避让打了转向，却撞伤了路边的孩子，造成了一场悲剧。而在职场中，工作本身已经足以让人疲惫，没有人愿意被坏情绪传染，背负不必要的精神负担。

陈小姐在成为中层管理者之前有过这样一段职场经历。她的业务能力很强，工作上一丝不苟，也非常努力。但是在刚到这家公司的时候，她和同事相处得并不融洽。项目划分工作小组，没有人愿意和她一个团队。团队印象评分，没有人愿意给她高分，在非必要的情况下没有人愿意与她交流。

后来她在私下里和同事深度交流之后才明白，同事们远离她，是因为她的负面情绪太重，和她在一起工作太压抑。无论是周围的环境，还是同事，出现一点差错她都会大吐苦水。对于这样一个人，同事们都选择敬而远之。

情绪的影响力是非常强大的，一个积极阳光的人，无论走到怎样的一个群体都会格外受欢迎。

建议职场人在融入新的环境时，一定要做好情绪管理，塑造自己正能量的形象。

4大杠杆助力职场融入和价值提升

几乎每个人都明白杠杆的力量，它在本质上就是以最小的投入，撬动最大的价值。在职场中，我们同样也需要这种杠杆思维。它能更好地帮助我们融入职场，获得价值提升。

多数人在职场的奋斗中都足够努力，但每个人在努力过后获取的回报却不尽相同。其中原因多种多样，很多收获甚微的职场人不免为此感到委屈。自己明明付出了很多，现实却如此残酷。一般这个时候，人们多会产生强烈的共鸣，感慨生活不易。

多年的职业咨询生涯中，我也曾遇到过许多这类职场人，通过深入了解和分析之后，我发现所有职场现象都逃不出因果逻辑。

很多职场人看似在努力，其实是在用蛮力。有的人到了一个新环境就开始埋头苦干，只希望充分展示自己的价值，能够快速被新的团体所接纳，但现实往往很难让人如愿。你的努力更多的时候只感动了自己，而在领导的眼中并无太多价值，在同事的眼中成了装样子。

对于职场人而言，时间和精力是最大的筹码，而适时地借用杠杆思维，可以让你的筹码撬动更大的价值。在进入一个新的职场环境的时候善用杠杆思维，可以帮助你快速地融入环境，提升你的价值。如何使用职场中的杠杆，实现借力发展呢？我建议从以下4点出发。

1. 读懂需求，供需匹配。

在职场，要读懂领导的需求、同事的需求、客户的需求。

一个人在职场的被接受度，最主要来源于他的价值。而价值的大小，取决于满足需求的程度。比如，一个领导十分在乎方案的创意和思路，而你却花费了大量的时间打磨方案的内容和表现形式。那么即使你的文笔措辞再好，你的PPT做得再精美，如果这个方案不具有创意也很难让你的领导满意。

在职场中，常常会出现类似供需不对等的情况。有时候，你没问清楚对方的需求而发错了文件，对方接收之后告知了错误，然后你又重新查找，重新发送。有时候，你忙了一上午或者忙了一整天，交给领导的方案、发给同事的文件完全偏离了对方的需求。就算你及时弥补，加班完成，但也浪费了彼此大量的时间。当这种看似意料之外的偏差和错误出现过于频繁时，会大幅度地拖垮你的效率。让你看起来是一个平庸的人，甚至是会给团队带来麻烦和拖后腿的人。只要充分运用杠杆思维，便可以很大程度上避免此类事件的发生。

杠杆思维中很重要的一点就是力量聚焦。在职场中，职场人需要做的就是把所有的时间和精力集中在需求点上，也就是你的支点。如此一来，才能精准地撬动你的职场价值。

职场人在工作中需要满足的需求主要包含了领导的需求、同事的需求以及客户的需求。职场中最忌讳的是在对方的需求不够明确时，用自己的主观判断帮对方下定义，这很有可能让你在错误的方向越走越远，分散发力，也就无法实现杠杆的作用。

在具体的工作中，职场人可以用提问的方式帮助你的领导、同事或者客户细化需求，使其变得具体、精准。如果对方也无法将自己的需求描绘清楚，那么你可以给出已有案例进行参考说明。例如，我在提供职场咨询服务时，会先了解对方情况，然后和对方沟通需求。如果对方需求不明确，便会辅助对方整理需求。

所以职场人在进入新的环境之后，一定不要因为着急表现而选择埋头苦干，找准需求，找对发力点，才能真正做到事半功倍。

2. 建立个人品牌。

在竞争逐渐激烈的职场环境中，个人品牌将成为职场人最重要的名片。

个人品牌是指个人拥有的外在形象和内在涵养传递出的独特鲜明却易被感知的信息集合体。在当下这个竞争激烈的时代，无论处于什么样的环境中，想要别人认识你、接纳你、认可你，你都首先要表现出自己的能力。通过个人品牌可以让别人快速获取你的价值标签。这个价值标签需要你在某个领域内深耕，并坚持输出与自己个人品牌一致的优质内容。

任何一个职业都可以通过各种方法来建立自己的个人品牌，并在个人品牌的助力下获得更多的机会和价值转换。

3. 选择隐形价值高，有助于形成个人竞争力的事。

工作的价值不仅仅是为了获得劳动报酬，还有自我成长。这种成长具有更高的隐形价值，能在未来给我们带来增值。

黄小姐在初到公司时就被分配了比较难的任务，原本面对新环境她就感到非常陌生，到一线去做市场推广的工作很辛苦，也很有挑战性，最重要的是前期回报并不高。但经过两年的锻炼，黄小姐在市场中摸索出了很多的经验，进步神速。当她再次回到管理岗时，黄小姐受到了公司的重用，职位和薪资都实现了质的飞跃。

当我们在职场中面临选择时，选择那些能够帮我们形成个人竞争力的事才能少走弯路，减少不必要的消耗。尽管这些选择可能在当时价值回报不高，或具有一定挑战性，但在未来它们可以发挥出不可估量的价值，使你获得快速成长。

4. 利用心态，转化价值。

在职场的丛林中有着残酷的生存法则。保健品公司的张先生有过这样一次经历，他的原领导被调任到其他岗位，他也终于迎来了一次难得的晋升机会，无论从资历还是能力上来看，张先生似乎是众望所归。

但最终结果是，一个刚来公司不到半年的研究生成功上位。当时张先生很不理解领导的选择，明显自己在各方面都略胜一筹，但后来听同事说起才知道这位研究生是领导的亲戚。知道了这个消息后，张先生有些释然，但也很失望，苦闷了好一阵子。

职场是现实的，它的公平也是相对的。如果你脆弱，便只能见识职场的残酷。如果你想生存下去，并在职场拥有自己的一席之地，就要不断地提升自己的竞争能力。因为真正的强者永远不会被打败，也只有强者才会有更多的话语权和选择权，获得相对公平的竞争机会。

如何让你在职场更加“耀眼”

融入职场并不意味着你要收敛锋芒，把自己完全置于群体当中，而忽视自我发展。职场人在融入环境的过程中，也要懂得适度地展示自己的亮点，获得更多的职场发展机会和职场资源。

但值得注意的是，展示自我并不是要与人争抢邀功，这样的行为不仅让你很难融入到新的环境，反而会给你的职场带来更多的麻烦。

一位职业经理人招到一个不错的员工，但还没过试用期就被他辞退了。这个员工其实很有潜力，但他使用了错误的方式来表现自己，他总是暗地里和同事较量，甚至有时候会耍一些小聪明、小手段，自以为很高明，但其实领导都看在眼里。

其实领导们从来都不反对员工之间的竞争。职场人大可以在自己的工作上下功夫，有很多方法可以博得领导的赏识，可很多人还是选择了愚蠢的方法。

那么，职场人究竟该如何在融入环境的同时，展示自己的能力呢？我建议职场人从以下几个方面入手。

1. 提升自己的认知水平。

在职场中让自己脱颖而出，获得领导和同事的欣赏，并不一定非要取得多么重大的成果。有时候在会上一段简短的发言，提出一个新的思路，发表一个自己的看法，就会令人刮目相看。这些想法和见解背后体现的是一个人的知识层次和认知层次。所以，如果你希望自己能够快速脱颖而出，一定要努力提升自己的认知水平。

当下有一句非常流行的话是“人永远无法赚到自己认知之外的钱”。的确，每个人都有自己的认知圈，这个认知圈越大，你的能力就越强，你发展的机会也就越多。

所谓的认知指的是对大环境、对行业以及自身定位的认识。认知层次高的人往往能够通过现象发现事物的发展规律、趋势、规则。而停留在浅层次认知的人只能看到表象和皮毛。

举个最简单的例子，当下短视频和直播电商发展迅猛，很多人都对这个有着滚滚红利的领域虎视眈眈，并纷纷入场，想分得一杯羹。但事实上，这个行业并非都如大家想象中的那么容易赚钱。没有摸清路数，不懂其中的运作规则和技巧就盲目进场的人，常常都是以惨淡收场。

对于个人的职业发展而言，很多人都没有提升认知的意识。只是把工作当作一种谋生的手段，朝九晚五地像机器一样有序运转，惦记着升职加薪的回报。工作年限不断增加，但认知水平却始终原地踏步。

在职场上有能力为公司创造高价值的人才会理所当然地获得高回报，得到更好的发展。这里的能力不仅仅是指工作中积累下来的技能经验，也包含了人的认知水平。

那些能够在工作中不断思考和学习的人，才能不断地提升自己的认知水平，更清晰地找到自己职业发展的路径，进入职场发展的上升通道。

2. **做强力的执行者。**

管理大师彼得·德鲁克曾说过："人们喜欢说意志可以移山，但其实只有推土机可以。"他所指出的是，人们常常高估了想法的力量，却低估了行动的力量。

当下职场中很多人都有"重想法，轻执行"这个通病，没有了执行，再好的想法都毫无意义。没有一个领导会欣赏一个只会动嘴的花架子。

所有职场高管、大咖等都是从基层员工做起来的，这些人之所以能够在职场中脱颖而出，其中必不可少的一点就是执行力强。执行力强的人容易做出成绩，也常常会成为领导的得力助手，因为每个领导都愿意把工作交给能干事的、靠谱的人去做。这也使得他们渐渐从基层中脱颖而出，不断靠近核心资源，获得更多机会，进入一个高效的上升通道。

3. **凡事以结果为导向。**

在职场，"做了"和"做到"有着本质上的区别。一切没有产出的努力都是浪费资源。遗憾的是，很多职场人仍自以为是地把"做了"当成"做到"，或者将二者的价值画上等号。

相对于挖掘解决问题的办法，人们似乎更擅长为糟糕的结果找托词。在他们心中，“做了”就是尽责，而“没做到”是因为外界因素，与己无关。

聚沙成塔的正负效应时时都在应验，一次又一次失败的结果最终会将人推向职场的下坡路。很多人犯这样的错误却从不自知。

在别人眼中，L 是一个爱奋斗的励志青年，可是他这几年职场走得并不顺利。身边的朋友都替他打抱不平，并劝他时机未到，像他这么努力的人，将来一定能得到不错的发展。在这些劝慰中，L 的压力偶尔能得到短暂的释放，他也因此更加努力，上班时忙于工作，下班时忙于充电学习。

可人生越忙越糟，一些道理似乎在他身上发生了悖论。但仔细分析，你会发现一切是如此合理。

L 给人的感觉是一直在忙，可无论是在工作上还是学习上，成果却寥寥无几，自然没有领导会愿意栽培这样做事毫无结果的人。

那些拼命忙碌的样子，那些奋斗者的姿态，不过是一场自导自演的自我感动，除了慰藉失败，毫无意义。

职场中，结果是衡量成败的标准。凡事有结果会让你成为一个靠谱的、优秀的人，助你在职场中脱颖而出。

4. 敬畏你手中的工作，把平凡的小事做到极致。

在最初进入职场时，多数职场人都是做着相对普通平凡的工作，但很多人会因为薪资低、工作普通而没有足够的敬畏，眼高手低，认为眼前的工作没发展。于是在日复一日的平凡中迷茫，没有任何积累与成长。

曾有这样一个案例，一位快递小哥李先生获得了杭州 D 类高层次人才认证，并获得 100 万元的奖励。在人们以往的印象中，像李先生这种平时分发快递、送快递的基层工作人员是不可能成为高精尖人才的。

但深入了解后你会发现，快递小哥李先生已经把这份平凡的工作做到了极致。他刚进入公司的时候做的是客服人员，负责处理一些投诉遗失之类的问题。后来做快递分拣，为了让自己分拣速度更快，他背诵了所有与分拣相关的数据，包括城市代码、城市区号、邮政编码、航空代码等。最后他把自己炼成了一本“行走的代码”，只要随口说出一个地址，他就能快速回答出相关城市的信息。因为工作出色，李先生也受到了公司的提拔。

这样一位平凡的快递小哥，因为自己的努力受到了公司的重视，也给社会带来了正能量的榜样。

所谓的职场精英指的不是职业，不是岗位，而是你的专业程度。无论在什么岗位上，只要把事情做到极致，你就是高精尖人才。在任何平凡的岗位上，你都可以闪闪发光，进而得到领导的器重。

“空降兵”应该如何融入

“空降兵”应该如何融入职场？这是一个职场较为常见的问题，不同的处理方法会产生截然不同的结果。

有这样一个案例，跳槽的高管老刘（化名），因为试用期（6个月）没有达标而离职。按照老刘的说法，是公司管理混乱让他无从下手工作，导致在试用期内离职。言外之意，整个试用期内，老刘都在处理公司的人际关系或处理人事问题，结果失败了。

对“空降兵”来说，多数会以“公司管理混乱”为自己跳槽失败的原因。可就实际情况而言，任何一家公司在发展过程中都会存在大大小小的问题，所谓的“乱”，是一种常态，但这并不是导致“空降兵”难以融入职场的真正原因。

通过和老刘的深度沟通，我明白了他空降失败的原因，主要有以下几点：

（1）入职第二个月，开始调整公司人事，又拉了很多原同事加入新公司，引起其他老员工的不满。

（2）虽然老刘已有多年的高层经验，但缺少“权变”，向上管理出现问题，导致信任缺失。

（3）业绩没有同步跟上；决策时重个人得失，缺乏大局观念。这一点，才是导致老刘空降失败、离职的核心原因。

在职场中，很多高管都有空降失败的案例。据统计，中国民企空降高管的失败率高达85%。

为什么中国民企职场“空降兵”失败率这么高？很多解读看似很专业，但并没有找到职场“空降兵”失败的根本原因和解决方案。根据我的经历和十多年的职场观察，我总结职场“空降兵”失败的原因有以下3点：

1. 公司期望高，又没有得到领导的支持。

一般来说，“空降兵”都是企业花高薪聘来的，肯定会存在期望过高或想短时间内就看到成效的问题，这无疑给“空降兵”带来了很大的压力。

我做猎头期间，曾接到这样一个单子，某公司招聘一位总经理，想在3个月内扭转乾坤，从巨大的资金压力中走出来。当这位总经理候选人了解到领导心太急，就直接拒绝了offer。

因为他明白，对任何职场“空降兵”来说，当领导对你的期望值过高时，你空降失败的概率可以说是100%。

原因有二：

（1）你永远无法达到领导的要求；

（2）期望越大，失望也越大，当一个人对你的期望很大时，最后的结局一定是以失败告终。

所以，想空降成功，你要学习降低领导的期望，当领导的期望降低了，他才会和你在同一条船上，才会支持你。

2. 职场“空降兵”心太急，想快速出业绩，导致欲速则不达。

很多职场“空降兵”都多多少少做出过一些成绩。有些人常常会控制不住地展示曾经多辉煌，把自己包装成一个极其厉害的人，并承诺尽快做出成绩。但是，人设一旦立高了就很容易崩塌。

张华，以年薪90万元空降到一家下游公司。他刚拿到新公司的offer，就开始吹嘘自己在××领域人脉广、资源多，肯定能帮助到新公司。遗憾的是，他离开了原公司平台，导致很多资源都无法调动。

据我了解，绝大部分“空降兵”跳槽到新公司都很难在短时间内把原公司的资源或客户带走。

原因有二：

(1) 客户换供应商需要一个时间段；

(2) 因熟悉和信任的问题，很多公司都不愿意调换合作伙伴。

所以，很多人离开了原平台之后，很多资源就失效了。而“空降兵”在意识到这一点后，必然会产生巨大的落差。一方面是业绩指标，另一方面是无法调动资源，这样一来，就很容易乱了阵脚，导致空降失败。

对任何“空降兵”来说，心态稳、团队稳才是真正的融入，才会实现业绩快速增长。

3. 忽略了原公司老人的感受，也没有想办法培训新人，而是千方百计带自己老部下加入，引起新旧领导的紧张，导致矛盾爆发。

现在职场“空降兵”都喜欢自己跳槽的同时带着团队或者一批同事一起跳。但这种集体跳槽一定要选择好的时机，时机不对就会显现出很大的弊端。

某公司 HRVP 跳槽，带了 3 位原来的下属加入新公司，这就导致原来的下属和老员工之间的矛盾，引起老员工的消极反抗，最后不到两个月就草草收场了。

“空降兵”究竟要如何才能融入呢？我建议职场管理者们可以从以下几个方面入手。

1. 必须“搞定”你的领导，因为领导的态度决定着员工对你的态度。

想要搞定领导，一方面，要用你的专业度、曾经的成功案例、行业的影响力和口碑、你的态度等来取得领导的信任。另一方面，要充分运用向上管理的思维，管理好你的领导。在工作方式、工作思路上配合、辅助你的领导。千万不能依仗自己的成绩与领导唱对台戏。与领导合拍，才能站稳这个平台。

同时，需要注意细节，千万不要踩雷区，引起领导的反感。

入职后，不要先打听公司里面的“小团伙”问题，更不要主动站队，不参与公司斗争，而是要关注你的直接领导或公司大领导关注的最紧急、需要解决的问题和难题，然后想办法解决。

入职后，不要和公司财务部的员工交往过密，这很容易引起领导的警觉，触碰领导敏感的神经。

2. **要融入团队，而不要急着构建自己的领地。**

很多空降高管在进入团队之后都会急于为自己树立权威，建立自己的领地，有很多人甚至不惜给团队大换血，最后人心惶惶，反而让自己步履维艰。有的人会把自己的老部下带来，但很可能让团队分化对立，形成内耗。所以这些方法并不可取，一旦把握不好尺度，空降高官不仅无法融入职场，还会失信于领导。

正确的做法是，想办法稳定和安抚公司老员工，征得他们的支持，只有老员工支持你，你才能融入新的团队。在初入新职场的时候，不要有太大动作，先细心观察，观察每个人的特征、工作方式、性格等，对老员工做充分了解，才知道如何融入他们，管理新的团队。

一般来说，想更快地融入并且出业绩，要在用人方面做两手准备：一方面是稳住老员工，获得他们的支持；另一方面是从人才市场上招聘新员工，引入竞争，合理地刺激新老员工完成公司业绩。

3. **再好的成绩都要当作阶梯，和新的团队一起成长。**

一般来说，能够被选中的“空降兵”都在某方面具有一定能力和成绩，可是一旦使用不当，这些优势会给“空降兵”带来反噬。有些高管在空降到新团队时，会用自己过去的方法要求新的团队，并把自己过去的经验和成绩作为一种筹码来诠释自己的正确性。但是，这种方法容易让团队成员产生逆反心理。

任何一个“空降兵”都会经历和新团队的磨合期，建议管理者们放下自己的成绩，把它当成一个阶梯，和团队一起成长，而不是依仗过去的成绩建立权威。在与新团队的磨合过程中，要对自己的工作方式和工作风格做出适当调整。当你和团队为同一个目标协力同行时，自然会被团队接纳。

HANDBOOK OF PERSONAL STRATEGIC GROWTH

第五章

个人成长：学习与自我提升

什么能力是未来社会需要的

这个时代的发展速度远远超乎人们的想象，在这种高速运转的节奏中，竞争已经不仅仅是人与人之间的竞争，同时也关乎人与时代的共振。对于那些无法紧跟时代步伐，无法满足社会需要的人而言，一转身，就可能会被时代的浪潮所淘汰。越来越多的职业被机械化、智能化替代，不断涌现的创新技术和模式让很多行业重新洗牌。每一次变化，都会给职场带来一次震荡。所以，对于职场人而言，立足当下，着眼未来，是谋求发展的必然选择。

想要未来在职场中谋求更好的发展，必然要读懂未来社会对人才的需求。那么究竟什么样的能力才是未来社会所需要的呢？

根据多年职业咨询经验的研究发现，当下社会已经进入了一个高理性时代。这也就意味着企业管理者们对人才的要求也越来越高。无论是从知识结构，思维认知还是创新能力上，都对职场人提出了更高更多元化的要求，具体可以总结为以下几点：

1. 系统思维能力。

系统思维能力也就是能够将某一件事情或者某一个问题置于一个系统中，通过多个维度进行分析，挖掘它的本质，预判未来发展趋向，从而获得最优解决方案。也就是说，具备系统思维能力的人，能够更容易看到事物之间的联系，并将其进行整合为己所用，对事情有更全面的掌控。

在职场中，我们常常会经历这样一种状况：领导交代了一项棘手的任务，员工按照要求去执行，碰到了难题无法解决，就直接反馈给了领导。难题到了领导手中，领导又给出了新的解决方法，员工再去执行。

为什么很多职场人想破头都无法解决的大难题，到了领导手中就会有新的解决方法？这其实就是一个系统性思维的问题。因为很多职场人在解决问题时，使用的是点状思维，也就是针对问题本身，用最直接的方法去解决。

但很多领导都具有一定的系统性思维，可以找到更多解决问题的角度和对策。

比如，某位客户想解约，取消后续合作，因为另一个合作方的价格更低。点状思维的人，可能会一面和客户说情挽留，另一面向领导申请价格优惠政策。一旦领导不同意降价，这就成了一个似乎没法解决的难题，很可能最后客户也就跑单了。而具有系统思维的人，不会单抠一个价格的点，而是会把整件事情联系起来分析，分析竞争对手的弱势，比如对方供应产品的质量、供货期以及一些细节，同时也可以与客户沟通，通过提高订单量来获得价格优惠。这样，就有了多种解决问题的思路，也更容易挽回客户。

职场人的价值体现在解决问题的能力上，当你具有系统性思维能力，那么你分析问题、解决问题的能力也就更强，才能够在社会高速发展的过程中，同步提供高价值。

2. **共情能力。**

共情能力简单来说也就是能够站在别人的角度进行深入思考的能力。

从职业的角度来讲，我们无论是提供产品还是服务，主要价值体现在满足客户的需求或者是用户的需求上。共情能力能够帮我们更精准地挖掘出这种需求，而非凭借自己的主观意识为需求下定义。举个简单的例子，一个产品经理，只有具备了较强的共情能力，才能深入地读懂客户，挖掘出客户的需求，而不是闭门造车策划出一个他认为客户需要的产品。

随着时代的快速发展，在未来社会中，人们消费的商品或服务需求更加个性化和多元化。只有具备了较强的共情能力，才能更加容易读懂甚至挖掘出很多用户还没有意识到的需求。例如淘宝、外卖、微信、移动支付、短视频……这些如今充斥着我们生活的产业，都是从需求中诞生的。敏锐的人，读懂了需求，也就挖出了商机。

此外，共情能力还能够帮助我们更好地理解环境，理解世界。比如说，在职场中因为某件事情与人产生矛盾时，共情能力能够让我们站在对方的角度去思考问题，减少认知偏差和负面情绪，使我们看到问题的全貌，看透问题的本质。又或者，当你对领导的某项决策心怀不满时，共情能力可以让你明白领导的用意，而不必独自纠结、抱怨。总而言之，在高速发展的社会环境中，共情能力必不可缺，它能够帮助我们与高压的环境相融，帮助我们敏锐地察觉到机遇，获得更好的职场发展机会。

3. **讲故事的能力。**

在未来社会，如果你渴望在激烈的竞争中拥有自己的一席之地，一定要具备讲故事的能力。众所周知，一些著名的作家、厉害的导演和编剧都是讲故事的高手。在商业里，讲故事的能力，也必不可缺。像乔布斯、雷军、马云都能把复杂的商业逻辑讲成一个谁都能懂的故事，从而放大企业的势能。

对于职场人而言，讲故事的能力也同样不可或缺。随着社会发展，建立个人品牌已经成为必然趋势。而在个人品牌的建立和传播过程中，都需要这种讲故事的能力。通过浅显易懂的表达，让更多的人认识并认同你的个人品牌。你的个人品牌通过故事塑造并传播之后，职业发展也将会进入高效的上升通道。

4. **信息处理能力。**

这是一个信息大爆炸的时代，人们在受教育和生活的过程中，不断地接受各种各样的信息。而信息整合能力的差异，也会使每个人的发展产生质的不同。因此，在未来的社会发展中，拥有强大的信息处理能力，是一个优秀的职场人必备的能力。

这种能力一般体现在以下两个方面。一方面，是接收和筛选信息的能力。当下我们获取信息的渠道和形式多种多样，其中的价值更是参差不齐。职场人需要在庞杂的信息中，梳理出真正有价值的内容，进行吸收和学习，才能够不断地为自己充电。一般来讲，通过阅读精品书籍所获取的知识更加系统，价值也更高，要远胜于互联网的碎片化信息。

另一方面，是整合信息的能力。当信息处于杂乱无序的状态时，它的价值较低，这个时候就需要我们对信息进行梳理，构建自己的知识体系。知识体系搭建得越稳固，那么在调用信息的时候，也就越高效。这样信息才能够真正地发挥价值，为自己所用。

5. **整合能力**。

世界在不断变化，各行各业，各个领域，都处于一个不断跨界融合的过程中。在这种发展趋势之下，也就需要职场人具备强有力的整合能力。

具备整合能力的人，拥有较强的跨界思维能力，他们可以通过跨界，寻找到新的机遇，这本身也是一种创新。

同时他们可以最大限度地整合资源，实现优化配置，更容易在激烈的竞争中脱颖而出。

6. **设计能力**。

其实从广义上来讲，设计能力也就是一种创新力，但它的内涵更广。

从微观层面上来讲，在碰到某个问题的时候，能够设计出一种新的解决方案，这就是一种设计能力。

从大范围来讲，能够发现市场的新需求，并设计出相应的产品和服务来满足这种需求，这同样是一种设计能力。

未来社会所需要的设计能力体现在方方面面。小到一个产品的外观设计，一个问题的解决方案，大到满足一个新生事物的需求，等等。只有在某些方面具备一定的设计能力，才能成为符合时代发展需求的人才。

没有特长的人，如何培养自己的一技之长

俗话说“一招鲜，吃遍天”，在现代职场中，拥有一技之长的人，更容易建立自己的个人品牌，获得更好的发展。

职场中的一技之长如此重要，但又该如何打造?

对一些原本在某些方面就具备突出能力或者有特长的人而言，他们只需要聚焦力量打磨自己的专长。但是，在职场中有很大一群人，他们并不具备某些方面的专长，甚至不知道自己的力量该如何聚焦。他们明白一技之长的重要性，但同样也因此而感到迷茫。

我曾经接触过一位咨询者，他有 6 年的职场经验，可在找到我进行职业咨询时仍然十分迷茫。他身边有一些优秀的朋友，发展都很好，已经在各个

领域有了一定的积累和成就。

他很明确地清楚自己的问题在哪里，知道自己职业发展慢，是因为还不具备一定的稀缺性，没有能拿得出手的一技之长。针对他的个人情况，我给出了一系列的职业建议。经过两年的经营，这位咨询者已经在圈子里开始崭露头角，具备了一定的影响力。

其实这位咨询者的情况在职场中很普遍，很多人都明白，只有成为精专人才，才能够拿高薪，但却找不到自己的方向，也不知道自己究竟该怎么做。对于此类职场人，我建议从以下几个方面入手。

1. 确定坐标。

对于那些本身不具备某方面特长的人而言，他们之所以迷茫，并不是因为选择太少，反而是因为选择太多。因为在每个方面能力都不够突出，那么任何一个方向都有可能会成为选项，也就很难做出真正适合自己的判断。

那么究竟如何选择培训一技之长的方向，确定自己的坐标呢？可以从以下几个角度进行考虑。首先是兴趣，也就是指你目前在某些方面并不具备突出的技能，但是你对此很感兴趣，那么在兴趣的驱动下，这将会成为一个很好的选择。比如你很喜欢阅读，喜欢写作，虽然你当下创作能力一般，但是完全可以通过后天的锻炼和努力，在写作方面培养出自己的一技之长。

除了兴趣之外，还可以根据自己的性格去选择方向。比如说，你善于言谈且具有系统的知识体系，那么可以考虑培训讲师和销售类的方向；你思维逻辑缜密，富有创意，便可以考虑策划类的方向……其实在某种程度上，每个人的性格背后都隐藏着隐性能力，这就需要你不断地进行自我挖掘，并以此作为依据，将其开发成为自己的优势，成为一技之长。

除此之外，你还可以根据过往的经历，发掘自己某些方面的潜能。在以往一些成功的项目和案例中，寻找自己在哪一方面具有可被开发的潜力，并以此为依据开发可以成为一技之长的方向。例如，公司在为某个产品征集广告宣传语的时候，你提供的方案获得了领导的赞赏，那么你可以考虑在文案创作上下功夫。

通过这几种方法，可以帮助你找到适合自己发展的坐标，明确自己的发展方向。

2. 让自己沉浸在体验和畅想中，获取初级动力。

在选定了自己培养一技之长的方向之后，设定相应的学习计划，进行第一阶段的尝试体验。以写作为例，你通过一周的学习，创作了一篇文章之后，要对自己的体验感进行及时的复盘。

在此过程中，学习为你的时间赋予了更高的价值。而你在投入其中时，又很享受这种忘我的过程，在完成一篇文章之后，创作出了自己的作品。这都属于价值的正向反馈。通过多个维度，对自己进行正向反馈，激发自己的满足感、成就感，进而强化自己继续创作和学习的动力。

同时，适当的畅想，在经过一段时间努力之后，可能到达的高度也有助于强化这种动力。

3. 在初级的动力刺激下，掌握更多的知识，产生更持久的动力。

在初级动力的刺激下，把第一阶段学习中所获得的兴奋感，推向一种理性的思维。

一方面，可以通过对自己所选定的方向进行有计划的、系统性的学习，并且分阶段对自己的学习成果进行复盘，用这种成长进行正向反馈。

另一方面，要自觉地在兴趣的参与下，对自己选定的方向进行深入研究。例如你看到一道美食，不仅仅是沉浸在它的美味之中，而是要回家自己研究该怎么制作。或者是你看到一篇非常棒的文章，你就要想着如何去分析解构这篇文章，它好在哪儿？它的亮点是什么？有哪些是可以借鉴的？要如何才能写出这样的好文章？

简单来说，在这一阶段，你要主动去思考你所关注的方向，一些优秀案例或者现象背后的逻辑是什么，并以此来推动学习，让你在一技之长的打造过程中，拥有持久的动力，并不断精进自己的技能。

4. 让知识变为经验，让经验变为能力。

什么是知识、经验、能力呢？比如你读了一本书，学到的内容叫“知识”；你做了某件事情，运用你在书上学的知识，这叫“经验”；你做了某件事情之后，总结经验，并将经验复制到了后续的许多事情中，这叫做“能力”。当这个能力不断被重复并能够被灵活运用的时候，叫“一技之长”。

对于快速变化的职场，如果你没有一技之长，你就无法适应快速变化的职场，而无法适应的人只能被淘汰。很多人被淘汰时，就心安理得地进入一种“躺平”的状态。

所以，我建议职场人通过实践，让书中的知识变为经验，并不断将经验演变为能力，实现知识的深度转化。当你的能力可以被灵活运用时，你的一技之长自然就形成了。

5. 找到一个兑换价值的方式。

不同于初级阶段利用自我觉知的价值点燃动力的方式，在本阶段，职场人需要通过将自己的兴趣，兑换成现实价值，才能将自己打造的一技之长与自己完成深度绑定。

例如，你可以拿自己设计的作品参赛，在获得了某项奖励之后，心中也会获得强烈的满足感。或者还有一种最常见的方式，很多创作者在获得了稿酬之后，会因此产生强大的动力，并对此项能力进行长久的学习和优化。

在此阶段兑换的价值，本质上来讲，是一种社会认同，也就是你的一技之长为社会所接受和认可。

一技之长的培养是一个漫长的过程，需要一步一个脚印地去丰满自己的羽翼。急于求成的功利主义，很容易半途而废。

所有人对一技之长的打造，都会经历这样一个从无到有的过程。无论你此刻处于怎样的岗位，怎样的年龄，怎样的资质，都可以为自己选择一个全新的开始，通过打造自己的一技之长，打磨出不一样的职场，不一样的人生。

提升情商，延伸职场隐性价值

有心理学家认为，对于一位成功人士，他成功的主观因素中“智商（IQ）因素大约占20%，而情商（EQ）则占80%左右”。

在现代社会里，情商越来越受到重视。因为在同等能力状态下，情商高的人往往会更容易获得青睐。

高情商的明星们往往更容易受到大众粉丝的喜爱，高情商的普通人在人际关系中更“吃得开”。而在职场中，具有高情商的人更容易获得较好的发展，因为在情商的作用下，人们更容易挖掘出一些隐性价值。

1. **获得更多的资源和机会。**

情商高的人往往拥有更好的人际关系，更容易获取资源。高管胡总就是这样一个厉害人物，有时候别人找领导批预算搞不定，换了胡总却能轻松拿下。同事们都夸胡总厉害，这其实就是高情商的作用。在争取资源的时候，他很懂得换位思考，知道对方需要什么，渴望得到什么样的回报，顾虑是什么，更容易接受怎样的沟通方式，并且从来不会跟领导硬碰硬。因此他也能够找到最恰当的沟通方式，来达到自己的目标，获得相应的资源和机会。

2. **建立良好的协作关系。**

有过一定职场经验的人都明白，在职场中能否与同事和领导建立良好的协作关系直接关系到你的工作效率和结果。一个文件的审批，同事可以合理地卡你一两天，也能积极地配合，当天就协助你完成。在合理范围内与同事和领导关系融洽，会大大促进你的工作效率。

具备高情商的人更容易获得良好的协作关系。无论是工作还是生活，与一个高情商的人相处，总是会让人感到舒服。他们的言行举止总是温和有礼，不会带给人压迫感。他们更能够站在对方的角度考虑问题。因此高情商的职场人在工作中更容易获得同事和领导的高度配合，从而更加高效地完成工作。

3. **解决难题，展示高价值。**

每个人在职场中都可能或多或少遇到一些难题，很多时候硬碰硬，不仅无法解决难题，甚至还会加剧矛盾。而高情商的人更容易化解这些难题，他们能管理好自己的情绪，理智地去分析难题，甚至帮助事件相关人整理思路，找到最恰当的解决方案。

一个职场人的价值最直接的体现就是解决问题的能力，那么对于一个能够化解难题的人来说，他的职场价值高，也更容易获得重视。

高情商并不一定要应用在大事上，恰恰相反，有时高情商会体现在一些细枝末节上。也正是因为是细节，所以常常被人们忽略。

微小之处，藏着大学问。情商高的人似乎总是具备一种神奇的能力，即使通过简单的交流，也能够给对方带来一份愉悦，或是化解尴尬，甚至是可以促成一次合作。

情商之父丹尼·戈尔曼曾经说过："智商决定我们人生的起点，情商才能决定我们人生的高度。"职场人可以通过以下几个方面去提升自己的情商。

1. 尊重是提高情商的核心。

在职场中，每个人都会遇见与其他人意见不同，甚至产生矛盾的时候，这种情况你会如何处理？

有不少人认为，工作就要就事论事，认为对方说得不对，就要直言不讳，不可能为了维系和谐的人际关系而选择沉默。

我想说的是，提出自己的观点和想法无可厚非，但在提出自己想法的过程中，要注意分寸，给予对方足够的尊重。

一位高管朋友曾向我提起过他十分欣赏的一位员工。这个员工在方案讨论会上，对别人的方案持有不同观点时，会考虑到对方的心情，先肯定方案中的优点与合理的部分，然后再以提建议的方式，来表达自己的观点。在和同事交流工作时，他会站在对方的角度考虑，寻求方便彼此的、最合理的解决方案。

这就是一种很好的处理方式，通过换位思考理解他人的想法，尊重他人价值的同时，也会赢得尊重和支持。

凡是人，皆须敬，因此职场人无论是在处理工作事务，还是职场关系上，都应以尊重为基础。在面对领导、同事或下级员工的时候，不要因为对方的角色，而采取不同的态度。

并且，我们可以充分利用雷鲍夫法则，以尊重为核心，善用以下语言，来与人建立合作和信任。

最重要的八个字是：我承认我犯过错误
最重要的七个字是：你干了一件好事
最重要的六个字是：你的看法如何
最重要的五个字是：咱们一起干
最重要的四个字是：不妨试试
最重要的三个字是：谢谢您
最重要的两个字是：咱们
最重要的一个字是：您

在沟通中，记住并善用这些语言，可以充分展示你对对方的尊重，从而促成愉快的合作。

2. 管理和疏通情绪，做一个理性的职场人。

有人认为，在职场上自己没有对他人乱发脾气，那么自己的情绪便和他人没有关系，于是便把喜怒哀乐挂在脸上。高兴时，满面阳光；烦闷时，一脸沮丧。

其实每个人的情绪都散发着一种磁场，会在无形中对身边的人产生影响。积极的磁场会吸引人靠近，反之则会让人敬而远之。放纵自己的坏情绪，就是对他人的不负责任。

我和一位 HR 谈到关于情商的话题时，她曾和我分享过，她们公司就曾解雇过一个情商低且情绪化严重的员工。那位员工工作能力尚可，性格直爽，说话的时候不太在意别人的感受。心情不好的时候，整个人都很丧，因此在和别人沟通的时候，态度也很冷漠。有一次，还因此惹怒了领导，领导问她问题，她却一副不高兴的样子回复。尽管她事后向领导解释自己是因为私事而情绪不佳，并不是对领导有意见，但仍给领导留下了糟糕的印象，因为这样的人很影响团队士气。

能管理好情绪的人才能管理好自己的职场，这也是高情商人必备的能力。所以，无论发生什么事情，都要锻炼自己保持冷静的能力，只有如此，才能持续性地保持舒服的职场关系。

3. 敬业、有分寸感，不给别人添麻烦。

如何提高自己的情商，成为一个高情商的人？其实只要换位思考，一切就会变得简单而清晰。

在职场中，与什么样的人相处会让你感觉舒服？一定是那些为人处世有分寸感，又不会经常给你找麻烦的人。所以，让人提高情商的前提就是要敬业，提供价值，而非制造麻烦。有些职场人本职工作做不好，就去找同事帮忙，同事不帮忙就会认为对方人品差、冷漠；有些人因为自己工作出现问题，拖慢了同事的进度，在别人来催促的时候，会责怪对方……这些都是情商低的表现。

在职场，为人处世一定要保持分寸感，不要为了达到自己的目的而强人所难，更不要过度索取。互利互惠，协作共赢，才是真正高情商的表现。

4. 懂得委婉地拒绝，也是打磨情商必不可少的一项。

高情商的人会有好人缘，但这并不意味着要成为一个老好人。适度的拒绝，才能坚守自己的原则，获得尊重。但想要不失礼貌地拒绝他人则需要一些高情商的处理方法。

在拒绝别人时，苏小姐常常会这样说："真是抱歉，我后面还有两个方案领导着急看，所以没时间帮你了。"

"多谢你的邀请，我周末已经约好了带孩子回家看望老人，所以没办法参加活动了。"

想要委婉地拒绝他人，可以先对对方的提议表示抱歉或感谢，再提出适当的理由回绝。这样既给对方留了台阶，也达到了自己的目的。

5. 善于发现美好，懂得欣赏和赞美别人。

俗话说"赠人玫瑰，手有余香"，懂得欣赏别人和赞美别人，会让彼此都感到愉悦，同样也会让彼此之间的关系变得更加融洽。

对于他人而言，收到赞美就获得了一份鼓励和一份好心情；对于自己而言，赞美他人则收获了对方的好感，也收获了融洽的人际关系。一个微小的举动就能让大家都欢喜，所以，千万不要吝啬你的赞美。

人与人之间的关系，不一定要通过做一件多么重要的大事才能建立起来。很多时候人与人都是在一些细枝末节中，渐渐产生吸引，走得越来越近。善于发现美好，既是成就对方，也是成就自己。

6. 学会克制自己去评价别人，更不要与人抬杠，学会看惯职场。

职场上，总有一些人整天看不惯他们，遇事愤愤不平，很“愤青”。殊不知在职场上经常评价他人，是一个最坏的习惯。

我在为职场人做职业咨询时，遇到过一个这样的案例。一位技术出身的人员，做事非常耿直，看不惯他人时就想说，而且每次说得太直接，导致领导不喜欢、同事远离他。

其实，他本身也很痛苦，但就是无法改变。我建议他，想改变自己，先调整心态，看惯所有的事情，通过刻意的练习去改变心态。一年过去了，他虽然说话还会带有刻薄的味道，但比原来已经改变很多了。相信只要他坚持通过刻意的练习去调整自己的心态，遇事冷静，少言语多思考，一定能成为高情商的职场人。

职场上，最好的提升情商办法就是不要去评价别人，也不要去和别人抬杠。最好的相处方式是，认可就多聊聊，不认可就离开，不要浪费自己的时间和污染自己的心情。

总而言之，在职场里，智商教会我们如何做事，而情商教会我们如何做人。拥有了高情商，职场人会不断积累更多正向资源，帮助自己获得更大、更快的提升，从而进入职场上升通道。

职场成长一定要扫除的“自杀式”职场心态

无论是工作还是生活，我们常常都会提到心态。所谓心态，其实指的就是心理状态。心态本身是一种虚无的意念，但这种无形的力量，会在日积月累中对人产生不可估量的影响。

在不同心态的作用下，职场人的发展也会大相径庭。有些人会存在一种“自杀式”职场心态，却毫不自知。在这种心态的作用下，即使能力很强的人，职场发展也会大受阻碍。这些人在职场中越来越难以获得成就感，并不断累积疲惫感，工资难以上涨，工作干得没劲，甚至总是有被辞退的危机感。因此，建议职场人一定要避免以下几种心态。

1. 眼高手低，认为工作很简单，无法展示自己的能力。

很多人在来到新环境之后，常会渴望自己能够在新的平台上大展拳脚，施展自己的能力，得到更好的发展。

一般情况下，在刚进入一家新的公司时，经常会被分配一些简单的工作，或熟悉业务、流程，等等。在这种情况下，很多人会感觉到自己不被重视，能力无法施展，有时候甚至会把自己的怨气发泄在工作中，消极怠工，应付了事。

但这样的心态会把自己推入更糟糕的境地。任何一家公司，能够对一个员工建立信任，认可他的能力，并委以重任，都需要一个过程。他们需要通过员工在一件又一件工作中的表现来评判其能力，从而逐渐对工作的难度进行加码。

因此，职场人不要轻视任何一件简单的工作。所有信任的累积和能力的证明，都需要一个过程。那些爱岗敬业，并且能够把每一件小事都做到极致的人，才能赢得领导的器重，并获得更多的发展机会。

在这个人才济济的时代里，并不缺乏有能力的人，眼高手低，只会自毁前程。

2. 把“摸鱼”当习惯。

“摸鱼”（偷懒，不务正业）似乎已经成了一种职场上常见的现象，甚至成了一种“文化”，被制作出了各种各样的表情包（互联网上一种利用图片表达心情的方式）。

那么你是怎样看待这个问题的呢？你是否会在工作中，偶尔“摸鱼”刷刷手机？你是否认为这只是一个平常的小事，不会影响工作，更无关自己的发展？

你有没有想过，每天“摸鱼”一到两个小时，一年你会浪费多长的工作时间？5 年甚至 10 年，你又会浪费多长时间？如果将这些时间用来投入工作，或者是打磨一项技能，你的人生完全有可能是另外一番模样。

小晗在职场工作5年，因为公司拒绝了她涨薪的要求，所以决定跳槽找一份薪资待遇好一点的工作。简历投出了不少，却一直没有收到合心意的offer。她不明白为什么身边的朋友和她参加工作的时间差不多，已经有不少人都月入两万元左右，可她的薪资水平还停留在五六千元。她觉得自己不差什么，平时工作上也没出什么差错，凭什么还要和刚毕业的新人拿一样的工资。

在和小晗深入沟通之后，我发现她在5年的工作中，先后做了前台和文员两份工作。在过往的职业生涯中，工作按部就班，没有出什么大的差错，却也没攒下什么有价值的经验。

她每天早晨准时准点到公司打卡，借着取快递的由头到公司的食堂吃个早餐。领导不在身边时，便会忍不住打开手机淘宝页面，定时定点抢折扣券，货比三家，挑选自己喜欢的衣服、鞋子和包。领导一来到身边就马上切换到工作内容的界面；领导开会或者外出时还能趁机追个剧、看点小说，还常常会为自己的反应敏捷而沾沾自喜。

可每个人的职业上升期也是有限的，时间对每个人来说都是公平的。当小晗在工作中“摸鱼划水”时，也有人在兢兢业业地研究市场、研究方案、与客户沟通……日积月累，浑水摸鱼的人落得越来越远，当他们真正发现差距时已经悔之晚矣。

职场的上升期关键期就那么几年，你以为自己机智偷懒是赚到了，殊不知这样只会让你输得更惨。看上去你混到了一点点工资，但实际上却输掉了自己的职场黄金时期。

所有职场人都应该清楚，我们工作是为公司做事，但更是在经营自己的职场。你当下的付出，不仅关乎于眼前的收入，更关乎于未来的发展。所以，为了自己的发展，要拒绝“摸鱼”。

3. 在还没开始之前，就被自己的恐惧劝退。

“我很喜欢写作，但是我的文笔很差。”

“真想转行做个设计师，但是我这水平不行。”

“这个机会是挺好的，但是我怕被我搞砸了。”

在我们的现实生活中，经常会出现这样的场景。期待某件事情，却又在做出决定之前，踌躇不前，担心自己的能力差，担心种种不确定的情况，甚至在还没开始尝试之前，就被自己的恐惧劝退。

但职场就是一个竞争的地方，优胜劣汰是竞争永恒不变的规则。而这种心态一旦在职场中蔓延，那么你就会直接将自己在竞争中置于劣势，白白失去了许多成长和发展的机会。

化妆品公司的卫小姐当初就是因此而失去了两次晋升的机会。当时公司领导有意培养她，让她去对接一个大客户，可卫小姐提出了很多困难和问题，表现得畏首畏尾，领导也对她失去了信心。

人生中最可怕的从来不是失败，而是你因为害怕失败，就放弃了尝试的机会。其实所有困难本身并不可怕，当你真正面对它，并义无反顾地为此努力时，你会发现自己比想象中的要更强大。

4. **目光短浅的利己心态。**

趋利而行是人之常情，但对于这个“利”的理解让职场人的发展产生质的不同。

以合作共赢、长久发展的心态工作，才能让你撬动职场中最大的“利”。但在职场中，很多人却被眼前的小利而蒙蔽，目光短浅，唯利是图，格局小。在这种心态的作用下，很难获得较好的发展。

很多人做事的原则是看自己能从中得到什么利益。软件公司的销售小张因为能力不错被领导看重，升为了团队负责人。因为另一支团队的队长离职，这支团队便也让他代理监管。可小张却对兼管的团队并不上心，因为这支团队无论是业绩，还是提成，都没他的份，他并不想为他人做嫁衣，甚至还为此感到委屈。

小张的工作态度让领导大失所望，他也许算得上是一个勤恳的好员工，但是在领导心中，这样一个凡事把个人利益放在首位的人无法担当大任，也因此失去了后来的晋升机会。

比眼前利益更重要的是个人长远的发展，你多付出一些，也许会有意想不到的收获。所有得失，早已暗中标好了价码。唯利是图、时时刻刻把自己的利益置于首位的人，往往会在未来吃更大的亏。

5. 习惯了舒适，开始“躺平”，把难题当麻烦。

人们总会在熟悉、舒适的区域获得足够的安全感，所以很多人更愿意接受那些得心应手的工作，而去回避那些棘手的难题。其实说白了就是不想走出自己的舒适区去面对那些未知的风险。

小谭所在的团队去年就碰见了这么一件事情。当时有一个很难推进的项目，项目甲方是一个非常挑剔的新客户，方案细节改了又改。因为这个客户，好几个部门都加了至少十次班。所以当这位客户与公司达成正式合作协议后，没有人愿意与他对接。

团队里的人推来推去，最后推到了新人小谭身上，美其名曰是为了让他得到快速的锻炼和提升，其实只是团队里的那几个老油条不想蹚这趟浑水。小谭磕磕绊绊地算是啃下了这块“硬骨头”，因此后来团队里大家习惯了把难推进的项目交给小谭。可年底看到小谭比大家多了好几倍的奖金时，团队里的人才红了眼。而在新一年的人事发展规划中，小谭也成为重点提拔对象。

每一个职场人都应该重视职场中那些大大小小的难题，不要仅仅看到眼前的难题，更要读懂这些难题背后的机遇。职场人更要时刻警惕、远离舒适区，适度地迎接难题，挑战自己，这样才能在职场中拔节成长。

6. 把跳槽当解药来应对各种职场问题。

试着回想一下，在你的职场跳槽经历中，你都是因为什么而选择离职跳槽的？我对此也曾经做过一项调查。在调查中我发现，有很大一部分人都有因为原公司有人让他感觉不爽，或者是领导刁难他，或因为某件事情感到愤愤不平而选择辞职的经历。这类人的特点是，在职场中遇到一些问题让他们感觉到无法解决时，就会产生一种“大不了我不伺候你了”的心态。在这样的心态下，换公司或换工作其实于事无补。

职场的规则和环境本质是相通的，并不是辞职跳槽就能解决所有问题。在新的职场中，很大程度也会出现新的状况。一旦把辞职跳槽当“解药”，那么就很容易进入一个恶性循环。为了逃避问题而选择跳槽，漫无目的地游走职场，你会在无形之中渐渐贬值。一个职场价值较低的人，会越来越多地感受到职场竞争的残酷。

以上就是几种比较常见的“自杀式”职场心态，每一个职场人都应该警惕。它就像慢性毒药一样，使你在无形之中失去在职场上的活力和价值。

什么样的职场沟通更有效率

理想状态下的沟通是我们能够100%地表达自己的想法，并且100%地被对方听懂和理解。但事实上，无论是在工作还是在生活的沟通中，都时常会发生信息失真的状况。所以常常会出现这样一种状况：公司高层做出某项决策，层层下达之后，到了基层所接收到的信息已经远远偏离了方向，最后导致执行不到位，目标也难以达成。这种沟通的障碍，不仅存在于向下传达，同时也存在于向上反馈以及同级之间的沟通。

有一种“沟通漏斗效应”准确地诠释了这一现象，指出了团队沟通中存在的问题，即如果一个人心里想的是100%的东西，在众人面前用语言表达心里100%的东西时，这些东西已经漏掉20%了，说出来的只剩下80%了。以此类推，传递层级越多，信息失真程度就越高。

可想而知，低效率的沟通在工作中会给我们造成不可估量的负面影响。

如何才能避免沟通中出现失真效应，提升沟通效率？建议职场人采用“4W1H”法则来建立自己高效的沟通思维模型。

1. Who：沟通的对象

人是信息传播的关键点，在沟通过程中每个人的知识结构、认知能力、受教育背景、个人经历等都会对信息的传递产生强大的影响。因而在信息的传递过程中，尽可能要换位思考，采用对方更容易理解的方式方法进行沟通，这样能够使信息接收者最大限度地接受并理解这些信息，缩小信息偏差。

同时，通过“漏斗效应”我们可以得知，在信息传递的过程中传递的层级越多，越容易使信息失真。在允许的情况下，可以尽可能减少沟通层级，直接与最终的信息接收者进行沟通。

2. Where：**沟通的环境**

同样一个信息，可以通过多种环境和方式来进行沟通：办公室沟通，电梯间沟通，电话沟通，软件沟通，邮件沟通……虽然沟通的环境和方式多种多样，但每一种沟通渠道达到的沟通效果却不尽相同。一般情况下，在工作环境中的面对面沟通最为直接和高效，能够有效地减少信息的误解和偏差。因此对于一些重要的，需要商议或者可能存在争议的工作内容，在办公室内面对面地沟通效率更高。一些简单的，不容易出现误解的信息，在钉钉、微信等软件上沟通更为高效。综上所述，要根据自己沟通的内容，选择合适的沟通渠道，才能获得高效沟通。

3. When：**沟通的时机**

沟通的时机同样能够对沟通的结果产生较大的影响。例如，在一个人情绪不佳的时候，很难达到顺畅的沟通。又或者一个人在急于做另外一件事情的时候，沟通的效果也会大打折扣。所以，在沟通时间可选的情况下，要在彼此心境平和，并具备充足时间的时候进行沟通。尽可能地不要在你的领导十分恼火的时候做提案；不要在快下班的时候，找你的同事谈方案……彼此都能够平心静气并全神贯注地为某件事沟通的时候，才是最佳的沟通时机。尤其要注意的是，事情越重要，越要谨慎选择沟通时间。

4. What：**沟通的内容**

任何有效的沟通都需要建立在目标一致的基础之上，并准确地将正确的信息传递给对方。

前不久韩经理辞退了他的助理。因为他每一次询问助理一些工作事务，这位助理总是答非所问。例如韩经理问他会议安排做好了吗？他想得到的答案是，做好或者没有做好，如果没有做好，什么时候能够做好。而这位助理的回复是他和哪些同事沟通中存在的一些问题，自己修改了几次方案，却始终没有正面回答领导的问题。他总是把领导的询问当作是在催促工作，习惯性地解释其中的原因。

没有一位领导会喜欢低质量的沟通方式。答非所问的沟通，无法解决问题，只会让领导更加恼火。

沟通的目的不是说服谁、质疑谁，而是一起解决某个问题。因此，想要把握高效沟通的诀窍，就要时刻清楚沟通的内容。

职场人在沟通中一定要学会梳理自己的沟通逻辑，明确沟通目标，从多个角度陈列信息，使用正确的沟通方式并客观直接地传递信息，如此才能实现有效沟通。否则，千言万语，也终是离题万里。

5. How：沟通的方法

在任何职场沟通中，对方期待得到的都是答案和结果。因此，在一些常见的问答式沟通中，先陈述结果会大大提升沟通质量。这也就是结果导向型的沟通方法。

韩经理对公司的另一位新员工就很满意，一次在等电梯时遇到了这位员工，便随口问了一句，在公司感觉怎么样？

这个员工首先表示自己在公司过得很充实，并简明扼要地做了介绍。一是说自己正在做什么项目，二是说自己目前取得的成果，三是说自己预期的结果以及自己可以收获的成长。一段简短的对话，精准地展示了丰富的信息，也让领导对其刮目相看。

一般而言，人们习惯了起因、经过、结果的叙述方式。但是在一些问答式的职场沟通中，先陈述结果，再陈述过程能够大大地提升沟通的效率和质量。在一些信息传递的沟通中也同样可以运用这种逻辑，先传递核心信息，再去陈述细节以及注意事项。

此外还需要注意的是，在沟通中要注意彼此之间的信息反馈，因为沟通不是自言自语，需要信息发送者和信息接收者双方参与才能完成。无论我们处于何种角色，都需要与对方充分互动，并在这种互动中达成一致。也就是说，我们在作为信息的传播者时，在传递信息之后，可以向对方询问接收反馈，让对方复述信息要点，以核对信息的准确性。

当我们作为信息接收者的一方时，可以将自己接收和理解的信息进行复述，这种做法可以及时地发现信息误差并纠正。

语言是误解的根源，也是理解的基础。唯有高质量的沟通，才能真正地展现出语言的魅力。

请通过“4W1H”法则，进行一次沟通实践。

1	Who	确定与谁进行沟通，尽可能地与最终的信息接收者直接沟通。
2	Where	确定在哪里沟通。面对面，还是通过网络。请根据实际沟通内容，做出最优选择。
3	When	确定在什么时间进行沟通，如有需要，请和对方提前约好时间。
4	What	沟通的内容是什么。确定沟通目的，是为了解决某件事，还是为了告知某个消息，还是寻求某个答复。
5	How	怎样进行沟通。从结果开始说起，还是从主到次地告知情况。
6	沟通结果测评	请对方对沟通内容进行复述，与对方确认是否百分百地接收并理解了沟通内容。

怎样让自己的表达更有价值，让人更愿意听

工作中想要为自己负责的项目争取公司的资源时，你要如何说服领导将资源向你倾斜；你所负责的项目需要一些跨部门的协作，要如何说服同事全力以赴地给予你支持；有一个提案，要如何说服你的客户选择与你达成合作……

同样一件事情，不同的人表达，可能会产生截然不同的效果。

有的人要资源，领导再三思量拒绝了；有的人请求协作，对方应承几句，转头就去忙别的了；有的人与客户谈合作，对方推托称有机会再合作……

也有的人，无论是与客户谈合作，还是与领导、同事沟通，他们总是能够侃侃而谈，掷地有声地表达自己的诉求，并顺利达成自己的目标。

既然优秀的表达能力能够大大助力职场人进入职场上升通道，那么这种表达力是如何养成的？建议职场人通过以下几个方面进行锻炼。

1. 从信息受众的逻辑入手，让自己的表达更深入人心。

想要让自己的表达具有更高价值的前提，是要读懂信息接收者的需求。也就是要从受众的视角去思考问题。

例如，当我们想要向领导要资源的时候，常规的做法是表达自己的项目或者方案如何，有多么急切地需要资源的支持。但如果领导对这个项目比较犹豫，那么你的胜算并不大。

如果你换一个角度，从领导的逻辑出发，你要去深入考虑领导会期待自己投入的资源兑换怎样的价值，他对此项目有怎样的顾虑……

读懂了领导的需求之后，再去针对领导关心的问题做出细致而全面的分析，进而表达自己的诉求，会大大地增加你的成功率。

2. 善用具体的例子进行信息传递。

如果你细心观察就会发现，对于大众而言，最容易理解并且最容易打动人的都是故事，最让人信服的是具体的事例。

通过故事或者具体的事例、数据等，我们能够很容易理解信息中所表达的含义，并能够通过自己的思考，带入其中的逻辑，将信息中所要表达的内容牢记。就像我在给一些职场人做咨询的时候，或者是我在撰写一些职场经验、职场观点的时候，常常会运用一些过往的咨询案例和一些经典案例对这些知识和观点进行讲解。通过这些案例的讲述，信息的接收者很容易理解我要表达的东西，进而形成一种共鸣甚至共情，并在此过程中会思考如何将学到的东西运用在自己的职场中。

除此之外，故事或者案例也可以用于佐证自己的观点，让自己的想法更具价值、更加靠谱。我接触的很多职业经理人或高管，他们在阐述自己的观点时，都会习惯性地结合一些真实案例和数据，这已经成为职场人高效沟通的一种重要的表达方式。

3. 注意沟通技巧和沟通情绪。

在人与人的沟通中，除了会传递信息，也要会传递情绪。

通过恰当、舒服的表达，你会获得更融洽的人际关系或者更好的发展机会。而不会好好说话的人，三言两语之间就能点燃别人的怒火。

你在生活中是否也遇到过这样的人？

他们人品不坏，有时候甚至会非常热心，但是却因为不会沟通，让人十分反感而不愿靠近。

因为一次不恰当的沟通，职场人 K 和同事 S 闹得很不愉快。S 因为方案做得不好被领导痛批了一顿，K 本想去安慰。K 在看了 S 的方案之后，意识到方案中存在很大问题，便不自觉地脱口而出："你怎么能犯这种错呢？为什么不把目标客户锁定到一类人啊？"原本情绪不佳的 S 听到了 K 的话非常恼火，刚刚才被领导批评过，转眼又受到了同事的质疑。

这样一种表达方式，很容易让善意的建议变成锋利的质疑。在面对此种情形时，其实完全可以使用假设的方法提建议："如果这样做……会不会好一些？"照顾对方的情绪，运用委婉的表达方式，更能帮助对方解决问题。

换一种沟通方式，便可以让沟通情绪发生质变，会让对方感觉到被帮助，而不是被指责。

像这样的情况在工作和生活中很常见，很多人习惯了自己固有的表达方式，但它会在无形之间，制造出很多负能量。懂得好好与人说话，才能实现融洽相处。所以，在沟通时，一定要注意沟通情绪和沟通技巧。万万不要因为一些琐碎的事情，一些糟糕的沟通方式，而伤害到了身边的人，毁了自己的人际关系。

4. 充分运用"三点原则"让你的表达更加精准，有层次。

我之前接触过一个很有创意很有想法的年轻人，他的方案常常受到领导的赏识，但是每次在团队进行方案探讨，给大家讲思路时，他的表达常常很混乱，无法将思路完整地呈现。

他总是觉得自己有很多想法要说，但是又不知道从哪里说起才好。而且他常常在提到一个观点时便会发散开提到一些其他内容，不经意间就会跑题。最后的结果是，有些次要内容说得太多，有些重点部分又阐述得不够深入，使信息接收方没办法领会方案的精髓。

职场人想要避免在沟通中思绪混乱或杂乱无序，可以试着将自己要表达的内容通过不同的维度切分成几部分，并梳理出其中重要的信息。根据信息的重要程度，将其依次罗列来表达自己的观点或传递信息。

在需要表达观点的沟通中可以充分运用“三点原则”，即观点、重点、亮点。

观点，即要对事件提出自己的想法和看法；

重点，是需要对标沟通目标，把握最重要、核心的部分，通过语言描述进行细化和强化，让信息接收者能够更清楚地理解重点内容的深意；

亮点，也是升华点，需要你用言语去打磨信息中最闪光、最具有吸引力的部分。

遵循“三点原则”，会使你的表达逻辑清晰并富有层次。

回顾近期令你印象深刻的一次提案或者汇报，通过下表对其进行评估。你的肯定答案越多，则证明你的表达输出能力越强，价值越高。

在这次表达中，你是否进行过换位思考，了解对方渴望听到什么信息，对方更容易被什么样的内容打动，并将其体现在你的内容中？	
你阐述自己的观点时，是否通过举例来论证包括但不限于故事、案例和数据？	
你在整个表达过程中，是否保持情绪平稳，没有明显的愤怒、沮丧或激动等表现？	
你在发表与对方相关的观点时，是否有注意自己的讲话方式，没有让对方产生不适甚至反感？	
你的表达是否具有一个或者多个鲜明的观点，并层次清晰？	
你在表达过程中，是否详尽地阐述重点内容？	
你的表达是否具有可以调动起对方情绪或者兴趣的亮点？	
别人在聆听你的表达时，是否集中精力，被内容吸引？	
在你表达观点后，别人是否有兴趣与你进一步深入探讨？	

早期职业起点不高，如何实现“换道超车”

每一个在职场努力打拼的职场人，几乎都渴望成为职场精英，希望自己能够做出一些成绩，甚至是成为行业的佼佼者。虽然几乎所有人都怀揣着这样的梦想，但在职场打拼并不容易，尤其是对于一些早期职业起点不高的人来说，他们可能没有好的学历，没有资源，没有背景，成长和发展速度也很慢，成为精英似乎遥不可及。但这并不意味着他们失去了发展的机会。

我曾接触过一些职场精英，他们的早期起点并不高。某公司销售部总经理，现在年薪 120 万元。而 11 年前，他只是个计算机专业的大专生，只有 2500 元底薪的空调销售员做了 3 年。后来经过打拼，他实现了阶层跨越。其实抓住机遇，找对方法，同样可以实现“换道”，进入职场快车道。

1. 抓住风口机会，快速完成资源积累。

机遇的力量始终不可小觑，尤其是在这个瞬息万变的年代。你抓住了一次机会，可能整个人生也就完全不同。

肖先生应该算是这方面的典型，在前几年的职场里，他工作普通，工资普通，朝九晚六，偶尔加班，没什么可圈可点的成绩。他仿佛陷入了一个旋涡，永远也爬不出来。他曾一度为此而感到苦恼，做了很多尝试和努力，但始终没有太大的作用。后来偶然的机会，他进入了短视频行业，正赶上当时行业的风口，于是迅速地积累了不少资源，现在已经是一家短视频公司的创业合伙人。

也许有人会认为肖先生是靠运气才获得不错的发展，但事实上在这个高速发展、日新月异的时代里，每隔几年就会出现一些新的发展契机，就像当年的 O2O 电商、微商、自媒体、短视频直播带货等。机遇伴随着社会的发展不断涌现，但并不是所有人都具备灵敏的嗅觉。而那些能够抓住机遇的人，即使早期职业起点并不高，也能快速完成原始积累，实现“换道超车”。

如何把握这些时代造就的新机遇？我的建议是可以分配出一定的时间和精力进行尝试，但不能孤注一掷。尤其是当我们不确定一些机遇是否真正可以给我们带来发展，或者是无法判定这个机会处于红利期还是饱和期的时候，更要谨慎行事。

举个最简单的例子，近几年自媒体蓬勃发展，不少人赚得盆满钵满，但行业很快过了疯长的原始阶段。随着资本的涌入，行业规范化，竞争也进入了白热化阶段。但仍有很多人在利益的驱使之下盲目地辞职，一头扎进自媒体行业，最后赔了时间，赔了精力，却收效甚微。因为行业在过了红利期，进入饱和期之后，获取粉丝和流量的成本越来越高，没有足够的专业度很难“玩转”。

任何一个新机遇都会遵循同样的发展规律。如果你发现好的机遇，可以做一些相对稳妥的尝试，一旦抓对了时机，很容易在短时间内实现“换道超车”，获得跨越式发展。

2. 收回注意力，聚焦成长本身。

据我观察，很多早期职业起点不高，但又渴望获得发展的人，他们的心态会更焦虑。他们渴望获得更好的发展，但是因为早期职业起点不高，使他们没办法拥有一个优质的职业踏板。理想与现实之间的距离，让他们脑中的弦绷得更紧。越是渴盼，越是迷茫。焦虑本身也成为一大阻碍，消磨掉人的精力和意志，无法使自己获得有价值的积累。

所谓职业的换道超车，其实是一种高效率的成长。所以，管理好自己的精力和注意力，是成长和发展的必备要素。应把更多的心思聚焦在自己身上。用心读书，努力工作，哪怕是一分钟，也要格外地珍惜。做真正能够让自己增值的事情，哪怕是一件能够有助于提升自己的小事，而不是去胡思乱想，想那些让自己沮丧的信息。

当你能够管理好自己的注意力，沉浸于挖掘自己的价值，那么在做事的过程中，浮躁会自然褪去，心也会渐渐安宁。

3. 扩展信息，即在某个领域掌握足够的深度和广度的系统性信息。

就比如说，如果你从事的是化妆品行业，在面临某个化妆品行业相关问题时，如果你信息储备量不够，就需要通过求同事帮忙，询问朋友等其他方式获取信息；而如果你已经掌握了足够的信息，那么便可以随时调用需要的信息来解决问题。显然，后者的处理更为高效和专业。对于一个公司而言，这种能够持续高效地解决问题的专业型人才，很容易获得更多的发展机会。

一个人想要获得成长和突破，首先要扩大知识边界，从而不必再依托资源解决问题。

扩大知识边界的方法其实很多，包括阅读、参加培训、实操训练等。但一定要清楚，在扩大知识边界时一定要划定范围，根据目标锁定自己扩充知识的领域。

例如，如果你从事设计行业，那么你所学的知识要紧紧围绕行业中关于提升技能、提升审美、提升设计思维的知识。这类知识能够帮助你更快地成长为一个高效专业人士。同时，在锁定范围之后，根据自己的实际情况制定可执行性较强的阶梯式成长计划，像这样将你的努力放在正确的路径之下，才能实现真正的高效成长。

4. 升级认知，在更高的视野下思考、做事。

我们不应仅局限于过去片面的、感性的判断，而应具备科学的逻辑，长远的目光，更加理智地对信息做出判断。这会使你能够更高效地达成目标，而不是浮于问题表面，被一些不重要的信息绊住脚步。

例如你去和一个客户交流业务，客户态度坚决，不同意合作。如果通过感性的判断，你可能会认为客户是一个非常固执的人。而通过理智的分析，你就能够站在客户的角度考虑问题，明白他为什么拒绝，知道他的顾虑是什么。然后当你解决了这些问题，打消了对方的顾虑，自然而然地也会促成合作。

显然，感性判断容易给人制造问题，而科学的逻辑思考能够帮助人们冷静地剖析问题，化解问题。可以说，你的认知层次决定了你解决问题的能力，也间接地决定了你的职场层次。

另外有一点要注意，认知能力较强，具有敏锐嗅觉的人，更容易发现机遇。他们不会人云亦云，而是具有独立的思考力和判断力，可以对机遇做出具有前瞻性的判断，进而更容易找到职业发展的快车道。

总之，实现换道超车，本质上讲的就是如何在较短的时间里，实现高效的成长。它对应的策略，就是善用你的时间和精力，通过信息的拓展，认知的升级，思维的锻炼，让自己获得最大效率的提升，逐步完成自身资源的积累，并通过合适的机会，撬动高价值。

保持高质量的独立思考

电影《教父》中说："花半分钟就能看清事物本质的人和一辈子都看不清本质的人，注定是截然不同的两种命运。"

为什么有的人半分钟就能够看清事物的本质，而有的人一辈子都看不透，本质在于人的思维能力不同。尤其是在当下这个信息繁杂的时代，越来越多的人习惯了人云亦云，习惯了随波逐流。人们在社会舆论的引导之下，直接索要答案，并习惯了这种盲从。

有什么不懂就去问，问身边的人，问网络上的人，得到了相对满意的答案就去做，不做深思。看似节约了脑力，提升了效率，久而久之，思维逐渐产生了惰性，也渐渐失去了独立思考的能力。

那么究竟如何才能够保持高质量的思考？

首先我们要具有高效的信息处理能力。我们每个人每天都会接触大量的信息，尤其是在工作中。如何处理这些信息决定着你的工作效率。

其次要在思考中抓住重点，也就是删除冗余的内容，找出其中最有价值的部分，这就是一个化繁为简的过程。

在这里，借用工业程序分析法的四大原则 ECRS。

第一步：取消	剔除一段信息中没有价值的内容，甚至一开始就不去考虑某些因素，通过不断地删减降低它的复杂性。
第二步：合并	在删除冗余信息后，将有效内容通过合理的逻辑合并。
第三步：重排	分析众多显著因素彼此之间的关联性，按照重要程度把这些内容重新排列。
第四步：简化	重复以上步骤，对信息进行再次精简，直到最优。

这个过程其实就是去掉皮肉找到骨架。通过这四个步骤，最后留下来的也就是最核心、最有价值的部分。

除此之外，建议职场人可以参考以下几种方法。

1. 为思考提供高质量的素材。

任何一个人没有足够的积累都无法真正把握事物的精髓。这也是为什么人们一直在倡导“读万卷书，行万里路”。

任何高质量的思考都离不开见识和阅历，因为人们对一件事情不够了解，或者是不懂的时候，往往会盲从。只有对事物本身有足够的认知和了解，掌握了足够的信息，才能够通过思考提炼出属于自己的观点。

比如说，有些人想要通过写作“变现”。那么第一步要做的不是研究写作技巧或研究写作“变现”模式，而是应该增加自己的阅读和知识量。有了阅历和积累，思考才有了燃料，才能拥有不竭的动力，否则一切思维模式只是纸上谈兵，很容易被别人的想法带偏，甚至上当受骗，一不小心成为“韭菜”。我见过非常多的写作者，被一些打着成就写作梦想的人所蛊惑，购买各种各样的培训课，最后却颗粒无收。其实，这也恰恰是因为没有足够的阅历，无法做出正确的判断。

无论你从事何种行业，或者是想在任何一个行业发展，首先最需要做的就是大量的积累和学习，构建并不断完善自己的知识体系。见多识广，才能为高质量的思考积累源泉。

在这里值得强调的一点是，移动互联网时代，信息纷繁而复杂，如果想要获得高质量的信息积累，除了要去增加自己的阅历之外，还需要尽可能地减少碎片化信息的摄取，尽可能地通过有方向性的阅读，去获取系统的知识素材，因为系统性的知识会使你的思考质量更高。

2. 建立深层次思维模式。

《论语》中说：“学而不思则罔，思而不学则殆。”这句话充分展示了思考的价值。值得注意的是，真正有价值的思考，并不是简单的考量，而是一种深度思维。思维的深度在某种程度上也代表了思考的质量。

曾听过职场人抱怨，自己明明是按照领导的指示完成了工作，却还被批评办事不力。就比如，一位职场人周小姐的领导曾让她去调研一组行业数据，领到任务后，她立刻开始忙活起来。为了快速完成领导的任务，她加班到很晚才回家。第二天一早，她把工作结果呈报给领导的时候，领导却非常不满意。

其实领导是想通过行业数据了解当前行业状态，分析未来发展前景，评估项目的可行性。而周小姐提供上来的工作结果，只是单纯的数据，没有经过任何整理分析，而且数据没有经过筛选，有些信息过于陈旧，领导最后只能让周小姐重新梳理。

周小姐辛苦的付出，并没有实现这项工作任务应有的价值，反而阻碍了领导决策的进度。

其实这种情况常有发生，很多职场人习惯性地会把自己当成工具，领导让干什么就干什么，根本没有进行深层次的思考，也就无法把握任务的关键，最后的工作结果也很难达成领导的心理预期。

其实任何一件事情都有一个内核，也就是所谓的重点。它就像一个机器的发动机，驱动着事物的发展。而真正高效率的人遇到任何问题，都会通过深入的思考分析，明确最终目标，找到这个重点，那么他所创造的结果就更有价值。

3. **建立大局观。**

任何一件事情都是多面性的，当我们掌握的层次越多也就越能够看清事物的全貌，掌握它的核心。也就是，首先要看得全，才能看得懂、看得透。

有时候我们无法想通一个问题，是因为早已习惯了从熟悉的角度去思考问题，形成了思维惯性。但这种思考惯性在给我们提供经验的同时，很可能限制了我们的认知。所以当你对一件事存有困惑时，不妨换个角度。

比如说，在工作中你无法理解领导的某些决策，那不如换一个角度，将自己带入领导的角色，重新审视这个决策的价值。

面对领导安排的高难度任务，有的人只看到难题本身，甚至认为是领导的刁难，换一个角度也许就会看到领导更深的用意，明白领导是用难题来试炼员工的能力，考评谁更堪当重任。最终，浮于表面的人可能会被环境同化，满腹抱怨，偷奸耍滑，错过了发展良机；能看清本质、抓住重点的人，才能不断地去解决问题，升职加薪。

还有，你在接受领导的一项任务时，需要考虑的不单单是要在什么时间完成一件什么事，还要以这件事情为原点，更全面地思考这项任务的最终目标是什么，领导希望通过这项工作实现怎样的价值，究竟怎样做才能更高效……通过增加思考维度，跳出自己的思维定式，对任务形成更深层次的认识，建立大局观。在高质量的思考之下，促进自己的成长。

总而言之，善于思考的人，能快速揭开表象，抓住重点，直达本质。而看问题浮于表面的人，则很难找到方向，这种迷茫会让其人生滋生更多的困惑和烦恼。建议职场人一定要有意识地提升自己的思考能力，保持高质量的独立思考，从而推动自己的职业发展。

在工作中运用“高效成长定律”

在这个社会上，绝大多数人都在努力拼搏，渴望成长，渴望发展。但每个人的付出兑换出的却是不同的价值，发展程度也会天差地别。

具备一定社会阅历的人可能都会有这样一些感触，明明大家都很忙碌，但有的人风生水起，有的人却原地踏步。有的人明明很努力，却始终没能熬出头；有的人工作很用心，熬夜加班，却还是没能得到领导的赏识。

这些问题其实是许多职场人的困惑，也是当今社会的一种普遍现象。

很多人整日忙碌，却没有在职场换取高价值。于是，疲惫、抱怨、焦虑悄然滋长，让人渐渐失去动力，却始终没能解开困境。

为什么努力没能兑换同等的价值？为什么忙碌没有意义？究竟是职场迷惑，是命运不公，还是另有原因？

其实，任何事物永远都不会跳出因果逻辑。所谓对付出与回报相去甚远的疑惑，只是由于人们没有探寻到其中深层次的原因。

其实原因并不复杂，高质量的努力让人大获成长，节节攀升，而低质量的努力就如同温水煮青蛙，在一种貌似努力奋斗的自我陶醉中不断感受人生的残酷。

一般而言，低质量的努力都具有以下特征。

1. **机械做事，不做思考。**

职场上有一些人看似很勤快，行动上很卖力，但思维很懒惰，从不愿意多想。职场上的成长是思维、经验和智慧上的成长，可一个思想惰怠的人，又谈何成长？

2. **随遇而安，没有职业目标。**

近些年来，“佛系”的价值观开始在社会上流行，甚至有些人把它用到了职场上。他们相信，自己只要负责努力，命运自有安排。这样的人在工作中，领导安排什么就去做什么，很少会主动为自己争取什么。找到什么样的工作就先干着，什么职业无所谓，能做得来就可以。久而久之，他们没有明确的职业发展方向，也没能打造出自己的一技之长，成长缓慢，甚至出现退步。

3. **从不复盘，增长缓慢。**

工作的本身不仅仅是为了换取工作成果和报酬，同时也是在为未来储蓄智慧资本。及时复盘和思考，才能在忙碌中获取更高的价值。任何事，无论成功或失败，都可以通过复盘从中获取智慧。而从不复盘的人，会让工作的价值大打折扣，久而久之，也会与人产生巨大差距。

任何一个时代，奋斗永远都是有价值的。但我们不该聚焦努力本身，而是应该以高效成长为目标，去撬动更大的职场价值。可参考如下方法。

1. **锁定目标，长期投入。**

当你习惯于把80%的精力用在解决核心问题上，你能解决问题的效率会更高，产生的价值也就更大，得到的回馈也会更丰厚，久而久之，这些积累会产生复利效应，你的成长效率也就越来越高。

而反观当今社会，很多人之所以无法实现高效成长，正是因为过于焦虑，急于求成，怕被别人落下，所以很想在短时间内实现逆袭。

尤其是在现实生活中，很多一步登天的故事被无限夸张放大，让很多人觉得那是自己也能触手可及的人生，但事实上那只能给人们带来短暂的幻想和幻想破灭后无尽的失落以及难以排解的负面情绪。而且这样一个盲目试错的过程，还会消耗最昂贵的时间和精力成本。

身在职场踏实奋斗是根本，不能总是妄图走捷径，抱有这样的心态很容易成为别人的猎物，输得更惨。你最需要做的是锁定目标，长期投入。举个最简单的例子，如果你希望在未来两年内月收入过万元，那么就要锁定这个目标，并将其分解。你要弄清楚，如果希望在某份工作中获得过万元的月收入，需要具备哪些能力，然后再回过头来盘点自己，以自己目前的能力有多少可以匹配，有哪些不足，并在有限的时间内制订计划，去提升自己的能力，不断地匹配这个标准，缩小差距。

除此之外，你还可以深入考虑自己在哪些方面具有特长或者是可塑性，并以此为依托发展一份副业，来辅助自己达成这个目标。

在明确目标之后，你需要长期持续地投入，一步步按计划执行，经过精心的培育，才能取得你所渴望的成绩。

2. **提高单位时间价值。**

在成本一定的情况下，单位时间内产出的价值越高，效率就越高。

那么要提高职场中的成长效率，则需要充分地使用时间和精力。

在职场中，有计划地做事可以使我们的工作更有节奏，实现单位时间内的最大产值。

职场中常常会有这样一种人，他们对所有的事情都了然于心，随手抓起工作，便投入其中，这会消耗更多的时间和精力。加班到深夜，忙到没时间吃饭，却反而证明了自己的无能。这很可悲，也很现实。凡事都有轻重缓急，有计划、有节奏地安排工作，可以让工作效率更高，促使自己获得更快的成长。

3. **运用思考的力量。**

很多时候，完成工作的方法其实都不止一种。可多数人往往会条件反射地选择自己熟悉的、简单的方法，而后不假思索地投入工作。

正确的做法是，任何事情在开始之前，都需要认真整理思路。一个用心的思考，也许会让你事半功倍。而当每一件事都能以最优方案解决时，你所收获的，不仅仅是高质量的工作成果，还有活跃的思维，以及出色的解决问题的能力，这些都是高质量的成长，并且会在未来推动你获得更大的价值。

总而言之，这是一个讲求价值和效率的时代。在职场，高效率代表着你能够以最少的成本，创造最大的价值。

这里的成本，包括你的时间、精力，以及你所调用的资源。这里的价值，指的是工作的成果、获取的经验以及你为公司带来的效益。重视效率的人，思路清晰，会用心地筹划自己消耗的成本，获取最大的价值。而整日“瞎忙”的人，更重视自己的付出，很容易沉浸在自我陶醉中，用所谓的付出自我麻痹，平衡人生的失意。

HANDBOOK OF PERSONAL STRATEGIC GROWTH

第六章

如何稳步晋升，实现职场进阶

真正的高手都懂得运用“头部效应”

一般而言，在一个领域中，第一名往往会获得更多的关注，拥有更多的资源。这种现象也被人们称为“头部效应”。

例如大多数人都知道世界第一高峰是珠穆朗玛峰，但却少有人知道第二高峰是哪一座。

人们都知道阿姆斯特朗是第一个登上月球的人，但很少有人记得第二个人是谁。

在竞技场上，冠军会收获大部分的关注与喝彩。

又或者在某个团队中，每当有重要的文案任务时，领导者通常都会把机会分发给文笔最好、创作能力最强的那个人。

为什么“头部”总是更容易获得高质量的资源？其中原因主要有以下两点。

1. “头部”的收益更高。

作为某个领域的“头部”，其往往拥有更高的溢价空间。这也是为什么大品牌价格高，还是有无数的消费者趋之若鹜。同样在职场中，对于企业而言，花 10 倍的工资雇用一个有资源、有能力的职场“大咖”，要远比雇用 10 个普通员工能够给公司带来更高的价值。

2. “头部”的增速更高。

一旦你在某个系统里成为“头部”，就很容易进入一个正向的成长循环。因为“头部”优势会吸引更多的资源和机会，在这些机会和资源的价值下，“头部”优势会不断扩大，释放出更高的价值。其增长速度是“尾部”无法比拟的。

在职场中，一些优秀的“头部”员工，往往更受领导器重，能获得更多的机会和资源。他们升职加薪的速度更是普通员工无法比拟的。所以在社会中，我们经常会看到这样一种现象，当初同时走出大学校园的同学，都是懵懵懂懂在职场摸索，但是10年之后的发展却天差地别。

有的人多年打拼才熬到管理岗，薪酬增长缓慢，在职场底层艰难攀爬。有的人辗转几家大厂，年薪几十万元，几百万元，或者早已创业。

总而言之，“头部”的高收益和高加速这两种特征，会不断强化并迸发出巨大的能量。建议职场人通过以下方法使用“头部”效应。

1. 从最近的“头部”做起，即使再小的“头部”也会有优势。

所有的“头部”都是逐渐成长起来的，在成为“头部”之前，很多人的力量是薄弱的。很多人在做基层小职员的时候，甚至不知道自己的方向和优势是什么。

一般面对这种情况，我都会建议从最近的“头部”做起。因为即使再小的“头部”，也会有优势，获得优势之后，就会吸引资源，进入下一阶段的竞争，拓宽“头部”的影响范围。在这个过程中，你的经历、能力和阅历不断增加，会不断地发现自己的优势，也会有足够的资源，甚至使自己成为目标领域的“头部”。

例如，离你最近的“头部”，就是团队中的佼佼者。那么，你可以先从某一方面入手，比如说成为团队中最擅长做市场分析的人。而某一方面的能力，自然会吸引相关的机会，借助这些机会和资源，你可以逐渐打磨其他关键的“头部”技能，并逐渐成为整个团队中综合能力最强的人，也就是绝对“头部”。

2. 找到高价值的“头部”赛道，这是职业生涯的开始。

“头部”的赛道上都具备高价值和高优势的特征。由此可见，选择赛道也是成为“头部”的关键点。

放眼整个社会，选择高价值的“头部”行业，要远比处于“尾部”行业发展得更好、更快；在一家公司，核心部门与非核心部门所能获得的薪资收入以及发展是截然不同的。

在每个人的职业成长过程中，选择是否真的大于努力，不可妄下定论，但选择某种程度上一定会起到重要作用。所以，在你做职业规划、选择行业、锁定职业目标、选择公司的时候，在可选范围内，尽可能选择“头部”赛道。

3. 思考差异化优势，在高价值领域找到细分市场。

在面对一些高价值的领域或者是高价值的机会时，真正的高手往往会花费大量的时间去观察、研究和分析。他们不仅会分析这个领域的高价值运作规律是什么，是否真的具备高价值，以及这种高价值能够持续多久，同时，他们也会审视自己是否在这个领域中具备成为“头部”的优势。如果自己的综合能力无法胜任“头部”，那么他们便会从一个细分领域入手，用差异化竞争策略，让自己成为细分领域的“头部”。

这种例子屡见不鲜，例如，这两年短视频的风暴席卷而来，市场红利吸引着越来越多的人。有的人眼见着他人赚得盆满钵满，一股脑儿地扎进去，大把地投入，一次又一次地尝试，最后没有溅起水花，不了了之。有的人仔细观察，做分析，做市场调研，找定位，找竞争优势做内容，在小小的板块儿也能慢慢做出不错的成绩。

可以说，差异化竞争已经成为这个时代不可或缺的利器。所以渴望成为“头部”之前，尽可能地找好自己的差异化优势。

4. 从价值出发，不要因为容易去做一件事。

很多人做事都喜欢从最容易的入手，觉得很快就可以轻松完成。或者是在可选择的情况下，选择自己相对得心应手的内容。这种做事的逻辑，是完全从自己出发，以求简单和容易，但本质上是一种惰性。在这种思维的指导之下，职场人的工作状态会变得很轻松、很顺利，而这背后却隐藏着巨大的危机。因为想要成为“头部”，就需要持续地创造并累积高价值。

高价值往往并不容易获得，那些挑肥拣瘦，倾向做简单和容易工作的人很难积累高价值。随着时间的推移，他们的竞争价值会越来越低，并慢慢滑向“尾部”。

某公司高管胡总在向我分享他的职场经历的时候提到，他一直都是一个价值导向和结果导向的人。最开始他做基层员工的时候，当领导提出一些棘手的难题时，很多人都避之不及，但他却很愿意去做，他觉得那是挑战，并不是负累。每当征服一个挑战，都会让他很有成就感。当时，有些人说他

“初生牛犊不怕虎”，很有胆量，有的人觉得他很傻，拿着微薄的工资，去干这么有难度的活儿。但胡总一直很坚定，他处理问题的能力越来越强，效率高，自然受到领导的重用。逐渐从部门“头部”，变成了团队“头部”、公司“头部”，又不断地成为新职场的“头部”。如今，他所取得的成就，已经是当初那些嘲笑他的同事们所望尘莫及的了。

因此，建议职场人在做任何工作或做任何选择时，都要锁定自己的职业发展，聚焦最终价值，为自己完成价值积累，逐渐游向“头部”。

持续学习，将知识资源转化为职场资本

提到职场学习力，很多人会习惯性地认为是学习职场技能，吸收某个专业领域的知识等等，但事实上这是一种很深的误解。

职场中就会出现这样一种现象。有一些人明明很努力地学习专业知识，学习职场技能，但发展还是普普通通。这个时候，人们往往会把其中的原因归结于运气或者遇到了其他阻碍，产生各种各样的怨言。但事实上，职场的发展并不是上学时写一张问卷那么简单。你所学习到的知识，没能在职场中得到高效的应用，本质上你只是完成了知识的存储，并没有将这些知识转化为价值。

人人都知道“知识就是力量”，但并不是所有人都知道知识是如何转化为力量的，这也是很多职场人陷入迷茫和困惑的原因。

那么在职场中，究竟如何通过持续学习，将知识资源转化为自己的职场资本？

1. 获取高质量的知识源头。

在当下这个信息大爆炸的时代，只要你打开手机或电脑，五花八门的信息就如同潮水一般从四面八方涌入你的世界，并带走你的时间。

你怎样选择信息，选择吸收什么信息，决定了你获取知识的质量。因此，在获取知识的时候，一定要明确目标，对信息进行筛选。这个目标主要应当选定在自己的职业领域，越精准越好。例如，你的职业是商业文案，并

打算以此作为职业方向。所以，你在获取知识的过程中，应当以商业文案为主要目标，并循序渐进扩大范围。如果你从事管理工作，就要尽可能多地吸收管理相关的知识。

对于信息的获取和筛选，我主推以下 3 种方式。

（1）阅读专业的书籍，学习专业的课程。

虽然当下是一个自媒体蓬勃发展的碎片化阅读时代，但碎片化阅读很难建立系统化的知识体系。因此，如果职场人希望学习某个领域的知识，一定要阅读专业的书籍，或是学习专业的课程，比如到薪职网上搜索系统的课程学习，你的能力可以得到很快的提升，因为书籍和课程等都具有完整的逻辑框架，而碎片化的阅读，更适合作为知识的补充。

在当下时代，书籍和课程某种意义上也是种类繁多，良莠不齐。职场人在选择的时候，应当从内容的影响力，作者或者讲解人的影响力以及出版方等多个角度去评判、考量其质量，锁定高价值的知识源头。

（2）吸收优秀案例和失败案例的经验，学习底层逻辑。

在职场中，吸收优秀案例的经验，学习背后的底层逻辑，同样可以让我们获得高价值知识。这些案例可以是本公司的，也可以是行业内的案例。我们要学习的不仅是它的亮点，更要细致地分析它的动机、方法、运作模式等等。例如，当年小米的营销红极一时，玩转了饥饿营销，成就了一时的销售传奇。但仔细分析你会发现，其实小米当时做得好，并不仅仅是饥饿营销带来的，他们对用户的定位分析，对用户参与感和体验感的把控，对产品细节的打磨，等等，都是下足了功夫的，这些都值得思考和学习。

除了优秀案例，失败案例同样也可以带给我们高价值的知识，帮助我们总结错误经验，躲避雷区，减少试错成本。

（3）关注领头的专业网站和业界“大牛”。

读书并不限于任何场景，在碎片时间进行碎片化阅读，这是互联网的优势。我们可以通过关注领头的专业网站，或者是业内“大牛”，对本身的知识体系进行补充。一般而言，他们时刻关注着行业的变化，并对行业有一定程度的理解。但值得注意的是，在阅读的过程中，一定要有自己的思考，才能将知识真正吸收。

2. 对知识进行梳理、归类，编入自己的“程序”。

所谓知识的存储，就是要把合适的正确的信息放到正确的位置，以便于我们在需要的时候能够查找对应的知识点。

记住，获取知识是单纯地完成存储，只有对其进行梳理归类，通过思考编入自己的知识体系，才能够使知识得到有效的使用并实现价值。

知识能解决问题，最终才会产生价值。那么在知识的梳理归类过程中，我们就要明确获取到的这些知识能够解决哪些问题。

例如，我们在阅读某篇文章之后，觉得写得很好。那么在阅读之后，就要分析这篇文章究竟好在哪里，是开头写得精彩，是文章逻辑布局严密，还是文笔好。那么在自己创作此类文章的时候，可以进行借鉴，使自己的文章写得更加精彩。这个过程其实就是通过思考和梳理，确定知识的应用方向，明确这些知识在未来的哪一个部分会对自己起到作用。

除此之外，分享知识也是一种高效储存的方法。当我们在吸收某些知识，并对这些知识进行二次传播时会习惯性地将知识编入自己的逻辑中，甚至按自己的观点进行传播。这不仅会加深我们对知识的记忆，更能促进我们对知识的理解和储存，在未来需要之时，就能够自由高效地调用这些知识。

3. 强迫输出让知识完成迭代和跃迁。

输出是知识转化价值的关键点。每个人在做事的过程中，都会习惯性地以过往的经验为指导去执行。正是因为这种惯性，导致很多人即使储存了很多知识，也没能真正实现它的价值。

因此，我们要养成一种强迫输出的习惯。在去执行某项工作的过程中，除了自己习惯的方式方法之外，要充分利用自己学习的知识或者是方法为自己制定第 2 种方案，并对两种方法进行对比，选择更优质的方案。在这个不断验证的过程中，将旧的、无效的知识淘汰，不断打造自己的高效工作模式。

例如，有猎头挖你跳槽到另一家公司，可能按照以往的思维决策方式，你会看一看哪个公司的福利待遇更好，工作强度如何，从而作出决定。但同时，你也可以根据 SWOT 分析法，分析两种选择的优势和劣势，并做出最终的判断。在方法论的指导下，你能够对自己的选择有更加全面、深刻的了解，在此基础上做出的决定也更具有科学性。

其实每个人就像是一个“工厂”，采购知识，进行加工，并输出价值，实现效益。那么，在竞争激烈的环境中，要从源头做起，做好知识的输入、加工、转化、包装、输出，才能让自己的“工厂”输出高价值的“产品”，去获取更高的效益，实现职场的高效发展。

善于用事实和数据来打造自我价值背书

竞争时代，强者为王，高价值的人总是会获得更多的资源和机会。那么在当下社会中，什么样的人才算是具有高价值的人？又如何打造这种高价值？

其实，这一切都离不开价值背书。一个具有强价值背书的人，在职场上往往更具备竞争力。例如，一个有过大厂经验，做过大项目，获得过行业奖项的产品经理，要远比一个只有工作经验，没有显著成绩和背书的产品经理更具竞争力，也更容易拿到高薪。

价值背书一般包括以下几个方面：

1. 职业经历背书。

高价值的职业经历背书一般包括以下几个特征：职业垂直度高，跳槽率低，大厂工作经验较丰富。

职业垂直度：指的是一个人长期在某个行业的某个岗位上深耕，并随着经验的增长，他的能力、判断力、影响力以及职位不断提升。在某种程度上，职业垂直度直接关系到一个人的专业度。一个做过销售，做过行政，又做过策划的人，很难让人相信他未来短期内会在策划这个岗位上为公司带来较高的价值。

跳槽率：每个人在职业发展的摸索过程中，都会有一些跳槽择业的经历。但如果一个人频繁跳槽，足以证明他自身也存在一些问题，对企业的忠诚度不高。

工作经验：一般而言，拥有至少三年以上大企业工作经验的人，往往更受企业青睐。普遍来讲，在大企业工作，眼界更宽阔，也侧面印证了一个人的能力和资源，等等。

2. 项目和成绩背书。

一个人在某些方面能力强、专业度高，最直接有力的证明就是他做过的项目和获得的成绩。也正因此，我在给职场人做职业咨询的时候，都会建议他们去做一些重要项目，最好是全程主导或者是全程参与。即使这类工作难度很高，甚至在一段时间里需要你加班加点，付出更多的辛苦，也并没有在薪酬上获得明显的提升。但这些项目取得的成绩，也会成为你职业生涯中光辉的一笔，在某种程度上证明你的价值。

现在有不少年轻人进了新公司就能拿到高工资，让人艳羡不已。而当你了解他们曾经做出的成绩，则会不由得竖起大拇指。

每个职场人都应当清楚，价值不是自封的。如果你希望自己在未来可以获得更多的资源，更好地发展，那么就要从你手中的项目入手，担起更大的责任，做出更好的成绩。

3. 服务客户背书。

之前我在与一家广告公司谈合作时，对方介绍了他们公司的一些主营业务，还为我展示了他们曾经服务的大客户。那些客户都是知名品牌，通过这一环节的展示，增加了他们公司的信服力。

这是一种常见的企业展示自身能力的方法，同样也可以被运用到职场中。

在职场中，要善用客户资源。即使你换了一个平台，无法调用这些资源，但是这些优质客户同样可以帮助你完成自我价值背书，展示出你的职业能力，证明你有服务优质客户的能力，可以承担起重要的责任。

4. 职业技能背书。

专业技能强，职业技能涉猎广的人更容易受到企业青睐。

职业技能不仅体现在成果上，同样也会体现在效率上。

用 30 分钟能够做好一个表单的人，要远比用一个小时做完表单的人更具有高价值。

一个用半天就能完成数据分析的人，要远比用一天时间做完数据分析的人更具有高价值。

为了打磨自己的职业技能，打磨自己的专业能力，建议职场人建立一个职业素材库，在工作和生活中遇到一些与自己职业相关的知识、技巧，或者是一些灵感，要将它们随时记录下来，丰富自己的专业知识库，以便在未来工作所需时可以随时调用。

除此之外，一些职业等级证明、资格证明，也同样可以帮助一个人获得高价值认可。

虽然学历并不等于能力，但是在现实的职场中，一个具有高学历和多项职业资格认证的人，更容易获得资源和一些尝试的机会。因为在未能验证能力的情况下，人们会更倾向于把机会和资源留给那些更具潜力的人。而具有学历和资格认证的人，在对比之中往往会被认为更具潜力，并被赋予较高的期望。

5. 荣誉背书。

荣誉本身就是一种价值的认可，因而在职场中，我们同样不能忽视荣誉的背书。几年前有一位设计人员来找我做职业咨询。当初，他只是一个普通的基层员工，一个月拿几千元的工资，但现在他已经在业内小有名气。他的设计都是 5 万元起步，客户依然络绎不绝。而他之所以能在 4 年间快速打响名气，除了设计能力强之外，更因为他获过奖，在这些大大小小的荣誉加持之下，客户们也更加信赖他。

所以建议职场人有意识地为自己建立荣誉背书，扩大自己的价值信服力。

6. 影响力背书。

所谓影响力背书，也就是你能够在某个领域影响到多少人，产生怎样的影响，或者是能够调动多少资源。

某化妆品公司的一位 HR 用高薪招聘了一个只有三年从业经验的人，因为这位应聘者本身就是一位美妆博主，有将近 80 万的粉丝，同时还有相关的人脉，能够帮助公司拿到性价比更高的推广资源，这其实就是影响力的作用。

每一个渴望发展的职场人都应该有意识地去打造自己的个人品牌，利用影响力背书，来帮助自己获得更多优质的资源和机会。

但在社会中，还有另外一种利用人脉给自己做背书的人。我经常参加一些论坛和会议，在这个过程中会结识一些人。有些人在做自我介绍的过程中，常常会提及他认识某位行业“大牛”，曾和哪个厉害的人物一起共进晚餐，或者是曾和哪个知名人物合过影。但认识或者有过接触，并不意味着对方会成为你的人脉和资源，这样一种背书方式反而会适得其反，拉低印象分。又或者，别人在认可了你的人脉背书之后，委托你调用资源的时候，只能带来尴尬。

填写下表，分析你的职业背书。

职业经历背书	你是否长期在某个领域里深耕？你的职业是什么？你是否有三年以上的大企业工作经验？	
项目和成绩背书	你做过最大的项目是什么？最好的成绩是什么？	
服务客户背书	列出你服务过的三个最具影响力的客户。	
职业技能背书	你的工作效率、工作能力在团队中处于怎样的水平？你是否获得过职业资格证书？	
荣誉背书	你是否取得过行业相关荣誉？	
影响力背书	除近距离社交圈外，你是否拥有一定数量的支持者和粉丝？你是否拥有具备一定影响力的个人品牌？	

在日常工作中发现职场晋升机会

在我的职业咨询生涯中，与咨询者沟通一些关于职场晋升的问题时，总会时不时地听到一些抱怨。尤其是考虑跳槽时，很多人都会提到这份工作没有晋升空间，一直没能得到领导重用，等等。又或者会提到领导不公平，对自己有意见，把机会留给了远不如自己的人。

为什么别人可以平步青云，你却总是升职困难？其实很多人根本不懂把握升职机会，或者是对职场晋升有着一些致命性的误解。

一位职场人关先生曾来找我做职业咨询，他一直都认为只要自己足够努力，就会升职加薪，稳步成长。但随着时间推移，他越来越失望。刚进公司一两年的人都得到了领导的提拔，而他勤勤恳恳在公司干了 5 年半，却还是基层员工。

可职场的晋升机会不是等来的，也不是说只有职位出现空缺的时候才有机会上位的，而是需要职场人自己去争取。抱着守株待兔的心态，换来的结果很可能就是像关先生一样，职场晋升缓慢，甚至阻碍个人发展。

那么究竟如何在日常的职场中去发现职场晋升机会，得到领导的赏识和提拔呢？建议职场人关注以下几个方面。

1. 做好本分之外，比领导多想一步。

人在职场，做好本职工作是本分，如果想要得到领导的青睐，就要学会在工作中比领导多想一步，把工作做得周到，超出领导的预期。

许总仅用了 5 年时间，就从基层做到了中层管理。工资也从月薪 6000 元，一步步涨到年薪 30 万元。这样的成长速度在职场中是处于中上游的。他的优秀在公司里有目共睹，但优秀并不是一天练成的。他之所以给自己的领导以及身边的同事留下了优秀能干的印象标签，很大程度上在于他做每一项工作的时候，总是能比领导的要求做得更好，更周到。

每当领导给他分配工作任务的时候，他都会换位思考，如果自己是领导，会希望员工怎样做。除了领导交代的、期待的，还有哪些是领导没有想到但可以做得更好的。所有他最终给出的工作成果都会让领导有出乎意料的惊喜，觉得他细心、有干劲儿、有能力。所以，只有把每项简单的工作做到优秀，做到极致，领导才会信任你，愿意将更重要的工作交给你，愿意把你提拔到更重要的位置上。

2. 主动向领导要活干，更容易获得机遇的青睐。

在职场中，有时候会出现一些工作不饱和的情况。有的人会“摸鱼”，休息放松，把这当作私人时间。但这种时候，如果能够主动找到领导找活干，不仅会赢得领导的青睐，也更容易获得机会。

刘总带过一些新人，一个叫小余的员工给他留下了深刻的印象。不光是因为他工作的时候积极努力，而且还因为他一有空闲时间就询问刘总是否有其他需要做的工作或者可以帮忙的地方。有的人说小余傻，工资那么低还自己找事儿干，也有人说他爱表现，喜欢巴结领导。但刘总非常欣赏小余，除了会给他一些工作之外，还会给他很多提点，因此，小余很快摸清了公司的业务，成长也很快。现如今，小余已经得到了提拔，成为刘总的得力干将。

其实，很多晋升机会隐藏在职场之中，需要我们主动去挖掘，而那些会主动向领导要活干的人，更容易接触职场的晋升机会。

3. 团队缺人时主动顶上。

在职场很可能会出现这样一种情况，某项任务很紧急，但是人手却不够。某个工作，因为一些客观原因缺了人手，后续的工作无法开展。那么这种时候，其实也隐藏着晋升的机会。如果在这种关键时刻，你能够承担起重任，顶上工作或者是人手的空缺，也很容易得到重用。

某化妆品公司员工小 A 因病住院，因为事发突然，很多工作卡在那里，而当时整个团队都处于一种非常忙碌的状态。拿一份钱，干两份工作，不知要持续多长时间，因此没人站出来。人事招聘又没法临时找到合适的人。这个时候小 S 站出来，主动分担了小 A 的工作。当时不少人觉得她太傻了，因为别人都避之不及，先给领导打了预防针，表示自己最近有多忙，无法抽身。但小 S 兼顾了小 A 的工作，大概做了一个月左右，帮公司度过了一个人手紧缺的时期。年底的时候，领导给小 S 额外发了一份丰厚的奖金，并将他提拔为项目主管。

4. **支持你的领导，不回避难题。**

每个人在职场中都可能会碰到一些棘手的难题，在这种时候，有一些人会用四两拨千斤的方法回避难题。也有些人直接缴械投降，把难题丢给领导，让领导寻求解决办法。而这种做法其实完全就是把自己当成了一个工具人，也自然不会有领导愿意提拔这类人。

其实行走职场有时就像游戏，解决难题通关之后，往往会获得更高的奖励，这种奖励包含了能力的提升，也包含了晋升的机会。

因此，在职场中，无论是遇到了难沟通的客户，难做的项目，还是其他棘手的工作，都要迎难而上。即使是领导碰上了难题，也要主动帮忙解决。

其实职场能力最有力的证明，就是解决问题的能力。一个不回避难题的人，具备足够的责任感，如果还能解决难题，那么证明其拥有足够的能力。能力与责任心兼备的人，正是领导们愿意提拔的对象。

5. **除了工作能力，更要懂得展示管理者潜质。**

作为领导，在提拔下属的时候不一定会选择用起来顺手的下属。因为一个好的职员未必是好的领导。一个好的职员，或许能够将领导安排给他的任务完成得十分到位，但这并不意味着将其提拔到管理层后，他仍然能做好分内的工作。

因此，想要得到领导的提拔，不仅要工作能力过硬，更要向领导展示出你管理者的潜质。

通常，作为领导，最希望提拔的下属就是能放心将自己的任务交给其处理的人。

成为领导的精兵良将

领导（直接领导）把握着职场晋升资源，所以，想要快速晋升，一定要先成为领导的精兵良将，得到领导的重用，才能获得更多的晋升机会。那么究竟要如何才能成为领导的精兵良将呢？

1. **锻炼自主思维。**

这里的自主思维，指的是在处理一些问题时，能够主动找出应对方案，而不是盲目依赖领导的安排。

某家广告公司领导因事在国外出差，需要三周才能回来。原本在这种时期，公司只会做一些日常的单子。但这次很不巧，公司来了一个新的大客户。当时公司内的几个工作组都不敢接这个客户的项目，毕竟没有领导定乾坤，很多具体事情他们不敢擅自做决定。远程连线时，领导也表示等他回国后再来谈，希望大家先稳住客户。

而这时有一个主管向领导表示，自己愿意代替领导跟这个客户谈，谈到关键问题时再向领导请示。这个主管处理问题的方式一直很谨慎，领导思虑再三后，决定可以让他先试试，就算谈不成，也可以拖住这个客户的脚步等到他回国。

没想到，这位主管与客户谈得非常好，并且，这个主管将时间掌握得刚刚好，在领导回到公司时，刚好可以跟客户签下合同。

自然，该主管彻底得到了领导的赏识，不久后就被提升为经理。

这名主管之所以能够在关键时刻揽起公司的任务，关键就在于他能够主动去思考和学习工作内容与工作方式。也正因为他能站在全局的角度上去分析问题，并找到问题的解决方式，才使得他能够更快获得领导的青睐。

2. **弥补领导的能力短板。**

人无完人，你的领导也不例外。因而在职场中，发现领导的能力短板，并下足功夫去弥补，很容易让你在职场中脱颖而出，受到领导的器重。

职场人付先生刚到新公司的时候，他感到压力非常大，也很迷茫，因为团队中的人都很优秀。他知道在这个团队中，如果想要获得更好的发展，单单靠努力是不够的。后来他经过一段时间的接触和了解，发现领导一直想开发针对年轻人市场的产品，但是对年轻人的市场了解不足，而且整个团队中在这方面也没有佼佼者。于是付先生在此方面下足了功夫，协助领导开发年轻人市场，并取得了一定的成绩，也渐渐得到了领导的器重。后来领导更是让他独立带项目，他的收入水涨船高，他也因此进入了职场晋升的快车道。

3. 愿意主动学习。

虽然很多人认为主动学习是一种自律的表现，但我更倾向主动学习是一种能力，或是一种天赋。

举一个最简单的例子，是某公司在旅游团建时发生的故事。当时该公司去一个山庄进行团建，同在该山庄的还有另一家公司的一个部门。原本两家公司只是各玩各的，但不知何时开始，该公司的一名小助理却混入了另外那家公司，并与其中的一些人相谈甚欢。

当时，大家并没觉得有什么，直到一段时间后，公司遇到了一些问题，领导正愁眉不展时，小助理却帮忙提出了一个有效的解决方案。领导问小助理如何想到的这个方案，他说在上次团建时，跟另一家公司的人员交流时学到的。领导更好奇，问起为什么那家公司的人会告诉他这么机密的东西，小助理则说，对方当然不会直接告诉他，但他通过聊起对方工作上的一些细节时，分析出了这个过程。

这让领导对他刮目相看，并不是因为他给出了解决方案，而是领导发现他具备强大的学习能力，甚至可以通过收集信息来总结规律。自然，他被领导列为了重点培养对象。

当然，并不是每个人都能做到天生会学习，但是，如果一个人能通过后天的努力，愿意积极主动地去学习和吸收新的知识，尤其是会围绕工作的内容去吸取新知识，那么这样的人同样是尤为可贵的，也很容易受到领导的器重。

4. 责任心至关重要。

其实责任心是应该放在第一条来说的。很简单，因为如果缺乏责任心，那么一切能力都是无用的。就好比数字，责任心是数字前面的那个 1，其他能力则是 1 后面的 0。有了 1，0 越多价值越大；没有 1，多少 0 都只能是 0。

在责任心的问题上，有些公司对职员并不会做过多要求，因为职员是工作链上最末梢的环节，只要按时完成工作，便没必要去过于要求他们。但领导层不一样，如果一个领导不能对公司负起责任，那结果将是致命的。

因此，领导考虑是否重用一个人的时候，责任心的考量则是必备的环节。而责任心主要体现在该下属在工作时是一直跟到工作项目结束，还是仅仅交完自己的部分就不管不问，以及出现问题时，是能够主动去承担、弥补，还是做甩手掌柜，等等。

5. 能与领导双向链接。

作为领导，最喜欢，同时也最愿意列为心腹的下属，就是那些能与领导双向链接的下属。

比如，当领导交给该下属一项任务后，下属在完成任务时不仅仅是完成一项上面的交代，他还能跟领导同样清楚这项任务的完成程度会给公司带来怎样的反馈。当他向领导交出任务结果时，同时也会附上自己的理解以及希望接下来公司会怎样做。

从员工的角度来看，这样的表现似乎是多余的，但从领导的角度来看，该下属是与自己站在了同样的立场上去思考问题，这不但会减轻领导的负担，同时也能让领导拥有一个新的看问题的维度。

能拥有这样的下属，对于任何领导来说都是难能可贵的。

6. 对自身有清晰的认知。

职场上最怕的就是对自身的认知不足。这体现在两个方面，一种是过于高看自身的能力，另一种是对自身的能力不自信，妄自菲薄。前者容易盲目揽下自己没有能力完成的项目，而后者则时常在关键时刻退缩，难以被重用。

同时，如果一个人对自己能做到清楚认识，那么在分析公司的一些问题时，必然也能做到足够客观和冷静。

职场晋升的避雷指南

在职场，有很多人摸爬滚打多年却还是处于中基层，这其中也许各有原因，但同样也存在一些共性问题，比如在职场晋升的过程中触碰雷区。

1. 越级汇报，为自己寻求更大的靠山。

在职场中，领导者掌握着职场晋升资源，员工一旦得到领导的重视，升职加薪也是指日可待。可有一些人为了获得领导的重视，选择越级汇报，殊不知却是犯了职场大忌。

某日化公司员工小云，某次因为直属领导不在，被大领导指派去完成某项紧急的任务。小云完成得很好，受到了大领导的夸奖。从那以后，小云有机会就去找大领导沟通汇报工作，因为他觉得得到了大领导的认可，年底的竞聘机会肯定会更大。

但是渐渐地小云发现，他的直属领导不再分配给他重要的工作，甚至有时候开会都不叫他，他逐渐被边缘化。而在这种情况下，也就注定了晋升与他无缘。

越级汇报本身就是对自己的直属上级不尊重，更是破坏了职场规则，这种做法不仅会让你失去晋升机会，甚至有可能让你失去自己的工作，得不偿失。

2. **自作主张，爱出风头。**

为了获得晋升机会，很多人都希望尽可能地在领导面前表现自己的能力，以此来获得赏识和重用。展示自己，让领导发现自己的能力，这本身无可厚非。但在职场中常常有一些人没能把握好尺度，自作主张，出风头。

某营销公司的许总带过一个员工，能力不错，许总也有意提拔他。有一次许总带他去给客户提案，这位员工在原本确定的方案上做了修改，增加了一些他所认为的“亮点”，美其名曰让客户惊艳，那是他前一天熬夜加班策划出来的。在提案会议上，许总看到这个“亮点”心中一惊，着实捏了一把冷汗。还好最后双方达成了合作，但其实与这位员工所修改的“亮点”并无关系。从那以后，许总不再将重要任务交给他，也再没有带他去给客户做过提案。

这位员工起初觉得自己委屈，后来和许总谈过之后才意识到自己的问题。

无论这位员工多么才华横溢，对于许总来说，他这种自作主张的行为无异于一颗定时炸弹，随时都有可能给企业带来不可估量的损失。

其实身在职场，有很多可以表现自己的机会，你可以努力做好每一个工作细节，可以把工作做出优秀的成果，你可以用各种方法表现自己的能力、创意、忠诚、潜力，但唯独不可擅作主张，用出风头的方式博取眼球。

3. 等待机会，等待被领导发现。

在职场中，会有这样一类人。他们工作努力，能力不俗，为人低调。他们信奉“酒香不怕巷子深”，渴望在职场中得到晋升，但不屑于各种争抢。他们始终在等待机会，等待领导的重用。但现实往往是残酷的，在他们等待的时候，别人可能正马不停蹄地去为争取机会而奔忙。

某公司设计总监田总刚进入职场的前几年，一直都很低调，一心想着要踏踏实实地把工作做好，打磨自己的能力。他相信只要一直坚持，自然会得到领导的赏识，升职加薪也都是水到渠成的事情。他工作了四五年之后，身边的朋友们都纷纷开始涨薪、晋升，而他当时在公司里还是一个“小透明”，没什么存在感。有好的工作机会，别人都蜂拥而上，但他却十分淡然，表现得与世无争。因为他没有抓住机会表现自己，领导自然也无从发现他的能力和潜力。田总在弄清了这个道理之后，才一改往日作风，开始主动和领导沟通项目以及他自己的想法。当他变得积极主动，很多资源和机会也自然被他吸引而来，也就成了今时今日的田总。

谦逊低调是做人的美德，但身在职场，我们应当遵守职场的规则。所以请不要以不争的心态去职场打拼，一味地等待机会。等待着被领导发现，你可能会错过一次又一次的晋升机会，甚至很容易在不知不觉中走下坡路。

其实除此之外还有一种更可怕的职场心态，就是有些职场人会对领导怀有一种畏惧心理，不敢甚至抗拒与领导接触。而这种做法，拉开了你与领导的距离，领导无法了解你，又何谈重用你、提拔你？

4. 阿谀奉承领导，不干实事儿。

在现代职场中，越来越多的人开始注重向上管理，重视与领导之间的协作关系，为自己的晋升和职业发展创造机会。

但值得注意的是，在向上管理的沟通中，并不意味着你要对领导阿谀奉承，哄领导开心。

很多职场技能和职场方法能够奏效的关键都在于人能够在工作中创造价

值。每一个能成为管理者的人都是聪明人，他们断然不会重用一个只会口头承诺，而不干实事儿的人。

5. 玻璃心，把重视当成刁难。

很多领导在提拔重用一位员工之前，经常会对其施压，让他承担更重要的工作，并对其严格要求。在这个过程中，职场人会出现不同的心理反应。有些人会叫苦不迭，认为是领导在刁难自己。

很多高管都有过这样的经历。在他们想要提拔一个人的时候，都会对其要求非常严格，批评也是常有的，有些人扛住了压力，成长很快，自然而然就得到了晋升，做到了很高的位置。而有的人在严格要求之下，不堪重压，态度明显变得消极，有的时候甚至敷衍工作，其实领导都看在心里，这样的人自然也不会被提拔。

身在职场的每个人都很忙，尤其是你的领导。没有一个领导会愿意浪费自己宝贵的时间去刁难一个员工，他们只会对自己寄予厚望的人严格要求。所以，当你的领导在给你很多重要的工作，对你严格要求，甚至批评你的时候，一定要摆正心态，积极去面对。这不仅仅是你锻炼自己、提升能力的好机会，同样也是引你走向晋升之路的好机会。

4个方法争取职场资源，实现快速提升

很多人总是在说，有能力在哪都一样，是金子总会发光，千里马终会遇到伯乐……甚至把这些观点应用于职场，希望单凭努力在职场上谋发展。

但事实上职场发展包含了诸多因素。巧妇难为无米之炊，没有机会，没有资源，能力再强的人也无法得以施展，更难做出成绩。

职场资源有限，优秀的人才越来越多，在“狼多肉少”的情况下，如果你一味地埋头苦干，很可能永远也等不来发光的机会。

小贺工作能力很强，在现在这家公司工作了5年时间，身边不少和他能力相当的人都升职加薪了，还有的人后来跳到了大企业，都发展得很好。

每一次看到身边的人发展起来，小贺都会铆足了劲儿工作，来平复自己

的失意，因为他觉得可能是自己还不够努力。可他还是在一次又一次的竞争中滑了下来。

为什么失败的总是自己？是自己运气差吗？难道真的是因为自己没有竞争优势吗？倒也不尽然。

在业务能力上小贺自然没有问题，工作态度上，也踏实努力。但是，他在职场技巧上却完全不及格。这个时代，人才层出不穷，一茬一茬的年轻人涌进职场，经验足的老员工也不少，小贺正是其中一个。在人才济济的公司里，工作能力是竞争最基本的入场券，通过公司的资源，才能更多地释放自己的能力，产生更大的价值。可小贺却不懂得如何争取职场资源，自然做不出成绩，也就没有竞争力。

其实，当下的职场中，有很多像小贺一样的人，他们不懂得如何竞争，甚至是不敢去竞争。要么是畏首畏尾觉得自己不行，要么是绝对地相信能力决定一切，苦等伯乐发掘自己的才能。

但是，在职场上，没有足够的资源支持，你的优秀也会大打折扣，又何谈职场发展？

我们经常会听到一些身边的案例。某某人因为得到了公司的某个机会或者是某位领导的青睐，一路高升，薪水翻番，做到了怎样的职位，听得让人眼红心痒。不明真相的人往往把这种机遇归结于运气好。但事实上，机会不是随机分配或者是你努力工作即可获得合理分配，有价值的机会都是拼来的、争取来的，这既需要实力也需要技巧。

所谓职场竞争力，不仅仅是单一的工作能力，还包括会审时度势地把握机会，争取到更优质的职场资源。

那么职场人要如何获得更多的职场资源？根据多年职业咨询经验，我建议职场人从以下几个方面去考虑。

1. **从领导的利益点思考问题，洞悉领导的决策心理。**

领导在做决策时，最关键的是要考虑公司的利益和发展。他的最终决策，一定是将资源交付给那个能够为公司回馈更高价值的人。

所以，向领导要资源，一定要明确领导在当前的项目中，最在乎的利益是什么？最想要达到什么样的结果，实现什么样的价值？在充分了解了领导的需求后，满足他的需求。供需契合度越高，你获得资源的可能性越大。

职场人孙先生正是因为明白了这一点，才快速地在公司站稳了脚跟，在高手如云的公司里，拿到了一个又一个好项目。

孙先生很懂得职场资源的分配本质是价值交换。领导不会拿着自己的资源，去满足个人的企图心。每次申请项目时，他都会通过深度沟通，把握领导的预期结果，再做计划和提案。

建议职场人把握领导的决策心理，满足领导的价值期待，万万不可以把企图心都写在脸上，没有一个领导会愿意拿资源成全一个利己主义者。

2. **带着思路和方法要资源。**

化妆品公司营销部门主管，曾经希望领导在第二季度增加一些营销预算来缓解销量下滑的情况。第一次申请时，他被领导果断拒绝。而另一个业务部门的申请，却获得了特批。

起初她觉得领导偏心，自己不如另一个部门的同事会奉承领导。后来，她才明白是因为自己当时的营销思路并不清晰，没有制订出足够有吸引力和执行力的营销计划，领导自然也没信心给资源支持。

任何时候向领导争取资源，不仅要让领导知道预期的结果和可以转化的价值，还要让领导清楚地知道如何使用资源，实现承诺。

虽然每个人都是在为公司做事，但是每一个领导在分配资源时，绝对不会希望自己的资源打水漂，所以他们并不会完全信赖员工的空头支票。只有让领导看到靠谱的解决问题的方法，或者实现目标的路径，他才会更放心地把资源交到你的手中。

3. **想到最坏的结果，并准备好对策。**

每一个领导在决定是否给予下属资源支持的时候，不光会考虑自己可能获得怎样的收益，同时也会预估风险。风险越高，领导在决策的时候也就会有更多的顾虑，甚至很有可能会拒绝。所以，很多人无法成功向领导要到资源，其实并不一定是方案不够好，而是因为没能打消领导的疑虑。

因此，建议职场人在打算向领导要资源的时候，不光要考虑到方案和思路以及回报价值，同时也要做好风险评估，考虑到最坏的结果，并给出相应的对策，最大限度地消除领导的顾虑。

4. **学会展示有价值的结果。**

当今时代，人才济济，千里马太多，伯乐的选择也就更多。想要进入最佳赛道，千里马也要会吆喝。所以，任何想要获得职场发展的人，都要学会打破自己的沉默、扭捏和害羞，学会展示自己。但错误的展示同样无法得到领导的信任和认可。就像职场人小蒙，她在初入职场时想学学职场技巧，尝试向领导展示自己，在得到了某些职场“前辈”的指点后，开始学会了在加班时发朋友圈，在汇报工作时夹带着自己的付出和辛苦。

可最终的结果是，她因为过度浮于表面的表现，使她从一个没有存在感的人，硬生生地变成了让领导厌恶的人。

没有一份工作是不辛苦的，没有一份努力是额外的。在领导眼中，他已经支付了你劳动报酬，你却想拿着工作的辛苦和努力博得领导的认可和青睐。对于领导而言，这更像是一种无赖的勒索。

领导们只会欣赏和信任可以产出高价值的人。所以，你需要向领导展示结果的价值，而不是你在工作中的辛苦和努力。领导自会在结果中评估你的能力和价值，并会将之作为未来是否将资源交付于你的依据。

在职场的竞争中，强者愈强。你越是敢拼搏敢争取，越能获得更多的资源和机会，变得更加强大和优秀，并进入高效的上升循环。

做到这 5 点，你离职场晋升不远了

你认为在职场什么样的人更容易晋升？

这个问题的答案在领导的眼中和员工的眼中是存在一定差异的。很多员工对此的观点，会有一些狭隘，或者是过于主观。有的人认为，与领导走得近更容易得到晋升机会；有的人认为，做出了成绩自然就会晋升；有的人认为，有足够的经验，做事稳妥，自然就升上去了……

那些掌握职场晋升资源的人，他们的答案更加客观，更能够为职场人指

引方向。一般职场人能够做到以下这 5 点，离晋升也就不远了。

1. **积极主动，做事高效，让领导省心。**

在调研中我发现，很多领导都喜欢那些积极主动的员工。这类员工的身上富有活力，乐于与人沟通，也更容易获得锻炼的机会，让人发现他们身上的能力。

某电商公司的吴总有一个得力的下属，是他从普通的实习生一手提拔起来的。当时公司同期一共招了 4 个实习生，一般实习生被分配的工作都是一些简单的初级任务。大概在他们进入公司实习一个月左右时，小严主动找到了吴总，表示自己经过一个月左右的学习，对产品策划有了一定的了解，希望吴总能分配一个公司在做的项目让他试试，就当给公司提供一个备选方案。

吴总带过不少新人，其中很多人都非常抗拒和领导交流，而小严却能主动提出想参与项目策划的想法，这让他很欣赏。最后小严做出来的方案，虽然经验不足，专业度不够，但是想法很新颖。也正是因此，吴总看到了他的潜力，并从那时开始有意栽培他。后来吴总决定晋升小严，因为他不光学习能力强，做事效率也很高，在公司做了一年半之后，他的工作效率已经远超有三四年经验的老员工。吴总也越来越喜欢把重要的工作交给小严去做，其实原因很简单，小言既有效率，又很省心。

职场很多事情的根本逻辑都是投资和产出的关系。领导之所以会给一个人很高的职位和薪资，绝不会是因为与谁关系近，而是希望他能够帮助自己解决更多的问题，承担更多的责任，让自己省心，创造更大的价值。

2. **思维活跃，学习力强，一点就通。**

一位从业 15 年的资深 HR 曾和我分享这样一个观点，他说很多职场人其实都具有不错的发展潜力，但他们却并不一定都会被领导提拔。这也正是让很多职场人不解的一种现象，明明大家能力差不多，为什么领导栽培提拔了自己的同事？是运气不如人吗？当然不是。

其实领导选择培养谁，提拔谁，本质上还是一个投资回报率的问题。所以有些人虽然有潜力，有能力，但是他们思维惰性强，进步缓慢。作为领导可能需要投入更多的时间、精力和资源，才能把他培养成一个可以担当重任的人。相比之下，那些思维活跃学习能力很强，一点就通的人，更容易受到领导的青睐。他们的成长速度更快，回报周期更短，在获得晋升之后，可以很快胜任。

3. **关键时刻能扛住事儿。**

很多公司都会遭遇一些危急时刻，例如某个重点项目出了差错，某个产品营销过程出现了严重失误，又或者是因为某件事而导致了品牌危机，等等。

危机时刻往往人心浮动，每一个事件相关人心里都有着自己的小算盘。有的人担心最后问责时，自己会不会受到牵连，该如何解释；有的人会为此感到烦躁，担心会不会要连续加班很久，周末的休闲计划又泡汤了；有的人担忧这个月的奖金，会不会没了踪影……

这边领导焦头烂额，那边团队成员各怀心思。冯总的公司在两年前就出现过一次品牌危机，当时他十分生气，并不是因为这次品牌危机可能给公司带来的损失，而是关键时刻他的团队竟然没有一个人敢站出来，于是他开会强调让大家回去思考对策。会议过后有个项目主管来找到他，提出了自己的方案和一些想法，并对此和冯总进行了一番深入沟通。在危机过后，他直接将这位主管提拔为了经理。

很多领导提拔人的一项重要标准就是要能扛住事儿。但在危机面前，很多人都变得格外谨慎，甚至抱着一种“不求有功，但求无过”的态度去应对。其实危机最能考验一个人的担当和责任，如果在危机面前，你在具备解决问题的能力的同时，又能挺身而出，自然会得到领导的赏识。

4. **高压之下仍能做出成绩。**

职位越高的人承担的压力也就更大，所以领导们在提拔一个人之前，要确定他是否能够承受住足够的压力，并且在高压之下仍旧可以做出成绩。因为有很多职场人平时在松弛的状态下，主观能动性很强，综合表现也很突出。可一旦被提拔起来之后，突然而至的压力会彻底打乱他们的节奏，甚至在很多事情上会表现得力不从心。有些抗压能力强的人，可能短期之内就适应了新角色，但也有一些人，状态一直紧绷，做不出成绩。这样的结果是领导最不想看到的。所以，为了减少这种晋升试错，很多领导在提拔一个人之前，都会对其施压，分配更重要的项目，更棘手的工作。如果职场人在这种情况下仍然能够做出不错的业绩，那么领导自然也会把他提拔到相应的位置上。

5. 踏实靠谱，人品好。

一个人的人品，也许不能带来直接的职场价值，但它决定着一个人的职场发展。

领导决定是否提拔一个人时，人品是最关键的一环。一个人无论能力多强，如果人品不过关，那么他也同样与晋升无缘。

如果领导不小心将一个有人品问题的人提拔起来，那无异于给企业埋了一颗定时炸弹。能力不强可能只是做不好工作，但人品不好，很容易搞坏整个团队的风气，给企业带来不可估量的损失。

内部竞聘一定要做好这 6 种准备

内部竞聘是很多企业选拔人才的方式，企业一般会将竞聘定在年中或者是年底。内部竞聘可以大大降低企业的招聘成本，同时又能提升团队的活力。正因为有了内部的良性竞争，团队才有源源不断的活力和动力。同时，内部竞聘也为人才提供了上升渠道，并且提高了团队人际关系和工作环境。

企业的内部竞聘，考核的是综合能力，职场人如果想要在内部竞聘中脱颖而出，一定要做好充足的准备。

1. 明确需求，对竞聘的岗位做充分的了解。

竞聘成功的基本前提是要明确需求，对你所要竞聘的岗位做充分的了解。这个需求要从两方面进行分析。

一方面，是岗位本身的需求，也就是能够胜任这个岗位的人需要具备什么样的能力，各方面的能力至少需要达到一个怎样的程度。

另一方面，企业对这个岗位的战略需求。企业提供的竞聘岗位并不都是常规岗位，有些岗位是企业为了满足下一阶段业务拓展需求而设置的。比如企业要开展某个新项目，就需要一位新的项目负责人。那么如果你想要竞聘这个岗位，就要对企业的战略做充分的了解，了解行业、了解企业的发展规划，等等。唯有如此才能掌握竞聘方向，掌握竞争的重点。

2. 获得上级支持，提前沟通，寻求辅导。

在晋升评审中，很多人特别关注最终决策层的想法，却常常忽视了自己直属领导的支持。无论你对自己的竞聘是否有足够的把握，在客观条件允许的情况下，都可以与你的直属领导进行沟通，寻求辅导。

即使你的直属领导不参与决策，但是作为公司的管理层，有着丰富的经验，看问题也会更加全面而有高度。他往往能够提出更有价值的建议，让你了解更多的竞聘要点，竞聘雷区等等，增加你竞聘成功的胜算。

3. 知己知彼，差异化自己的岗位优势。

有人认为，只要在竞聘中竭尽全力地表现好自己就可以了。但竞聘也是有很大学问的，一旦你把它想简单了，那么你的竞聘也就难了。

一个人是否能够在竞聘中胜出，与竞争者之间也存在着很大的关系。所以，在竞聘之前，一定要充分了解你的对手，并进行深入的分析，再去制定自己的竞聘策略，才会让你在竞聘中更有胜算。

职场人可以把竞聘当成一次产品的营销推广，把自己当成产品，而其他竞争对手就是你的竞品。如果你想要通过这一次竞聘，让你的消费者，也就是你的领导埋单，就要学着读懂消费者的需求，并通过差异化营销路线，去打败你的竞争对手。

内部竞聘的过程基本都是公开的，同一个岗位有几位候选人也都会提前知晓。这个时候职场人需要对自己和竞争对手进行对比分析，找到自己的优势和劣势。

在竞聘中，并不需要面面俱到地展示自己所有的优点，而是要通过与对手综合对比分析之后，找到自己的突破点，展示出你和这个岗位具有无可比拟的高匹配度。

4. 夯实业务能力，做好细节，抓住重点。

企业内部竞聘一般都会有一项业务能力测试。可能是做一个项目或者做一个策划。一些技术性强的岗位，在竞聘环节还会准备笔试。无论考验形式如何，它的核心都在于考查你的业务能力。

业务能力是平时积累的，不可能一蹴而就，但在应答的过程中需要注意一些要点。首先，要注意好细节，不要出现排版漏洞，数据错误，图片错误，错别字等等，即使一个很小的细节都会让你减分。

其次，在业务能力的测试中，一定要学会换位思考，要学会分析出题人的用意，分析他希望通过这样一个测试检验候选人的哪些方面的能力，然后再去有针对性地应答，以期在对方的考评维度里，做出最优的对策。

最后，在应答的过程中，一定要学会转换角色，因为要竞聘的职位一定和自己当前的职位有本质上的不同。你可能是一位普通员工，要竞聘一位初级管理者，或者是一位初级管理者竞聘中层。那么在做业务能力相关测试的时候，就需要你做好角色转换，从竞聘职位的角度去思考问题并做出你的回答，才能更接近考评者的期望。

5. 在演讲环节善用谈判技巧，不露痕迹地说服对方。

公开演讲答辩是内部竞聘最重要的一个环节。无疑，对于每个竞聘者来讲，这都是一次充满压力的演讲。听讲的人既是你的领导，又是评判者。他们目光敏锐，会在你演讲过程中的每一分每一秒对你进行评判。

在较高的心理压力之下，很多竞聘者都会非常紧张，甚至影响自己的发挥。如果你也是一个特别容易紧张的人，那么建议一定要做好充足的准备，提前做好演讲稿和 PPT，并提前做好演练，将内容烂熟于心。

一般人的演讲就是照本宣科，按照顺序或者组织要求逐一叙述。这样的演讲，无功无过，但是激发不起评委的任何兴趣。

高一个层次的演讲则是神态和肢体动作并用，在内容的基础上注重语音语调的利用，充分观察并且利用听众的情绪，以达到输送自己观念的目的。这样的演讲是经过设计的，作为评判者能够看出你讲述的重点，能感受到你对演讲用心的准备。

最高层次的演讲是说服于无形，完全带动听众的情绪和思维，使得对方按照演讲者的逻辑方式进行思考，最后自然而然地推出一个和演讲者一致的结论。这样的演讲，不知不觉采用了谈判的技巧。站在对方角度，利用对方的情绪，转化对自己不利的因素，善用对自己有利的因素。

对于经验丰富的领导者来说，第三种演讲方式无疑是最为打动人的。

演讲能力是可以通过锻炼逐步得到提升的，如果你短期之内无法达到炉火纯青的演讲，那么至少也要在照本宣科的基础之上做一些设计。在熟练掌握自己演讲内容的基础之上，尽可能地展示出自己演讲的亮点重点，去打动评审者。

6. **摆正心态，无论成败，皆是试炼。**

内部竞聘是员工一个难得的展示自我优势的机会。无论是什么岗位，也无论内部竞聘成功与否，都要保持谦卑的心态，将其当作一个锻炼机会。因为，每个人的职业征途不只有眼前这一场竞聘，而是一个长线发展的过程，在这个过程中会遇到很多机会，即使眼前暂时失利，也可以为后续的发展积累经验。因此，保持一个积极的心态去应对，放松下来之后，才能够更好地展示自己，不留遗憾。

HANDBOOK OF PERSONAL STRATEGIC GROWTH

第七章

跳槽选择，如何完美起跳

想辞职又很纠结迷茫该怎么办

辞职跳槽是一件职场中的寻常事，同样也是每个人职场生涯中的大事。可能因为一念之差，做了冲动的决定，就断送了一次职场发展的大好机会。做对了选择，则会让你进入职场发展的快车道。

也正是因为它很重要，所以在面临是否跳槽的选择的时候，很多人都会犹豫不决，拿不定主意。

辞职跳槽是我在职业咨询生涯中接触比较多的问题，而很多人之所以无法作出冷静理智的判断，大多是因为他们根本无法厘清自己的现状，被困在一种焦虑的状态里。

要解决问题就应该从根源入手。想要走出这种迷茫，首先是要做好自我现状分析，找出促使你想要跳槽的真正原因。

很多人在想要辞职的时候，他们的理由会变得很多，看上去似乎很充分。例如公司的规章制度不合理，工资待遇差，经常加班，与领导不和等，总之在一个人产生跳槽的念头之后，很多事情似乎变得糟糕起来，都在催促着他做出跳槽的决定。但其实本质上他们只是自己对这份工作产生了厌倦，又或者眼前的这份工作无法给自己带来成长，阻碍了自己的发展，但又因为行业不景气，他们害怕打破这种安稳而不敢辞职。

总之，在你想要辞职的时候，一定要从客观现状到主观态度都直面自己，进行全面分析，找到促使你辞职的主要原因。

如果是因为有了更好的工作机会，可以考虑辞职；如果只是因为厌倦了眼前的工作，或者工作中出现了一些不如意的事情，那么就要谨慎。

我见过一些职场人，有着非常多的职场跳槽经历，对每家公司都有不少怨言。比如领导太强硬，公司常常加班，工资太少，午休时间太短，工作压力大……但其实，只要是身在职场，这些职场压力总会存在，而且是普遍存在的。慧眼识才的领导，优厚的薪资待遇，和谐舒适的工作环境，积极向上的团队氛围，绝对理想的职场，只存在于想象中。

职场人应该时刻清醒地认识到，没有完美的职场，也没有毫无压力的岗位。身在职场就必须要学会合理地看待职场压力，并寻找化解压力的方法，而不是为了逃避不断寻找借口。否则，你的职场会变成永无止境的逃离，让你痛苦不堪。正如阿什法则指出的：承认问题是解决问题的第一步，你愈是躲着问题，问题愈会揪住你不放。

很多人常常会选择自己在公司感觉最糟糕的时候离开，并寄希望于环境的改变能带来点什么，但即使你换了环境，很多根源性问题也没有解决，它将一直伴随你的职业生涯，并阻碍你的发展。所以一般出现以下这几种情况的时候，我都不建议轻易辞职。

1. 碰见难题解决不了想辞职。

每一个职场难题背后，都附带着职场高价值。如果你迎难而上去解决问题，不仅会获得能力的提升，也更容易证明自己的价值，获得领导的赏识。其实在职场上，没有什么真正无法解决的难题，千万不要被自己的恐惧所劝退，甚至傻到想要通过辞职跳槽来逃避问题。

2. 因为人际关系不好想辞职。

在职场的打拼中，和谐的人际关系固然重要，但却不能因此而影响自己的职业选择。在职场中我们不要主动制造矛盾，可一旦不小心与同事之间产生了矛盾，可以用正确的方式去化解，即使无法化解也没有必要因此而换一份工作。

3. 在工作中受委屈想辞职。

很多人在工作中受了委屈之后，被各种情绪包裹，会不由得想到辞职跳槽。但人在职场奋斗，难免会有磕磕碰碰，适当吞下委屈，才能撑大自己的格局。比起一些无处安放的委屈和情绪，更重要的是职场发展。

前三点都属于逃避型跳槽。我在面试的时候，凡发现是逃避型跳槽的一定不会录取。逃避型跳槽的职场人，在面试的时候，即使他们极力掩饰，也很容易判断出来。我一般都会运用平时培训时用到的方法论——STAR 原则，让面试者不断地去描述自己的经历，其跳槽的真实原因自然就会在无意中透露出来。

4. 仅仅是为了钱而辞职。

我曾接触过一些职场人，他们有着丰富的履历，做过各种各样的职业，但却没有明确的职业方向，跳槽的原因很简单——觉得自己能力强，眼前的薪资委屈了自己，期待拿到一份高薪酬，这种属于薪酬型跳槽。

黎明就是薪酬型跳槽者，毕业 8 年，薪酬 22K，但还是感觉现在的公司给的薪酬太低，想去外面看看。后来他接到新公司的 offer，要求春节后入职。但春节后因为疫情，公司项目取消，黎明无法入职。虽然公司赔偿给了黎明一个月的薪酬作为补偿，但直到 6 月份，黎明才找到新工作，薪酬还没有原来的公司高。

薪资待遇是每个人在跳槽的时候都要考虑的一个重要因素，但一定不能当作唯一考虑因素。

5. 为了职业发展辞职。

有一类职场人，他们的职业发展目标非常清晰，知道自己在每个阶段该做什么和选择什么，有着清晰的职业发展目标。他们会在一定时间内，在某一家公司完成自我成长和经验积累，并在合适的时机选择新的职业环境来提升和优化自己。他们会在某个领域越做越精，每一次辞职跳槽，都是打开了自己职场的新阶段。而在这种情况下做出的辞职选择，才是最有利于职业发展的。

每当有人向我咨询是否应当辞职的时候，我一般都会建议他们认真考虑以下几个问题。

1. 你是否拥有超强技能，在人才市场上具备高“议价能力”。

在今天的职场环境下，任何一份工作都不是“铁饭碗”，能力决定成败进退。你在自己所处的领域里的竞争力的强弱就代表了职场“议价能力”的高低。

如果你具备较高的“议价能力”，才算拥有了“说走就走”的自由。我认识不少这样的“大神级”人物，他们的每一个动向，都在猎头们的关注范围内。某化妆品企业的媒体公关总监韩女士，资源和能力都很突出，平日里就是猎头们关注的焦点。她只要稍稍透露出一点想要辞职的念头，就有多个工作机会在等待着她，且薪资都很优渥。即使不是“大神级”人物，你也要检视一下自己的行业履历，是否强大到可以轻松地找到更好的工作机会。如果没有，那么证明你需要潜心历练，做好能力积累。因为在这种情况下，离职并不能让你获得更好的发展。

2. 有足够的存款，可以支撑一个平稳的过渡期。

疫情期间，很多行业遭遇了突然的变故，不少人都在感叹，“终于知道了存款的重要性”。关键时刻，“兜里有钱”就是底气。这样的感受，某旅行社的小秦就亲身体验了一回。因为整个行业受到疫情影响，几个月不开工，月光族的他顿时就傻眼了。房贷、车贷不知道拿什么来还，就连家里的宠物狗、宠物猫，每月也要千元以上的花销。物质上实在扛不住，最后只得硬着头皮求助父母，才度过了危机。

职场变动期间，很多职场人都要面临一个过渡期。那么，能够真实缓解压力的其实就是存款。它可以让你不会过于焦虑，不会担心个人负担，从而有更多时间和余地去选择下一个供职的企业，甚至可以去休整或者充电。

3. 行业资源和人脉可以帮助你度过危机。

行业资源和人脉可以帮助你获得更多的发展机会，不会让人在辞职之后萌生前途未卜的茫然感。我认识一个互联网行业的中层管理者，十分懂得经营人脉。经营人脉并不是频繁参加饭局与聚会，而是注重价值的交换。只要在自己能够办到的范畴之内，他都会尽力给他人带来帮助。所以在他决定离职之后，很多人帮忙介绍推荐工作机会，再加上他不错的工作能力，很快就拿到了下一份 offer。这就是“圈层效应”的结果。

可以说，经营人脉是每个职场人的必修课，职场人梳理一下自己的人脉，摒弃一些“无效社交”，经营好那些可以做到“资源互换”、“价值匹配”的关系。他们不仅会在关键时刻给你带来发展机会，甚至可能会辅助你成就一番自己的事业。

4. 对普通职场人来说，只有下一份工作的 offer 才是底气。

关于辞职，还有一个被广泛关注的点，就是“裸辞”。有不少职场人感觉压力大，特别渴望裸辞，让自己得到短暂的释放。但一般来说，我并不建议“裸辞”。对于大多数普通的职场人来说，如果没有超强的能力、足够的存款、给力的资源和人脉，成熟可靠的 Plan B，那就只能选择谨慎对待你的离职决定。因为一时冲动摔门而去，看似很潇洒，但是后果却要慢慢品尝。“裸辞”的滋味，远远没有想象中那么爽。

有这样一个案例，职场人小吴以前在国企建筑公司上班，但不喜欢里面的应酬与交际。在几番思索后，他还是无法忍受工作环境，决定裸辞。可辞职之后就傻眼了，想要转行，又没有明确的方向。对于企业而言选择他还不如招聘专业对口的应届毕业生。因为应届生的薪资要求低，学习能力强，有专业理论基础，上手很快。

所以裸辞后的小吴一度陷入进退两难的境地，像个无头苍蝇一样乱撞，如果回到原来的建筑行业，他又实在无法忍受那样的环境。结果一拖再拖，迟迟没有找到合适的工作。后来眼看着积蓄撑不下去了，无可奈何降低薪资找了一家公司上班。

一个成熟的职场人，不会轻易选择“裸辞”。就算工作真的不顺心，也要留给自己足够的准备。下一份工作的 offer，才是成年人真正的底气，可以让你的职场走得更稳。

如何正确跳槽，放大自己的职业能力

跳槽求职是职场人的必经之路，每一次重新择业对职业发展都至关重要，它不仅是要重新找到一份工作，更是选择一个未来。

现实的职场中，无非有两个情况：

一种情况是，多数人的跳槽，其实是平移。

无非是从 A 公司跳到 B 公司，薪资涨幅微乎其微，工作强度不相上下。原公司的烦恼没有了，新公司的麻烦事又渐渐浮出水面。这种跳槽，本质上就是换个环境做事，在自己个人的职业生涯，溅不起什么水花，反而在某种程度上还会阻碍你前进的步伐。

另一种情况是通过跳槽让自己进入职业发展的快车道。

有些人通过跳槽实现了跨越式发展，或是薪资水平大幅度提升，或是获得了更大的授权，能伸展拳脚做事，抑或是投身到更大的平台，有了更多资源，更好的成长机会。总之，这种跨越式跳槽会带动你的人生进入上升曲线。

跳槽成功与否，高下立判。

其实每个人在重新择业时，都怀揣一份美好期望，希望通过跳槽来登高。高薪高职，前景美好，未来可期。但究竟如何才能让梦想照进现实，在跳槽求职中充分展示自己的能力和潜力，实现成功的跳跃呢？我有以下建议。

1. 通过猎头来求职，是一个非常高效的选择。

（1）猎头能够帮你明确自己的跳槽诉求，而这是跳槽成功的出发点。

很多人在跳槽求职时，都会处于一种相对迷茫的状态。比如当初徐先生来寻求猎头服务时，对于自己下一份工作期望，只能说出一个模糊的大方向：想从事食品营销的工作，月薪 20 万元左右，然后就没有其他更加明确的要求了。其实这样是很难找到匹配的工作的，或者需要花费的时间过长，甚至可能会经历一个煎熬的试错期。最终他在我的引导帮助下，结合自己性格和工作经验，从多个维度进行剖析，明确了求职诉求，很快找到了一份称心的工作。

（2）专业的猎头能够帮你降低试错成本。

跳槽求职并不是再找一份工作那么简单，人生之旅有去无回，一旦做错了选择，浪费的不仅仅是自己的宝贵时间，更会制约未来发展。一般而言，人们在职场工作三五年之后，会进入职场快速上升期，这个时候如果没有在跳槽时把握好机会，就很容易在职场的赛道中远远落后。

（3）专业的猎头能提高你跳槽的成功率。

某种意义上说，猎头就是纽带，能帮企业和求职者完成精准的职业供需对接。一方面，猎头可以通过深入地沟通把握求职者的需求；另一方面，猎头会通过自己的人脉资源以及案例经验，掌握大量的公开渠道难以获取的企业内部消息。比如企业内部站队情况、该职位的前任等，从而帮助双方实现高度供需对接，大幅度提高跳槽成功率。

（4）在整个求职过程中，猎头还能够帮助你了解整个面试流程、面试官的信息和你想了解的“任何”信息。入职后，你也可以通过猎头来了解公司高层和 HR 对你的评价，便于你更好地度过试用期。

总之，通过专业猎头的指导，不仅能帮助你找到适合自己的职业，更能够帮助你快速适应、匹配新的岗位。

2. 努力成为猎头的优质客户。

职场人在渴望寻求猎头服务时，还需要明确一个问题。猎头能够帮你寻找到一份好工作的前提是你本身是优质客户。

一般而言，猎头都会关注到以下几个方面。

（1）学历，这是一个永远无法绕过的话题。

（2）是否有大企业经验，大企业是相对的，不要错误地理解为顶尖的几个大企业。

（3）如果没有大企业经验，最好是要有全程参与或全程主导过大型项目的工作经历。

（4）你的平均跳槽时间要在 3~5 年，不能频繁跳槽，并且要具有良好的职业口碑。

（5）一定要积极配合猎头，绝不能私下绕过猎头和企业直接对接，即使你此次应聘成功，那么也损害了自己的口碑。“杀鸡取卵”的行为很容易彻底阻断你的猎头求职渠道。尤其很多猎头与企业联系紧密，你很有可能因此在企业留下糟糕的印象，甚至会影响职业发展。

（6）求职者与猎头是一种双向选择关系，那些配合度低，素质差，口碑差，人品差，简历造假，不讲实话，满满负能量的人，都将被猎头彻底关闭服务的大门，因为这类人会给猎头的工作造成极大困扰，甚至影响猎头的职业口碑。

3. 如何寻找专业性猎头？

猎头作为一种职业，不同猎头的职业水平也有高低之分，那么究竟该如何找到一个专业的好猎头呢？

（1）做事先为人。一个优秀的猎头，一定要具备良好的品德。他们一定不会通过你挖掘你不愿意说的公司商业机密，而是立足你的需求，帮助你找到称心的工作。总之，一个好的猎头做事的出发点是服务，而不是想方设法地为自己谋利。

（2）猎头专业能力过硬，对行业熟悉，能够为你提供有价值的信息，帮你快速找到定位，并且能深入解答你的问题和困惑。

（3）真诚并愿意帮助你。有些猎头为了凸显自己的能力，往往用高姿态打压你的期望和信心。但一个真正的好猎头，不会故意给你施压，更不会仅仅给你提供一次机会，而是能在职业发展的道路上帮助到你。

（4）好的猎头不会上来就问你要简历，而是会通过深入沟通对你做全面的评估，主动帮助你去挑选职位。他们会对职位的要求、亮点等进行清晰的介绍，并给出专业的建议。

（5）好的猎头在圈子里有一定的资源、口碑，不但能为你起到背书的作用，还能在工作上为你提供资源、指导，辅助你的职业成长。

4. 如何与猎头保持沟通，建立深度信任？

猎头是求职跳槽的关键渠道。职场人应该有意识地与猎头建立合作联盟，我建议职场人：

（1）要至少与30位以上行业性（你所在的行业）、专业性较高的猎头建立联系。一方面，多个猎头可以给你提供更多机会；另一方面，你可以通过与猎头的沟通，对自己所处的行业有更准确的把控，有助于自己的职业发展。

（2）在平时，一定多与猎头互动、交流，让猎头帮助你了解更多信息。最好是创造机会与猎头见面沟通，一次面聊要远胜于多次电话和多次微信。在频繁的信息交互中，彼此会有更加深入的了解，建立深度信任。

（3）获取信任的前提是你要给予信任。所以，在与猎头合作的过程中，一定要充分信任你的猎头，让猎头冲在前面和企业对接、谈薪。猎头自然也会无所顾忌，全力以赴为你找到一份好工作。

（4）对于口碑差、态度恶劣、话也说不清，职业也搞不明白的猎头，请拒绝。

5. 如何通过猎头放大自己的职业，获得一份更好的工作？

（1）平时多与猎头互动，增加彼此了解，尽可能多地“曝光自己”，吸引猎头注意。多维度地展现自己的职业形象，职业能力，做好自己的职业背书。例如，在媒体平台上做好自己的简介，主攻哪个方面，有怎样的成就和影响力。你可以经常发表一些对行业的见解，文章、视频等形式皆可，这可以很好地展示你对行业的认知层次。当你取得成绩和荣誉后也一定要及时地进行展示，增加自己的背书。但这种展示一定要掌握好分寸，避免炫耀的嫌疑。

（2）选择靠谱且能为你做背书的猎头。如同前文提到的，求职者要从人品、专业能力、服务态度、资源背景等多个方面选择专业猎头。一个专业的猎头能推荐你，那么也会从侧面增加企业对你的信任度。

（3）与猎头合作并不是你递出一份简历，他帮你挑一份工作这么简单，而是要让猎头全程参与你的求职过程，包括评估职业规划，明确求职需求，制作一份能够获得 BOSS 青睐的简历，提供面试回答技巧、注意事项，以及后续的入职要求和指导。

（4）全权委托猎头来谈薪和接收 offer，你只做甩手掌柜即可。这并不是放任自流的佛系求职，而是对猎头给予足够的信任和尊重。你可能说万一猎头谈判的薪酬低或给的 offer 不理想怎么办？达不到你预期标准，拒绝即可。前提是你要向猎头说出你的标准。

（5）在入职后，一定不要忘记与猎头的紧密沟通，这个阶段猎头同样会起到关键作用，你可以通过猎头了解企业对你的评价，通过这种间接沟通，进行自我调整，利用好猎头的力量，快速融入职场。但有不少猎头，这一点服务非常不到位。对于服务不到位的猎头，你可以引导猎头怎么做；如果真的无法引导，还是你自己想办法解决吧！毕竟，不是所有的猎头都专业、靠谱，值得信任。

总之，快节奏的时代，一切讲求效率。任何时候，用专业的人做专业事都是最明智的选择，当我们在跳槽择业时也同样如此。

猎头来挖我，要不要跳槽

有很多职场人都曾为是否跳槽而纠结过。曾经一位猎头咨询我，说自己比较矛盾，不知道到底该不该跳槽？

他的经历是这样的：他在某家公司做猎头，月薪 8K；回款 100 万，提成 2 万，超过 100 万以上，提成是 6%。另外一家猎头公司挖他，月薪 12K，每年回款 100 万以内没有提成，超过 100 万以上有 10%~25%的提成。

在了解了他的情况之后，我对此做出了以下分析。

从收入上来说，去与留没有差距。月薪 8K 或月薪 12K，虽然相差 4K，但他目前所在公司 100 万回款有 2 万的提成，而另外一家公司回款 100 万是没有提成的。所以，从收入上来说，没有差距，暂时不考虑收入的问题。

从职位上来看，也没有差距，都是猎头顾问，公司也都一样，都是挂着外资的中国企业。

唯一差别就是环境，他厌倦了现在的环境，想换一个环境。新环境虽然基本工资高了些，但充满了不确定性，很有可能会成为牺牲品。

基于这种分析，我的建议是不跳槽为好，因为咨询者是个性格求稳的人，选择跳槽，相当于平移，对他的职业发展并没有太大的助益，而且要面对较高的未知风险。

其实，一份工作要不要跳槽，主要看以下 3 点：

收入是否提升。每个人工作的目的就是让生活更加美好，而收入是营造这份美好的重要支撑。同时，收入的多少是一个人的能力用货币表现的一种形式。根据我对职业经理人跳槽的薪酬数据对比发现，一般新工作机会的薪酬高于原来薪酬的 10%，不会引起职业经理人跳槽；如果新的工作机会高于原来薪酬的 30%—50%，会让职业经理人选择跳槽；如果薪酬翻倍时，职业经理人就会毫不犹豫地跳槽。就像马克思说的，当利润达到10%的时候，他们将蠢蠢欲动；当利润达到50%的时候，他们将铤而走险……职场人跳槽也是如此。

职位的提升。这是影响职场人跳槽的一个关键指标。对职场人来说，职位的提升，就意味着薪酬的上浮，也意味着未来会获得更多的机会。就像我在开篇提到的那个案例一样，如果对方薪酬一样，就考虑职位是否提升；如果职位不提升，薪酬也一般，就没有太大的跳槽必要了。再次强调，薪酬和职位只要能满足其中一项，都可以考虑跳槽。

是否能为自己的职业发展做很好的背书。如果一个工作机会能够让你获得价值较高的职业背书，那么这个工作机会也是同样值得尝试的，即使是在职位和薪资并不足以打动你的情况下。所以职场人在跳槽面试的时候要用心观察以下三点：

第一，公司创始人靠谱、不忽悠，公司有发展前景。

第二，公司在业内有一定的知名度，或是独角兽类的公司。

第三，这家公司能够给你一份漂亮的价值背书，就像来镀金一样。

如果能满足这三点，你也可以考虑跳槽。

职场人跳槽，本质上是为了寻找更好的环境，为自己觅得更好的发展机会。但其实如果你的个人能力有限，无论是跳槽多少家公司，本质上仍是处于同一个层次。

辞职跳槽最大的作用是在你处于不同的职场发展阶段时，可以选择适合自己当下发展的环境。但仅凭借跳槽是无法完成职场的上升发展的。

所以职场人应该清楚地认识到，当你找到相对合适的平台，你需要做的是深耕，通过提升自己的价值来优化职场环境，而非不断地做同质化选择。

在选择是否跳槽的时候，除了考虑跳槽公司的条件，同时也要考虑自己在当前公司的情况。所以，当猎头来挖人的时候，同样要思考以下几个问题，来厘清自己的现状。

1. 在过去一年之内，你能否在工作中获得学习和成长。

工作中的幸福感，除了你取得的成绩和获得的报酬之外，还有一部分来自你能够在工作中不断地学习到新的东西，感觉到自己在进步。它能够带来任何物质都无法替代的充实感和幸福感。

38 岁的林先生在新公司做得很开心，因为新公司很多同事都是年轻人。虽然工作内容和以前大致相同，但是在和这些年轻人的沟通交流中，却让他学到了不少新东西。

每个人的职业发展其实就是一个不断学习、进步和提升的过程。这就意味着如果你在这份工作中无法得到成长或进步缓慢，你的职业发展也将进入低谷期。

如果你的工作内容或者是工作环境让你在很长一段时间内都无法学习到新的东西，那么你是时候该考虑换个环境了。

2. **你是否在过去的半年以上因为工作而感到焦虑。**

在职场中，有压力必定会有焦虑，当焦虑在可控、可消化的范围之内时，并不会对工作和生活造成影响，反之则会让你不堪重负。

在我的职业咨询案例里有不少人都存在着较为严重的职场焦虑症。职场焦虑，各有成因。有的是因为工作压力过大，长期处于高压状态；有的是因为自己的工作表现不佳，始终没能获得成绩；有的是因为与领导或者同事相处不好……

他们常常会为工作中各种各样的事情而烦躁、忧郁，甚至整夜整夜失眠，注意力越来越无法集中，无法静下心来做事，工作效率降低等。而越是这样的状态，便越容易让工作变得糟糕，反过来又加剧焦虑。

每一个职场人都需要具备一定的调节压力、消化焦虑的能力。但是如果在半年以上的时间里，你都始终沉浸在一种职场焦虑的状态，这就表明你的职场焦虑已经超出了负荷。那么这个时候就应该考虑走出焦虑的环境，走出这种恶性循环状态。

3. **你的领导是否认可你，他是否值得跟随。**

在这个人才济济的时代里，千里马易寻，而伯乐难求。一个好的领导就如同一位优秀的职场导师，可以让你获得更好更快的成长。

那么如何判断领导值不值得跟随？一个关键标准就是你的领导是否愿意

成就你。你的领导给你好的项目，给你资源的倾斜，还有晋升和加薪的机会，就值得去追随。

做运营工作的小余在上一家公司辞职的时候，亲友们都认为他很不理智，但是我很认可他的选择。上家公司的福利待遇虽然很好，但却并不适合小余。小余是创意派，而他的领导是保守派。在公司工作这半年时间，小余与领导的工作思路一直都很不合拍，他的工作能力也始终没有得到领导的认可。尽管经过多次沟通，他们仍很难达成一致。如果继续耗下去，小余也很难在这家公司获得发展，那么最终消耗的其实是自己的宝贵时间和精力。

有调查研究显示，75%的职场人认为工作中最有压力的部分来源于自己的领导。

领导对于资源和机会的分配决定了职场人的发展，所以，如果你的能力一直很难获得领导的认可，那么很有必要考虑换一个适合自己发展的职场环境。

4. 现在的公司能否为你的职业发展做背书。

职业发展背书指的是你现在所在公司的项目能否让你更具价值，比如技能提升、管理能力提升、认知提升、积累人脉、全程参与、主导项目等。

如果你现在的工作能为你的职业发展做背书，但工作时间少于 3 年，请不要跳槽；如果你在一家公司工作超过了 6 年，且还没有得到晋升，也没有接触过比较优质的项目，请果断选择跳槽。

一位职场人虽然在大公司，但他做的项目非常边缘化，我的建议是跳槽。因为他目前所做的项目不但不能让他更具价值，反而不断透支他的精力，甚至在他下次跳槽时，既不能增加简历的分量，也无法获得更高薪的职位。对职场人来说，优质的项目，尤其是标杆项目才会让你更值钱。为什么很多人年纪轻轻就能拿到高薪呢？就在于他们经历过标杆项目。

5. 你的工作和生活是否能保持一定的平衡。

人在职场奋斗，最终极的目的都是让自己和所爱的人获得幸福。

职场人在为生活奋斗的同时，也要学会平衡生活、享受生活。当一份工作压力过载并无限地倾轧你的生活，使你的健康受到损伤，使你的家庭生活变得一团糟时，则需要警惕。如果始终无法解决这些问题，那么就应当考虑换一个工作环境，调整你的状态，让工作与生活重回平衡。

跳槽作为职场的转折点，对职场发展至关重要。每个人在面临是否跳槽的选择时，若想要做出最优判断和选择，都需要因事制宜，因时制宜，因人制宜。

如何应对“转行难”的问题

你是否有过转行的想法？

在现在的职场中，转行已经成为一个普遍话题，在我接触的职场咨询者中，无论是普通的员工还是高管，有很大一部分人都产生过“转行”的想法。

转行虽然被很多人赋予了美好的希望，但同时也存在着较大的风险。转行意味着一切都要从零开始，尤其是随着年龄增加，转行成本和风险都会变得很高。所以，尽管很多人对转行跃跃欲试，但却始终不敢尝试，这也是职场上一种普遍的心态。

其实从本质上来讲，转行只是一种职业发展的选择。究竟该不该转行也不可一概而论，而是要根据每个人的自身情况作出正确的判断。所以，在你有意要转行时，应该先考虑好自己为什么要转行。

有很多人转行是因为在目前的行业里没有赚到钱，想换一个行业寻找新的发展机会。在这种情况之下，你就需要考虑自己为什么没有赚到钱。是能力问题，还是因为行业发展受限等某些客观原因。

如果是自身能力问题或者是其他原因导致你没能赚到钱，而这些问题没有很好地解决，那么即使你换了一个行业，也很有可能会遇到同样的问题，同样的困扰。所以，这种时候，对于职场人来说更好的选择是解决自己的问题，通过个人能力的提升来改变现状。

有的人转行是因为看到了其他行业的发展红利，被利益吸引，想要多赚钱谋发展，这本身无可厚非。但这种情况下需要做周密的考量，考量自己的能力和资源是否适配目标行业的发展。无论是什么行业，不同的人做就会有不同的效果。也就是说如果你不具备这样的能力或者潜力，即使换了一个行业，也很可能赚不到钱。就像淘宝、微商、自媒体、短视频、直播等行业刚开始兴起的时候，人们被红利吸引，蜂拥而至。金字塔上的成功者令人艳羡，但同时，也有更多的人惨败，赔了时间、心血、资金。

也有一些人转行是因为找到了自己所感兴趣的领域，并渴望在此获得成长和发展。这种情况下，也可以对转行的目标做进一步的了解和考虑。

转行没有对与错，只要找对时机，做好充足准备，一样可以获得很好的发展。就我个人而言，我也是从猎头行业转到自媒体行业，做出了“猎头老王”的个人品牌，之后又进入了在线教育行业，一手打造了“薪职网”。

结合我的个人经历以及职业咨询经验，我建议考虑转行的职场人，尤其是在某个行业已经有了一定积累和经验的职场人，应着重考虑以下几点，判断自己是否适合转行。

1. 是否有明确的转行目标？

一般情况下，厌倦了自己当前行业的人都非常渴望转行，但他们往往没有明确的目标。他们常常念叨，“这行我真是干够了”“以后再也不想碰这行了”，而不是觉得某个行业发展好、模式好、前景好之类。

一般在没有明确目标的情况下，人会变得很盲目。他们总是急于摆脱当前行业，受到一些煽动，在没有充分准备的情况下加入新行业。

但现实是残酷的，在没有明确目标没有充足准备的情况下，就进入一个新行业，往往很难打开局面，越走越茫然，甚至会怀疑自己当初的决定。起初的兴奋感和斗志很快会被挫败感湮灭。而在这种情况下转行失败，也很容易摧毁职场人本就焦灼的心态。

我曾经在帮助一位职场朋友做职业咨询时发现，他转行的目标很清晰，就是想做创投或并购。他原来是做财务的，对财务非常熟悉，但不想一辈子耗在财务上，想让自己的人生活得精彩。像这种有目标和方向的转行，成功概率就很高。

2. 对于要转入的行业是否足够熟悉，自己的能力或潜力是否与之适配？

我基本都不会建议职场人孤注一掷地完全扎到一个新行业里。任何领域都有开拓、创新的成功者，但绝大多数职场人并不适合这种高风险的转行方式，而是要循序渐进地熟悉和了解新行业，了解其中的运转模式等，再厘清自己的现状，缓步进入。

除此之外，要在新的行业中找到一个适合自己的定位。因为越是发展好的行业，越会吸引人才，竞争也就越大。想要在新行业立足，一定要为自己找好定位。你要分析自己有什么、做过什么、能解决什么，你所处的行业允许你做什么以及以后能做什么等，给自己在大行业中找到一个细分定位，或给自己定位一个细分的行业，然后快速建立你的个人品牌，如此才能够更有把握转行成功。

3. 是否具有可平移的能力和资源？

什么是可平移的能力？可平移的能力就是沟通、协调、内容处理、对人才的判断和规划能力等。所以，我在做“薪职网”的同时，也做付费的职业咨询帮助职场人。这两个工作内容所运用的知识和能力是相通的。

如果一定要用概念来总结“可平移能力”，就是指你在工作中积累的能力可以平移到你要转行的工作里面来。比如你现在做电商运营，如果你想转移到在线教育行业做运营，你就要思考自己的能力能否平移过去。所以，想转行，你必须有可以平移的能力，这个是你转行的基础。如果你没有这个能力，应尽快培养这个能力，才能对你未来转行提供帮助。

另外就是要考虑，如果转行，那么你的客户、人脉资源是否能平移过去，这就是“换行不换专业”。

如果你具有可平移的能力和资源，那么你的转行成功率也会很高。

4. 是否做了充足的准备？

换句话说，也就是如果你有转行的打算，要给自己一个过渡期。像我本人最早是做猎头工作的，从 2013 年开始思考转行的问题并一直在寻找合适的行业和机会、2014 年我着手为转行做准备，做起了“猎头老王”自媒体，从一个猎头转型，兼职当起了自媒体作者。当时很多人不理解，但我还是开始创作，走上了这条路，并一步步地建立起了“猎头老王”个人品牌和“薪职网”。

5. 是否能够得到业内人士的指导，帮助你快速入行？

进入一个行业，即使你悟性极强，靠自己摸索和通过专业人士指导之间也会有天壤之别。如果你想成功转行，有师傅带路你会更稳更快，也会找到更好的工作。

选择 offer 时如何正确地深思熟虑

找工作时纠结简历该投哪里，但收到了 offer 也可能会苦恼。究竟该如何选择，才对自己更有发展？

我曾在帮助一家独角兽公司运营人员做 offer 选择时，发现他很纠结，根本就不知道该如何选择，一直犹豫不决。在和他沟通后，通过重新梳理他的职业发展的路径、兴趣点、能力、性格特征，以及重新分析他的职业发展规划等问题，才打开了他内心纠结的点，最后他选择了从北京跳槽到深圳一家超级公司。

在思考该如何做出正确判断之前，职场人应该明确，为什么自己会产生纠结，无法做出果断的选择。

1. 自我定位不清晰，不确定自己真正想要什么。

那些目标明确的人，往往不会有太大的选择障碍。例如，你的职业方向是编辑，但编辑有小说方向、文艺社科方向、经管方向、儿童方向等。如果你明确自己的主要兴趣点和能力主要集中在小说方向，那么在收到多个 offer 的时候，自然也很容易做出选择。只有在对自己定位不清晰，又没有明确发展方向的时候，才会觉得哪个选择都有可行性，才会在漫无目的的对比中失去方向。

2. 思考流于表面，对 offer 理解程度不够。

一般很多人在决定如何选择的时候，先看薪资待遇，再看休假情况，看是单休还是双休，有无年假等，再看公司规模，并通过这些结果维度进行综合对比。但每个 offer 背后所隐藏的价值不只这些。你会接触什么层次的项目，岗位的晋升空间，企业文化等，这些都是需要考虑的重要因素。

3. 过于追求理想。

每个人都希望自己得到一个好的工作机会，但这种“好”不可能是方方面面的。比如，大公司的 offer 职位低；小公司的 offer 工资相对高些，但是是单休；有个还不错的 offer 却离家太远。“钱多事少离家近”是一种脱离现实的向往，在选择 offer 的时候应该回避这种心态。

每一个选择背后，都通往不同的职场环境，甚至直接影响未来的发展。那么，在面临多个 offer 的时候，如何正确地做出选择？

1. 明确目标，找到最具方向感，最能点燃你的选择。

想要在多个 offer 之中做出最好的选择，首先不是要看选择，而是要忘记这些选择，看清自己的渴望，明确目标。也就是明确你未来渴望在职场上成为一个怎样的人，聚焦哪个行业，做哪个版块，是做技术型人才，还是成为管理者等。你需要根据自己的特点明确职业规划。

如果你初入职场，可以选择自己更感兴趣的领域发来的 offer，在工作的过程中摸索，逐渐明确自己的职业规划。如果你已经有了一些职业经验，那么就以你的职业目标为标准做出选择，找到那个能够让你的职业发展更清晰，能够点燃你的职场的 offer。

2. 哪些薪酬是在你心理期望范围之内的。

在选择 offer 的时候，薪酬也是一个需要优先考虑的因素，但切记不能将薪酬作为唯一的考虑因素。你需要筛选出心理范畴之内的 offer，把没能达到薪资的选项排除，把其他有可接受的薪资的 offer 放在一起进行进一步的对比选择。

薪资待遇直接和间接影响都很大，最直接的影响，是它能否满足你的生活开销。如果一份 offer 给的薪资还没有自己当下的薪资高，那大概率可以放弃了。

3. 只要方向对，哪怕你选择错了，走错了路，也不要纠结。

在职场上，每个人都会经过几次摸索，也有可能会走弯路，这都是正常现象。所以在面临 offer 选择的时候，不必过度纠结，只要你最终的选择符合你的职业发展方向，即使这份工作未来没能达到你的预期，也并不会影响你整体的职业发展。所以，在选择 offer 的时候方向最重要。

4. 这份工作对你未来职业发展有没有背书或正向影响。

你必须思考清楚，如果这份工作对你未来的职业起不到背书或正向影响的话，这就不算是一个很好的选择。所谓职业背书就是这家公司在社会上的影响力、创始人的影响力、你即将前去部门是否属于公司的核心部门等，通过这些内容可以评估这份工作能否对你未来职业发展起到更好的包装作用。有了这种包装作用，你不光可以在当前的公司里获得很好的发展机会，你的这份新工作也将会充满乐趣和激情。即使未来某一天你选择离开，也能够在这份高价值的职业背书下，找到一份满意的工作。

我接触过一位内地上市公司职员。别人一听说她是上市公司的主管，立马青睐有加。其实她的日常工作很简单，但在跳槽的时候她的履历就会更吸引 HR，也更容易赢得好的工作机会。

除此之外更重要的是你在这份工作中能不能学到真正的本领，能不能做出成绩。这才是你在未来真正具有竞争力并得到发展的东西。

5. 哪一个 offer 你可能做的时间更长。

当你准备选择 offer 时，你必须要考虑一个问题，你能在这个公司工作几年？如果你认为自己可能做不到 3 年，那么我会建议你对这份 offer 深思熟虑。

正常来讲，一个工作的跳槽周期是 3~5 年，这样，你在以后的工作中，新的雇主不会给你贴一个“跳槽频繁”的标签。只有在一个企业工作 3~5 年以上，才能真正地融入企业，学习到企业的精华，得到充分的历练。

6. 多与专业人士交流，以期获得建议。

多与行业里专业能力强并颇有见地的前辈讨教。他们在行业深耕多年，专业能力过硬，职场经验丰富，很有可能你的问题他们早就经历过了，并有了成功的解决方案。他们能够在你对职业选择迷茫时，给予你更客观、更前瞻的指导。

此外，你可以针对自己的问题做一对一的深度职业咨询，获得专业的职场建议。

跳槽时，究竟该如何选择领导

职场跳槽，不只是要选公司，还要选领导，因为领导也有层次之分。格局小的领导，处处压榨员工，企业发展也会受限；优秀的领导，能让企业发展好，也能让你的事业节节攀升。

我之前接触过一个职场人，他的起点不高，只是大专毕业，到如今工作12年，年薪已经达到很可观的数字。经过深度了解之后，我发现他的发展离不开他的两位领导。

因为领导的重视，他获得了更多的锻炼机会，可以全程参与或者主导一些标杆项目。这些项目不仅仅会锻炼人，让他的各方面能力得到快速提升，同时也成为他的价值背书，提升了他的竞争力。

应聘的时候，如何通过短暂的接触为自己选择领导？其实这并不难，因为除了领导的言谈之外，我们可以通过多种方式捕捉到关键信息，对所面试企业的领导进行更深入的了解。

在面试前，可以通过这三点进行了解。

首先是到社交网络去查找一下公司的创始人高管和员工的言论。语言是人内心的表达，通过一个人的文章或者是只言片语，我们可以了解他们的价值观进而去判断这个人的性格以及这家公司的文化。

其次是到网上搜索面试公司的相关信息。除了一些基础信息之外，也可以重点去了解一些负面评价信息。但你要对这些信息进行理智的判断，因为有一些内容可能是竞争对手发布的，这属于一种恶意攻击；还有一种是离职的员工为了发泄情绪而发布的信息。虽然这些信息难免有偏颇之处，但或多或少都可以从中了解到公司可能存在的一些实际问题。

此外，可以通过猎头了解公司情况。猎头对很多公司的信息都非常熟悉，甚至包括一些公司内部的消息。所以职场人在平日里要多积累猎头资源，与猎头搞好关系。即使你没有通过猎头完成跳槽，也可以获取一些对你跳槽有价值的信息。

尽可能地了解领导的履历。了解一个领导的履历不仅能了解他过去的成就，更能了解到他的能力。如果你的领导有着非常丰富的职业经验，并且愿意提拔你，他就能够在你的职场上给你很多指引，这非常利于你的职业晋升。一般来说，知名企业领导的履历都可以在互联网上了解到，或者可以通过业内人士进行侧面了解，这不仅能知道领导的履历，甚至还可以了解到领导的口碑。此外，也可以通过猎头渠道来咨询，获取你想要的信息。

面试是应聘者和企业的双向评估。在进入公司的那一刻，彼此的评估就已经开始了。

1. 进入公司之后，观察公司是否正规。

一家公司正规与否，与公司大小并无绝对关系。大公司也可能存在管理混乱的现象，小公司也可以管理得井井有条。一般来说，正规的公司在有面试者到访的时候，都会有前台人员进行接待，并引导完成面试流程。如果公司的前台对面试者并不上心，甚至还和其他同事有说有笑，让人感觉公司乱哄哄的，这样的公司一般管理都不会太规范，这直接体现的是领导的管理能力。

2. 观察公司员工的工作状态。

如果全员处于忙碌状态，且井然有序，并且时而有同事之间互相沟通问题或是深入探讨，那么这样的公司很有干劲，经营状况也不会差。而如果员工们有说有笑，或者是“摸鱼”刷手机，则证明公司状态很松散，经营状况也可能并不是很好。

3. 在面试过程中观察 HR 的状态。

HR 遵循的是领导的用人标准，因此在面试中，HR 的反应很大程度上也反映出领导的状态。如果在沟通过程中 HR 很在乎你的职场胜任力，会很关注你过去的职业经历，你做过的项目和你对行业的认知。如果 HR 判定你能够胜任该岗位，他还会尽力帮你争取薪酬。这也侧面反映了公司的领导重视人才，渴望留住人才。

此外在沟通过程中，如果HR的言谈举止非常专业，干脆利落且富有逻辑，那么一般来说，这家公司的领导自然也不会差。因为只有优秀的领导才能培养出专业的人才，才能驾驭真正有能力的人。

4. **在领导面试的过程中通过以下几点进行评判。**

在面试过程中，你是否能明确地感受到领导的气场和影响力?

即使短暂的接触，人与人之间都会留下一个印象。对于领导而言，在自己的主场，一般他们都会很放松，会很直接地展示出自己的性格特征。如果通过第一次接触你就感受到领导的骄傲独断，那么这样的企业，建议慎重考虑。而如果初次沟通让你感觉很舒服，能感受到领导的气场和魅力，那么在未来工作中，你也愿意追随领导去努力工作。

评判领导的沟通内容。一般来说，领导们通常会了解应聘者的资历、能力，通过面试沟通，做出综合评判，并且会客观地介绍企业的情况，岗位的情况等。但如果一个领导在面试时间内没有对你做过多的了解，就去对自己的企业夸夸其谈，甚至大谈战略，甚至没能读懂你的能力价值，这样的领导往往不靠谱，在他这里很难学到真本事。

在领导感觉你合适之后，跟你谈公司的发展、谈理想，还是谈钱?

我曾遇到很多职场人反馈，说面试后，很多领导都不谈工资，而是谈情怀、谈理想、谈发展。这种领导，也要谨慎选择。一个领导敢于谈钱和给钱，证明了他敢于用人放权，同样对你的要求也会很严格。你在这样的领导手下不仅能得到提升，更能赚到满意的薪资。在薪资和能力的双重提升下，你的职业成长会更快。

选对领导，就等于给自己的未来选了一个好的开始，所以在跳槽面试的时候，一定要把握细节，用心去解读面试企业的信息，选择一个值得追随的好领导。

跳槽面试时如何谈出理想薪资

在跳槽时，职场人一定会被问到一个问题：“你期望的薪资是多少？”

这是一个需要拿捏尺度回答的问题，又是很多职场人都拿不准怎样回答的问题。如果说高了，可能就错过了这次机会，说低了自己又会觉得很不甘心。

遇到心仪的公司就把薪资决定权交给对方的人，大有人在。在面试后，对新工资很满意的情况下，就会格外地重视这次机会。所以在 HR 问到理想薪资的时候，有些人会压低自己的薪资要求，或者表示按公司标准即可。这种情况下，他们往往拿不到满意的薪资。对于这样的人而言，想拿到高工资，更多的是需要碰运气。

职场处处需博弈，在薪资谈判的擂台上要获得高薪资，不能看天意而是要看实力。掌握薪资谈判的要领，是行走职场的必备武器。

和 HR 谈薪资也是一次博弈，一次公平的谈判。想要谈判成功，这其中有很多方法可寻。建议通过以下几个方面进行考虑。

1. 了解市场薪资水平，确保自己的薪资要求在合理范围之内。

高薪并不是漫天要价，而是在你的经验，能力，在整体市场薪资水平范围内，谈到一个中等偏上，符合期待的薪资。

我有一位咨询者，他在上一家公司的工资是 9 000 元。因为他新面试的这家公司是一家大企业，他便提出了 1.5 万元的薪资要求。该岗位在当地市场，工资水平一般在 7 000~15 000 元。但以他当前的能力来看，他的薪资水平还达不到 1.5 万元。像这样不着边际的漫天要价，就算是为了给对方还价空间，也会给 HR 留下糟糕的印象。

职场人在跳槽面试之前，一定要对自己所处行业的职业薪酬水平进行全面的了解。可以通过招聘信息网搜索该职位，大致了解行业薪资水平。如果有资源的话也可以咨询同行或者是一些职业咨询顾问，他们给出的意见会更接近真实情况，因为有一些企业在投放招聘信息时，为了吸引应聘者会抬高薪资水平，与实际情况有所偏离。

2. **清点谈判筹码，确定自己的价值坐标。**

你的价值是你谈薪资的筹码，因而想要谈判成功，一定要充分了解自己的筹码，明确自己的价值坐标，并以此为基准，将薪资水平锁定在合理的范围之内。下一步，职场人应当结合自己的优势来评估个人的市场价值，根据自己的市场价值，明确合理的薪资范围。

在明确自己的薪资范围时，可以通过横向和纵向的对比确定自己的价值坐标。

横向对比包括自己与同行业人进行对比，需要明确以下几个问题。

如果把你所处的行业岗位划分为几个等级，你会处于什么样的水平？	
与和你工作经验相当的人相比，你的优势和劣势都有哪些？	
你的核心竞争力是什么？	

通过上述几个问题，可以在同行业中找到一个属于自己的能力坐标。

纵向对比是对自己而言，可以通过以下问题明确自己的薪资期待。

你多年的工作经验积累和能力，有多大的提升？	
你期望的工资希望比上一份工资提升多大的幅度？	
这个期望的涨幅与自己的能力坐标是否相匹配？	

除了明确自己的薪资要求上限，同样也要设定薪资底线。这个底线应该是弹性的，它指的不仅仅是一个薪资数额，还应该包括一些公司的福利待遇。例如是否有带薪年假，是否双休，办公环境是否舒适，晋升空间如何等。

如果最终对方给出的薪资数额低于自己期望的薪资额度，但是其他福利待遇相对满意，能够弥补自己的期望落差，那么，这份工作同样也是可选的。

3. **展示自己的价值。**

任何高工资都需要与能力相匹配。因此，职场人要在短暂的面试期间清晰，简洁地表达出自己的优势，让 HR 明确了解自己的价值。

陈小姐在几次面试失利后，掌握了换位思考的诀窍。通过与 HR 的谈判，她明确了 HR 想要了解的核心问题。

你的过去有什么成功的经验？	
你在过去积累了哪些关键的人脉和资源？	
你的核心竞争力是什么？	
你打算在这份工作中如何作为？	

职场人在跳槽时需要有条理地，从多个维度展示自己过去的经验和未来的价值，为自己能谈到理想的薪资抛出筹码。

在展示自己的价值时还需要注意，不要向对方透露对自己不利的信息，比如你的上一家公司效益不好，你的上一家公司工作氛围糟糕等。

这并不意味着隐瞒，而是为了减少误会。在面试沟通过程中能传播的信息较少，这很容易使 HR 对其中某些信息产生一些个人理解，甚至是误解，这些印象会大大影响你在后续的薪资谈判，甚至会让你错失这次机会。

4. **掌握薪资谈判尺度。**

薪资水平是一个比较敏感的话题，拿捏好尺度是一门学问。

首先表达内容要直接明确，不要说什么“尊重公司的制度”“看公司标准”之类的话。很多岗位薪资其实都是有弹性的，这样的回复很容易让你得到一个最低工资水平。

在谈薪资时，一定不要暧昧不清，或者是放弃自己的谈判权。大胆开口不仅会让你更靠近自己的理想薪资，同样也会给 HR 留下一个自信大方的好印象。

谈薪资时还有另外一种情况，有的人会直接要求一个数字，“我要求月薪 1 万”，“我要求月薪 2 万”等，这样的方式过于生硬，没有给对方留有回旋余地。提薪资时，可以委婉表达，给出对方一个空间，如“我期望的月薪在 12 000~15 000 元”。或者给出一个底线，“如果可以，希望我的月薪不低于 12 000 元”。

在薪资谈判中应当委婉表达，但委婉并不意味着拐弯抹角。

一位 HR 朋友曾经和我分享过，有些职场人在 HR 给出了公司的工资待遇不满意又想再做争取时，会说一些公司离家远或者福利不如原公司之类的话，拐弯抹角地想找一些由头为自己再争取一下，但这种情况基本都不会奏效。

在薪资谈判中一定要守住自己的薪资底线，清楚地表达需求，任何暧昧不清的讨价还价，都是多此一举。

职业出现空白期，该如何向 HR 解释

无论是主观选择，还是客观因素，越来越多的职场人都出现了职业空白期，尤其是在近几年的职场上，这种现象明显增多。

有的人厌倦职场，尝试创业，做项目，做自媒体，最后没赚到钱又回到职场。有的人是被裁员，一时间没找到满意的工作。有的人是裸辞……但在这种情况下，再回到职场找工作的时候，都会被 HR 问到职业空白期这个敏感问题。那么这种时候是要如实回答，还是一带而过？很多人都拿不准主意。

其实，想要知道怎样回答这个问题，首先你要知道提问题的人，究竟想从答案里获取什么信息，知道 HR 心底真正在意的是什么，真正顾虑的是什么，并本着诚实回答，适度美化的原则来绕开雷区，正确回答这个问题。

一般而言，HR 主要在意以下 3 个方面的问题。

1. **求职者是否有工作能力或者工作态度上的缺陷。**

一个求职者有 2 年左右没工作，那么可能性之一就是他能力不足，在其他公司根本做不下去，通不过试用期。HR 对这样的求职者，当然不会留用。

还有一种可能就是，求职者工作能力没问题，但是太挑剔，在哪家公司都干不长，那么 HR 会认为这样的求职者不靠谱，做事情没有长性，总是浅尝辄止，即使他们有一定的能力，HR 也不会把这样的人招进公司。

2. **求职者是否缺乏工作积极性，过于懒惰。**

很多职场人一言不合就辞职，根本没有清晰的职业规划。他们遇到职场

空白期的真相就是：老子不想干了，暂时也不想找工作，先玩一段时间再说。

这种洒脱的感觉可能让职场人在当时感觉非常舒服，但在 HR 眼中，就完全是另外一种解读。这种一言不合就辞职的人代表着一定的不稳定因素，会让 HR 有所犹豫，做出是否录用的考量。

3. 求职者是否职场抗压能力太差。

任何一份工作都存在压力，都需要辛苦付出。承担压力，是职场人的重要素养，而那些动不动就长期逃离职场的人，大部分有一个特征，就是抗压能力差。工作节奏太快、领导态度不好、与同事发生矛盾、客户投诉……似乎任何一个理由都会击垮这样的求职者，让他选择逃离职场，并且短期内不会回归。那么可想而知，这样的人无法承担重任，也不会有太高的忠诚度，随时都有可能因为各种原因离开企业，HR 对这样的求职者也一定会避而远之。

那么，既然知道了 HR 内心顾虑的是什么，求职者面对这个问题的时候，就要尽量去避开雷区。求职者可以遵循以下 3 点思路：

1. 体现自己在职业空白期的价值增长。

职业空白期就一定没有价值增长吗？不一定。但是在 HR 的眼中，长期职场断档极有可能导致一个人的专业能力下降，再进入职场会跟不上发展速度。

我认识一位设计师李先生，他曾经冲动离职，跑出去周游世界，一年以后才出来找工作。在我的建议之下，他提前做好了功课。在 HR 问到这个问题的时候，他拿出了自己的电子相册，相册内容是他一年来在世界各地参加的设计展，并且进行了严格的风格归类，他一边展示，一边畅谈自己的想法。

从 HR 眼睛中的光芒他就可以判断出来，自己一定可以拿到 offer。因为这种展示，表达了他在一年时间内虽然没有留在职场，但是却没有在专业领域停滞不前，反而开阔了眼界，获得了更多行业前沿的信息。

当然在面试的最后，他还是诚挚地向 HR 表示：自己过去有不成熟的地方，现在已经完全收心，做好了重返职场并且长期奋战下去的准备。

李先生顺利拿到了 offer。原因就在于，HR 真正在意的不是职场生涯断档，而是专业技能与视野的断档。另外，他最后的表态也很重要，这相当于主动出击，喂 HR 吃了一颗定心丸，以此来打消了 HR 对他未来职场稳定性的顾虑。

2. **可以美化，但是不要撒谎。**

有些职场人或许会想，既然 HR 的看法这么重要，那完全可以编造一些经历来镀金，不就可以弥补自己的劣势了吗？这种方法绝对不可行。职场人姜先生就这样干过。他有 1 年的职场空白期，原因是失恋加职场倦怠。当再度面对 HR 的时候，他感到这样的原因实在难以启齿，于是谎话脱口而出，表示自己这一年都要照顾生病的家人，所以才没有求职，虽然没有工作，但是也一直坚持学习和参加培训，时刻准备重返职场。这一番表达，令 HR 动容，甚至还寒暄了几句家常，加了微信，最后让他回去等消息。

姜先生回去后却迟迟没有等到电话，于是主动打电话过去，HR 的态度很冰冷，让他看看自己的朋友圈。姜先生的朋友圈里，生动清晰地记录着这一年来的游玩轨迹。在 HR 面前，没有什么比谎言被揭穿更糟糕的事情。还有一些人，编造出一些自己去创业或者帮亲戚打理公司的理由等。实话实说或许还能表明你是一个坦诚可靠的人，但是谎话连篇就意味着进入了职场的禁忌区域。谎言早晚都会被拆穿，而当那一刻到来，每个人都必将为自己的谎言埋单。

3. **积极表现工作能力，并清晰表达自己的职场规划。**

职业空白期是一件已成定局的事情，在同等条件下，它有可能会成为面试的不利因素，那么，就要把自己的重点放在其他方面，要更加积极地去展现能力，因为能力永远是面试成功与否的第一要素。

这或许并不公平，但实际上，能力有时就是任性的资本。

另外，求职者还应该清晰地表达自己的职业规划。比如求职者白小姐，她的职业空白期的原因是从北上广回到了家乡，但是因无法适应又回到了大都市。她对 HR 表示，自己经历过挣扎与矛盾，但最终认定自己还要在这个城市打拼到底。这个决定，是她深思熟虑的结果。

职业空白期是求职中的一部分劣势，所以，职场人要尽可能地不要冲动裸辞，避免出现职业空白期。但如果你的空白期已成事实，就要努力扭转自己的劣势，在面试过程中有所侧重，充分沟通，详尽表达，去打消 HR 的顾虑，那么职场空白期也就不再成为求职难题了。

常见的 10 种面试问题分析

1. 面试官问：你最大的弱点是什么？

面试之所以问你这个问题，是在给你做否定暗示。你在回答这个问题时，千万不要掉进坑里，接受这种否定暗示。虽然我们不能否认自己有缺点，但也没有人会相信世界上有完人。我们可以承认一个微不足道的弱点或一个小小的缺点，然后再说那都已经是过去式了，还要表明自己是怎样克服这个缺点的。

建议可以参考这样的回答：我最大的弱点就是有完美主义倾向，会对经手的工作有很高的标准，会让下属和同事产生压力，导致关系紧张。

尽可能地让答案在展示一部分小的缺点的同时，也展示你的某些优势。

2. 面试官问：你有缺点吗？

每个面试官都希望能招到优质员工，所以遇到这样的问题，不要天真地把自己的缺点全都一股脑地说出来，但也不可以表示自己没有缺点，这会让面试官认为你很自大。

所以，这种时候，你可以讲一些不会对工作产生太大影响的缺点，并设定一个前提条件，表明只有在某种客观情况很糟糕的时候，这样的缺点才会显现出来。例如：我认为自己没有明显的会影响到工作的缺点，有时候我发现自己对那些拖拖拉拉的人确实缺乏耐心。

3. 面试官问：你怎么评价你的前任领导？

面试时，就算你对前任领导十分不满，也不要在你未来领导面前贬低他们或发泄情绪等。一旦你这样做了，就会给面试官留下糟糕的印象。今天你这么做了，面试官会相信你以后也会在别人面前说他的坏话。你也很可能因此失去这个工作机会。

建议这种时候可以放平心态，列举你前任领导的优点以及他给自己带来的帮助和成长。通过这种回答方式，既能表现出自己与领导关系融洽，又能展示出自己的感恩之心。

4. 面试官问：你为什么选择离职？

这是一个非常有挑战性的问题，基本上每个有过工作经验的面试者都会被问到。

你会怎样回答？薪资待遇太差？经常加班？领导苛刻？与同事关系紧张？在回答这个问题的时候，即使你所在的公司的确存在某些问题，也一定不要大吐苦水。因为每一家公司都可能存在或多或少的问题，你把自己的离职原因主要归结于原公司，会让面试官认为你是一个爱抱怨并且不能承担压力的人。

那么在回答这个问题的时候，就要找好落脚点，从这两方面来回答。一方面是，表述自己在原公司主要负责哪方面的工作，取得了怎样的成绩，与团队关系如何等，从积极的方向塑造自己，让面试官在短时间内了解你过去的工作环境以及状态。肯定原公司的人和事其实也是在间接地肯定自己。

另一方面，抛出自己离职的原因，向面试官简述你的职业规划，并表示出自己出于个人职场发展的考量，想要在新公司获得更多机会和锻炼，让面试官明白你是为了谋求发展而选择离开。

5. 面试官问：你认为自己是否能胜任这份工作？你的胜任力是什么？

这是面试中非常关键的一个问题，因此，面试前一定要深度了解公司，分析该岗位，看看自己有哪些能力可以胜任该岗位。这样，自己才会有底气回答这样的问题。

在面对这个问题的时候你要清楚，面试官其实是想通过这个问题看一下你对这份工作的认识和理解。通过你的答案，他们能够了解你的个性，知识技能以及对行业的认知，综合考量你是否能够满足岗位的需求，你的个人态度是否与企业文化匹配。

所以，在回答的时候，要条理清晰，为面试者提供充足的可供考评的信息。

首先你需要表示你对这个行业的态度，也就是对行业的热情，以及对行业未来发展前景的分析。然后请充分将自己的知识、技能、特长、类似工作经验与该职位的任职需求结合进行阐述。更重要的是，要列举你过往成绩的突出亮点，证明你的实力。最后要强调，你具有较强的解决问题的能力，以及对新事物的学习力。

6. 面试官问：你希望与什么样的领导共事？

当面试官问到你这个问题，千万不要按照自己心中理想领导的模型做出描述。这个问题题面问的是你对领导的期望，但实际上，面试官是想要知道你如何看待上下级关系。对于他们而言，更希望招聘一个具有强执行力和适应能力的人，而非一个挑剔的人。一旦你的要求和公司实际情况不一致，公司很有可能会因此放弃录用你。

建议你这样回答：我觉得，职场重要的是做事，无论面对怎样的领导，我都会努力适应，尽快地磨合好工作关系。并且，既然他可以做我的领导，那么必然有他的过人之处。与别人的优点共事，这样自己可以更快地进步和成长。

7. 面试官问：你为什么选择我们公司？

这是一个职场人在面试中经常被问到的问题。因此在面试前，一定要对自己所应聘的企业做充分的了解，被问到这个问题的时候才有内容可谈，展示你更多的优势。

在这个问题中，面试官渴望了解到的是你的求职动机，对这项工作的态度，对公司的认识，对行业的理解。从你的答案中他们可以获取很丰富的信息。

在回答这个问题的时候同样要从多个角度去回答：行业角度，企业角度，岗位角度以及个人职场规划角度。主要表达的核心就是，你热爱这个行业，并且看好行业发展的前景，紧接着提出对方公司在这个行业的优势，并且表示对方公司与自己职业规划目标高度契合，如果能被聘用，会在这个岗位上创造怎样的价值，与公司同步发展。

8. 面试官问：对这项工作，你有哪些可预见的困难？

任何职场都不可能是一帆风顺的，都可能会遇见大大小小的困境。在回答这个问题的时候，不宜直接说出具体可能出现的困难，而是要表达出自己的态度，说明工作中出现困难是很常见的事情，自己具备解决困难的毅力和能力，如果真的碰见很难解决的事情，自己也愿意去提升学习，去解决问题。此外，可以简单列举出自己曾经在工作中遇到的难题，以及自己是如何成功解决这个难题的。

9. 面试官问：你的优点是什么？

面试官希望通过你的回答，找到你的优点与这个岗位的匹配度，以此判断你能够在这个岗位上发挥多大的作用。所以，在回答这个问题时，不要直接罗列自己的优点，而是要针对你所要应聘的岗位，由主到次地列举你的优点。例如，你应聘的是一份创意类的策划工作，你可以着重表达自己的创意能力强。如果你应聘的是一个管理岗位，则是要着重表达你的号召力和领导力比较强。在整个表述的过程中，可以适当简单举例。例如：我很认真，注重细节，我之前给领导提交的文稿从没有出现过错别字。言简意赅的例子可以让你的优点更有说服力。

10. 面试官问：你还有什么问题要问吗？

很多人觉得这个问题可有可无。实际上，这是个很好的机会，因为面试是双方的选择。在这个时候，你可以对自己所应聘的岗位有更多的了解，所以尽可能地问一下与岗位相关的专业问题。一方面你可以得到自己想要的信息，另一个方面也能够体现你的专业度，给面试官留下好感。

HANDBOOK OF PERSONAL
STRATEGIC GROWTH

第八章

职业发展与生活的平衡调节方法论

你之所以如此疲惫，是因为缺少边界感

在我们的生活和工作中，经常会出现这样一些令我们疲惫不堪的场景。

因为碍于面子，你答应去帮朋友一个不愿意帮的忙；因为不好意思拒绝，你加班去帮同事完成某项工作；你对某位同事很好，总是主动为他/她提供帮助，但对方似乎并不领情。

类似这样的事情数不胜数，每一件也许都算不上什么大事，但频繁地出现在我们生活中，让人变得越来越压抑、疲惫、烦躁，却又找不到缘由。

其实从根源上来讲，这是因为很多人都缺乏边界感。

再亲近的关系都存在界限，包括父母子女之间、夫妻伴侣之间、朋友之间、同事之间。这个界限又包括了外部界限和内部界限。外部界限是指对所有物品，包括金钱、衣物、食物的支配权；而内部界限包含的是想法、价值观、情绪。一旦不小心越界，就会为交际带来矛盾和障碍，带来无止境的烦恼和疲惫。

一般而言，缺乏边界感主要体现在以下几个方面。

1. **过度热心。**

因为缺乏边界感而痛苦的人，不仅仅是那些被过度索取的人，也包含了很多过度付出的人。这类人往往有很强的主人翁精神，甚至带有一些救世主情结。他们善良热心，并且把帮助别人当成了自己的责任和义务。

就像很多父母对待自己孩子，孩子在幼年时期无法自理，需要父母无微不至的关心。随着孩子长大成年，这种关系并没有得到改变。因此，很多父母就会插手孩子的工作、生活、婚姻等。在这个过程中，就很容易产生矛盾，受到干涉的孩子会因此而感到不快乐。而作为父母，自己的付出没有得到认可，同样也会痛苦不堪。

这种状况同样也会出现在职场中，有些人对同事很热心，乐于提想法，

过度参与别人的事情，没有底线地帮忙，对别人的方案或项目提出各种各样的意见，但这样的付出并不一定能给对方带来帮助，反而可能给人带来困扰。而提供帮助的人，没有获得正向回馈，同样也会为自己的付出感到委屈痛苦。

2. 过分控制。

这种控制不仅仅是直接的批评命令，还包括一种软性控制。有人看到别人观点和自己不同就会不断地输出自己的观点和想法，使对方认同，而一旦对方没有接受这样的观点和想法，他就会认为对方出现了错误，并不断反复“纠错”，直到对方接受。但这种软性控制，会让人感到烦恼和困扰。

3. 过度讨好。

讨好型人格主要有这样的特征：他们为了获得赞赏和肯定而去揣摩别人的心思，迎合别人的兴趣和渴望，去做一些能让对方感觉到愉悦的事情。

他们在潜意识的认知里，把是否能够赢得对方的认可，当作衡量自我价值的方式。这种不断丧失自我的心理认知，会让人陷入纠结痛苦的循环中，无法自拔。

4. 过于敏感。

这类人的情绪感知力极具敏感，在与他人沟通交往的过程中，他们能够快速地捕捉到他人的情绪反应，并产生复杂的心理活动。他们很在乎别人对自己的看法，很容易受到别人情绪和意见的影响。

例如，某人在与同事沟通的过程中，发现对方表现得很冷漠。首先他会很快地感知到对方的情绪，然后就会思考是不是自己做错了什么，让对方产生了不悦。在提方案时，某人侃侃而谈，但随着有人发出不同的意见，就开始陷入自我怀疑，甚至可能会从他人的逻辑出发，推翻自己，而不是强化自己的方案。这种反应属于过度敏感，这类人会对别人的态度、言行产生激烈的情绪反馈和心理活动，给自己造成困扰。

5. 过度依赖。

有一类人总是喜欢依赖他人，他们通过展示自己的弱小无助，来激发别人的恻隐之心，让别人来帮助自己，并把这种帮助当作理所应当。一旦对方拒绝帮助，他们也同样会用自己的弱势去说服对方，让对方产生内疚感，直至达成目的，这是典型的“我弱我有理”的心态。

6. 过度自我。

这类人会以自我为中心，把自己的边界平移到别人身上。在他们的认知里，别人的原则与标准和自己是一致的。

他们可能会随意使用别人的办公用品，并认为对方不会介意，因为他们也不会介意别人使用自己的东西。他们可能会开没有分寸的玩笑，因为他们并不介意别人这样说自己。如果对方提出异议，他们常常会这样说，“我们谁跟谁啊”“这都是小事，计较那么多吗?”“下次我一定记得啦”……

可一旦有人触犯了他们的边界，他们会非常恼火。总之，在他们的世界里，自己总是正确的、无辜的。太过自我的人，在与人相处的时候，注定会有磕碰，他们在给身边的人带去困扰的同时，也给自己带来无休止的麻烦。

总而言之，生活中很多令人苦恼的事情，其实都源于缺乏边界感。缺乏边界感的人，分不清“你”“我”，无法认同和理解人与人之间的差异性，总是喜欢站在制高点上掌控世界。他们同样分不清楚“利益”和“感情”，常常会在该谈利益的时候聊感情，该聊感情的时候又顾及利益。边界不清会让各种关系变得越来越混乱，也让自己变得越来越累。

那么，究竟该如何减少这些不必要的烦恼，重建生活的秩序呢?

1. 合理拒绝，向别人展示你的边界。

人与人的交际，其实是一个彼此试探，并逐步建立一个稳定的沟通模式的过程。而如果在这个过程中，你没有适时地向别人展示你的界限和原则，就很容易被人侵犯。

所以，在与人交际的过程中，拒绝就是你展示边界和原则的最好方式。如果你很介意对方使用你的东西，就要及时告知；如果你不想让对方使用你的资源，就要及时说不。你可以用委婉的方式表达拒绝，并说出自己的理由，获得对方的理解，但一定不要含糊其词地答应，否则你以后会面临无止境的尴尬和为难。

2. 面对真实的自己，不要成为人设的奴隶。

有时候维护面子，其实就是维护自己的人设。所以有些人即使自己手里没多少钱，生活过得很紧张，还是会为了维护自己大方的人设把钱借给朋友。有些人会为了维护自己热心的人设，选择帮同事完成某项工作。

其实一些所谓光鲜的人设，不过是作茧自缚，为了面子，失了里子。真正的成熟并不需要戴上层层面具，伪装自己。而是你能卸下这些面具，面对真实的自己，找到与这个世界最舒服的相处方式。这样，自己和他人都会感到舒服。

3. 独立，我们无权依赖任何人。

每个人都是独立的个体，我们无权依赖任何人。尤其是对于一个已经进入社会的成年人而言，没人有义务去帮助你。职场是弱肉强食的竞争森林，想要站得稳，只有成为强者，而不是依附强者。

所以，任何时候，不要丢失独立思考的能力，并为自己的决定负责。不依赖他人不仅仅是解放了他人，也是拯救了自己。

4. 建立真正的安全感。

有些人之所以无限地渴望他人的赞赏和肯定，是因为他们内心缺乏真正的安全感。但事实上，这种由他人构建的安全感是无比脆弱的，随时随地都可能会崩塌。

人最大的安全感是自己给的，因此，职场人要懂得回收投放在别处的精力，聚焦在个人成长上。当你通过个人奋斗和努力，不断获得成绩，创造价值时，鲜花和掌声也会随之而来，而只有在这个过程中，你才能真正地在内心搭建起坚固的堡垒。你的努力会兑换成真正的价值，而不会让你陷入无底深渊。

以下缺乏边界感的表现，你占了几条？

日常表现	是	否
进别人房门从来不敲门。		
喜欢看别人的微信聊天记录。		
总是不经过允许就用别人的东西。		
为了迎合、讨好别人，而说出违心的话。		
希望家人按照你的原则去摆放衣物。		
如果有人指责你，你会感到焦虑不安。		
常常喜欢主动帮助别人，会把别人的事当作自己的事情一样伤心，并渴望以此获得赞扬。		
如果身边人有异常表现，你常常忍不住猜测他的心理活动。		
能够很敏感地察觉到周围人的情绪变化。		
你很渴望身边的朋友与你分享他们的隐私，这会让你觉得你们关系亲近。		
当你的朋友陷入情感纠纷时，你会忍不住试图拯救对方。		

高效时间管理术：职场家庭两不误

很多人在进入社会并且组成家庭之后，生活会变得越发忙碌。一边需要努力工作，另一边需要照顾父母，陪伴伴侣，养育子女。

每个家庭的情况不尽相同，但各有各的不易，对于很多职场人来说更是如此。每当到了孩子的寒暑假，他们便会疲惫不堪。这甚至常常引发很多家庭矛盾，使他们渐渐失去了工作和生活的平衡。

提到家庭生活，他们常常会感到很愧疚，因为他们没有时间陪伴爱人和孩子，没时间照顾父母。大多数无法兼顾家庭和职场的人，都被困在一种忙碌感中，他们的感觉就是被事情追着走，整天都很忙，整天没有时间。并且，这种忙碌已经让职场与生活的失衡变得合理化，很少有人思考是不是自己的时间管理出了问题。

在这个时间就是金钱、效率就是生命的职场上，到底如何管理时间，才能真正做到有的放矢，忙而不乱，从容应对职场生活呢？

1. 时间都去哪儿了，你究竟在忙些什么？

上至高级管理者，下至基层业务员，每一个岗位上的每一个人都在拼尽全力去完成任务，争分夺秒，甚至来不及时间复盘，周转在一个接一个的电话、邮件抑或是会议当中，有时候晚上不得不加班赶工。我们真的需要如此忙碌吗？

疲惫了一天，当你回家的时候，家人可能已经睡熟了。很多人恍惚间觉得，这一天忙忙碌碌看似马不停蹄，实则效率低下，可以说是名副其实地在“瞎忙”。所以想要解决问题，首先是要发现问题，分析问题。正如吉德林法则中所阐释的，认识到问题就等于解决了一半。

如何才能知道时间都去哪儿了？这需要通过记录和统计。你可以通过为期一周的记录，来观察自己的时间使用情况，记录每天的时间、事件、时长。

通过记录，你可以发现很多问题。很多人可能本身做事效率不高，要花费比别人更多的时间完成同样的事情。也有的人会把大量的时间花费在紧急但不重要的事情上，并拖慢了其他事件的进度，使原来那些重要但不紧急的事情变得重要而紧急，不得不拆东墙补西墙，挪用其他事情的时间，去忙碌那些眼前很急的事情。整个人都被事情追着走，时间处于一种完全的管理失控状态。最后的结果，只能是延长自己的工作时间，不断地加班，无限压缩与家人相处的时光。

2. 调整时间分配，把主要的精力，放在最重要的事情上。

众所周知，二八原则的作用体现在各个领域。所以在时间管理中，也应该把 80%的精力放在 20%最重要的事件上。那 20%的重要事件也就是四象限时间管理理论中所提到的“重要且紧急”的任务。

但是，很多人没有分清楚什么是“紧急”任务，什么是“重要”任务。问一问自己，每天花费最多时间处理的事情，是原计划中的还是“天外飞来”的？领导扔给你一个文件，就一定要马上处理？客户提出一个需求，就一定要插队去解决？

时间管理一定要明确任务的类型。我们要做应该做的事情，而不是需要做的事情。应该做的事情，是重要的；而需要做的事情，往往是计划外且时间紧迫的。只有把重要的事情拆解步骤，按照计划一一处理，才能够在繁重的任务中游刃有余。

当你的效率越来越高，你的生活空间也就越来越大，你才会有更多的时间陪伴家人、享受生活。

在这里，我们可以使用 ABC 分类法。ABC 分类法，又称“重点管理法”，由美国管理学家莱金（Lakein）提出。其主要含义是，为了提高时间的利用率，每个人都需要确定今后五年、今后半年及现阶段要达到的目标。人们应该将其各阶段目标分为 ABC 三个等级，A 级为最重要且必须完成的目标，B 级为较重要且很想完成的目标，C 级为不太重要可以暂时搁置的目标。具体步骤为：

步骤	内容	细则
第一步	列出目标	每日工作前列出“日工作清单”。
第二步	目标分类	对“日工作清单”进行分类。
第三步	排列顺序	根据工作的重要性、紧急程度确定 ABC 级别顺序。
第四步	分配时间	按 ABC 级别顺序，定出工作日程表及时间分配情况。
第五步	实施	集中精力完成 A 类工作，效果满意，再转向 B 类工作。对于 C 类工作，在时间精力充沛的情况下，可自己完成，但应大胆减少 C 类工作，尽可能委派他人执行，以节省时间。
第六步	记录	把每个工作事项消耗的时间记录在案。
第七步	总结	工作结束时评价时间应用情况，以不断提高自己有效利用时间的技能。

除管理自己的职场时间，提升工作效率之外，管理碎片时间也十分重要。其实碎片时间对于每个人而言都很有价值，但大多数人都把这些时间用来刷手机，用短视频、娱乐新闻、八卦等来“杀时间”。

例如，在通勤时间，你完全可以通过听有声书或看一些电子书来充实自己。如果用一个月的碎片时间来读一本书，那么一年时间也可以增加 12 本书的知识量，或者可以利用这些碎片时间来思考某个方案，把它记录在手机中。

对时间的高效管理，可以帮你释放出更多的时间，来平衡自己的工作和生活。

3. 减少不必要的时间损耗。

（1）拖延带来的时间损耗。

很多人都有拖延症，在完成一项并不紧急的工作时，磨磨蹭蹭地往后拖，做了一部分之后又去忙别的，被其他事情吸引了注意力，最后，可能原本只需要 1 个小时就能完成的事情，却花费两倍到三倍的时间。如果这种情况经常发生，人自然也会变得格外忙碌。

拖延不仅会让很多事情永远处于一种待办状态，更会增加人的心理负担，同时会对时间造成较大的损耗，降低时间使用效率。

（2）干扰带来的时间损耗。

有时候我们正在查找某个信息，可能就会被某一个新闻或者是某个有趣的内容吸引了，在不知不觉中时间就会被浪费掉，这种事情时常发生。所以无论是工作还是生活，都要尽最大可能地保持专注，减少一切干扰。

可以尝试的方法有很多，例如在工作的时候，保持自己的办公环境简单整洁，避免被其他事物分散精力。在读书的时候，把手机放置在别处，尽可能地减少打扰。

（3）参加不必要的会议。

在可选择的情况下，尽可能地不去参加那些与自己关联性不大的会议。如果自己是会议的组织者，那么也尽可能地以解决问题为会议目标，并提前与参会者沟通好会议内容，做好充足准备，避免无意义的探讨，减少时间的浪费。

（4）帮助别人解决问题。

有很多人经常会去帮助其他人解决问题。如果这种情况经常在你的工作或者生活中出现，那么你就需要警惕，不要无限度地为他人提供帮助。在别人寻求帮助的时候，可以适当地提供方法和建议，而不是代替别人去完成。

4. 调整身体状态和情绪状态。

即便你有再好的规划，如果没有精力去实施则等于零，因此，精力、情绪和健康，是一切的基石。

我见过太多在职场上本来想把事情做好，却因为不稳定的情绪反而把事情搞砸的案例。作为成年人，要能分清工作与生活，不让情绪越界。

很多人想尽心尽力地完成待办事项清单上的每一项，奈何心有余而力不足。没有健康的身体，就是失去了“1”，后面有多少个“0”都是徒劳。唯有健康的体魄，才能支撑我们完成时间管理上的每一项任务。

经常锻炼保持健康的身体状态，可以大大提升人的精力，这也直接影响人们做事的效率。即使你没有时间去健身房做专业的健身训练，那么也可以采用最简单的方法通过慢跑和瑜伽来调整身体状态。推荐每周跑步 3~4 次，且每次不低于 30 分钟。坚持两个月后，你会发现自己的状态会有很大的改变。

此外，你需要掌握自己的时间节奏。每个人都有自己的生物钟，在每一天的各个时间段，什么时候精力最好，只有我们自己最清楚。你可以在自己精力最好的时间段处理重要的工作，这会使你的工作效率大大提高，节省出更多的时间，减少不必要的加班，把休闲时间空出来陪伴家人，给家人高质量的陪伴。

职场与家庭的失衡，很多时候看似是因为工作忙碌等客观环境造成的，其实这并不代表这二者是矛盾的、对立的。职场和家庭，都是我们获得幸福不可或缺的部分。所以，每一个职场人，都应该学会自我管理和调节，让职场和家庭处于一种健康平衡的状态。

无效社交与人脉的“断舍离”

“为什么成年人的社交这么累?”相信很多人对此都会有颇多感触，儿时的社交是为了获得友谊，为了获得快乐的，但成年人的社交掺杂着更多东西，为了交换信息，为了经营资源，为了拓展视野等。

人人都知道，好的人脉可以助力我们的事业发展，因此很多人会积极地参加各种聚会、饭局、会议，整日里忙得团团转。相信很多人都看到或者参与过这样的场景：一群陌生的人互相嘘寒问暖，笑脸相迎，满屋子的客套话此起彼伏，然后相互扫微信留电话，可转眼几天之后，就已经记不清对方是谁了。在真正有事情，想要调用资源的时候，没有人愿意伸手相助。花费心思做社交，努力经营的人脉，最后却起不到作用。

费尽心思、时间和精力，最后毫无所得，只留一身疲惫。

于先生刚刚跳槽到新公司，正巧公司开展了新的业务板块，他毛遂自荐成了项目负责人。于先生觉得这是他发展的好机会，自己之前认识不少这个领域的客户和朋友，平时没少和他们应酬，如果自己做了这个项目，这些人脉一定都能用得上，于是非常自信地向公司领导承诺了业绩。

但现实很快给了他一记响亮的耳光，新业务开展困难重重。从前那些他觉得聊得还不错的朋友、客户，在谈到业务的时候都马上换了一副面孔。

于先生很丧气，眼看着工作毫无进展，又没有办法解决，领导对他也很不满意。他难以自拔地陷入抱怨中，抱怨那些“朋友”不讲义气，毁了他的前程。

于先生是个很有上进心的人，而之所以在拓展业务中碰壁，就是因为他没有看清楚人脉的本质，对人脉的作用抱有过高的期望。

他所认为的人脉包括了他之前公司的客户，还有一些通过工作认识的或者朋友引荐的人。仔细分析下来，前任公司的客户和他友好相处，很大可能是因为他背后的平台，如今他到了新公司，原平台的背书作用也就失效了。而那些偶然相识的行业大咖，或者经人介绍的朋友，本质上也只是认识而已，根本无法真正地发挥作用。

所以，当于先生带着新公司的新项目去使用人脉时，人脉失效了，又或者对于先生来讲，这些人脉始终都是无效的，只是一直没有机会验证而已。

对于职场人而言，最宝贵的就是时间和精力，如果把大量的时间和精力都用在了无效的社交和人脉上，最终你不仅毫无所得，也很容易让自己变得浮躁、焦虑，越来越不自信。

那么如何才能避免无效社交呢？

1. **认清什么是无效的社交和无效的人脉。**

人与人的相交，本质其实是价值交换，而无效社交也就意味着打破了这种平衡。与人相交不能以现实利益为导向，但至少要保持情绪价值的交换。如果你在和对方的交流和接触中，很难使自己感到精神上或者情绪上的愉悦，那么这种交流，便是无效的社交。例如，某个同事经常约你吃饭，给你分享他的糟心事，吐槽公司，那么你花费了时间与他社交，但他只能持续地带给你糟糕的、痛苦的负面情绪，这种就属于无效社交。

你自己的层次决定了你接触的人的层次，无效的人脉也就是，你的身份、认知水平、阅历和对方不在同一层次，并且无法为对方带来交换价值。这样的人脉，是你当下无法撬动的，即使你费尽心思地攀附，也很难有所收获。

2. **聚焦于自己，用价值吸引人脉。**

人脉不是慈善，它的本质是价值的互惠，需要遵循等价交换原则。如果你拿着微薄的筹码盲目地去攀附和结交，那永远也无法建立真正有效的人脉。

唯一的方法就是增加你的筹码，这里的筹码指的是你的能力、价值以及资源。

有时候人们把人脉称作是通往成功的入场券。但要知道，这张入场券并不会轻易得来，你需要亮出你的王牌，也就是展示出你的优势和价值。

事实上，有很多人并不懂如何展示自己的价值。明明能力很强，却不懂如何建立自己的影响力。也有一些人，没有鲜明的标签，个人价值并不突出，很难给人留下深刻的印象。

因此，除专注于能力的提升之外，你还需要建立自己的个人品牌。它能精准、直接地展示你的价值，吸引与你个人品牌相关的高质量人脉，也会让你价值倍增。

3. **经营人脉≠交际应酬，拒绝无意义的应酬。**

职场上，我们常常会见到一些人，总是忙于社交，经常应酬，在吃吃喝喝中呼朋唤友，却始终没有沉下心来提升自我。

看似人脉广、朋友多，但本质上这样的人脉关系是脆弱且无效的，同时还会让人产生疲惫感。

一个拥有很强个人能力和价值的人，会吸引高质量的人脉资源。相反，一个没有能力，并且从不学习和成长的人，会离人脉圈子越来越远，甚至和自己的目标背道而驰，每个人都应当警惕。

走稳职场的 5 种重要心态

众所周知，心态对于每个人而言，都起着重要的作用。心态掌控着一个人的思想和行动，也决定了一个人的视野以及事业发展。根据我的调查和访谈，那些能够走稳职场的人，都离不开这 5 种重要的心态。

1. **永远积极乐观。**

在很多人看来，这似乎是老生常谈的口号，人们可能经常提到它，但并不是所有的人都能真正做到。所以，在工作和生活中面临一些不顺心的事情或者是糟糕事情的时候，消极的情绪会不由自主地聚集，人们会习惯性地抱怨委屈，为自己鸣不平，或是用各种各样的方式发泄情绪。

有的人被分配了棘手的任务，大呼自己倒霉。有的人方案被领导否定，会觉得自己能力不行。有的人面对机会还没去尝试，就害怕自己会吃亏……在消极心态的作用之下，糟糕的事情常常与我们结伴而行，整个职业发展也似乎变得尤为缓慢。

优秀的职场人都拥有着积极的思维。在面对一件事情的时候，他们能够很冷静客观地去看待，即使是一个失败的结果，他们也能用积极的思维，在失败中总结出有价值的经验，并寻找新的突破口，他们从不会因为难题而感到沮丧，而是更喜欢接受这种挑战。也正是在这种心态的指导之下，他们往往更容易达成目标，获得更多有价值的经验和结果。

由此可见，积极与消极的心态，会让人们走上截然不同的发展道路。

其实在职场上，有很多人都经历了这样的心理曲线。在初入职场时，他们都表现得非常积极乐观，做事效率高，愿意珍惜每一个机会去提升自己。但随着时间的推移，心态在不知不觉中发生了转变，他们开始挑肥拣瘦，为工作量而抱怨，也学会了偷懒。久而久之，他们会逐渐丧失竞争力，在职场上也会渐渐走向下坡路。所以，当你在职场中，频繁地出现抱怨、拖延、沮丧等情况时，一定要警惕。一个人的职场心态曲线，也正预示着一个人职场的发展曲线。越能持久保持积极向上的人，越容易走稳职场，进入高效的上升通道。

2. **保持包容心态。**

包容关乎一个人的格局。在职场上，关于格局最重要的一点就是，不与认知不同的人争论，更不要把时间浪费在不值得的人身上。职场上，所有的争论都是因为两个人的认知不同导致的，最后争得面红耳赤，不欢而散，这样太没有意义和价值了。

当你和认知远不及你的人去争论，他会把你的认知拉到他的水平线，然后用他自己的道德标准去狠狠地批判你，让你心情不适还备受争议；当你和认知高于你的人去争论，别人会给你贴一个杠精的标签，估计以后不会再与你谈事聊合作。

这样的职场人不管别人说的是对还是错，总喜欢争论一下，刷一下自己的存在感。他与别人争论和抬杠，就是为了发泄自己的压抑情绪，通过争论和抬杠，让自己的心里得到放松。但他们通过这种方式来让自己的心里获得放松，完全没有在乎对方的感受。这也很容易在无形中制造职场矛盾。

所以，职场上，不要和认知不同的人争论，要远离和你争论或抬杠的人，因为这种人不值得你浪费时间和精力与之争论。

3. **不抱怨，不输出负面情绪。**

职场上，当你抱怨和输出负面情绪时，你身边原来认可你的人会远离你。所以，人在职场，最好的方式是不要抱怨，也不要输出负面情绪，更不要表演给别人看，而要遵循自己内心的世界，和自己相比，只要自己一直在进步，就已经非常棒了。

但职场上，总有一些人每天很丧，让周围的同事都莫名地感觉欠他钱一样。其实，人在职场，只要你不抱怨、不输出负面情绪、不演、不丧、不懒、不装，你的职业发展一定不会太差，你也不会焦虑。

4. 过滤浮躁，保持清醒，不要相信所谓的“速成”。

在这个快节奏的时代里，人人崇尚效率，却往往因为过于求快，把自己折磨得浮躁而焦虑。现在很多所谓的大师都在搞“××速成班”，让职场人心潮澎湃，以为参加了速成班，自己就能成为“大师”，但是理想与现实差距甚远，尤其是在尝试过后，更会加剧这种焦虑。而这种焦虑不仅是对自己内心的折磨，更容易让人失去理智和判断力，被自己的欲望收割，进而成为别人的“韭菜”。

职场上，从来没有速成，该你走的路，就要一步不少地走完，即使你走捷径少走几步，但到最后，你还是会重新走一遍。

就像一家独角兽公司的产品经理，总梦想自己赶快财富自由，连续跳槽 3 次，但都是以公司被清算而导致期权或股权作废告终。

职场上，不要急，只有心静，你才不会焦虑，才能真正地去思考，关注自我能力成长，不断地去打造自己的一技之长，这才是能够让你真正稳妥走向成功的底气。

5. “运气”是努力的结果，不是天上掉的馅饼。

在社会上经常有这样一种情况，有一些人成功之后，别人会说他命好运气好，赶上了风口，遇到了好时机。真是这样的吗？

有的人因为做了某个项目，赚得腰包鼓鼓。别人会说，他运气真好，曾经一个普普通通的职员，竟然这么快买车买房，但事实上，他已经在这个行业打拼了五六年，有了很深的积累才抓住了时机。

有人羡慕那些年薪上百万的职场高管，觉得他们运气好，碰到了好公司，遇上了肯提携他们的好领导。但其实他们在拿高薪之前，每天都异常辛苦，没日没夜地加班，为公司创造了价值，才获得了提拔，一步步拿到了高薪。

所以说，“运气”其实都是努力和付出的结果，并非天上会掉馅饼。只有脚踏实地地努力，才能让运气向你靠拢，在机会的东风下绽放更大的价值。

远离那些正在消耗你的"垃圾人"

职场环境在潜移默化中会对人产生重要的影响，有时候会在你毫无防备和感知的情况下，悄然发生改变。

如果你身处一个整洁的大环境，你也会不自觉地变得整洁。如果你接触的都是积极向上、很有干劲的人，那么你也会不自觉地去奋斗。如果你经常接触爱抱怨的人，你也会越来越多地发现公司糟糕的一面，不知不觉地参与吐槽，怨气越来越重。

与优秀的人结交会给你带来力量，增加你的见识，帮你拓宽视野。与负能量的人结交，不仅会浪费你的时间和精力，也会消耗你的心理财产，让你失去乐观、积极、平和等宝贵的精神力量。

正所谓"近朱者赤，近墨者黑"，你与什么样的人交往，就会潜移默化地受到影响，甚至成为那样的人。

所以，在职场中，你如果希望自己发展得越来越好，不仅要从自己的主观层面上进行自我提升，同时也要有意识地去优化自己的环境，尤其是人际交往环境，远离那些消耗你的"垃圾人"。

1. 远离拉帮结派搞办公室政治的人。

很多职场中都存在着办公室政治，尤其是一些大公司，这种情况更为严重。有些人为了利益斗争，大搞"帮派"，抱团取暖。但凡有政治就一定离不开斗争，因此参与办公室斗争的人，也常常会用尽手段为自己争取利益。

我曾接触过一位中层，他空降到新公司之后，另一个部门的领导频频向他示好，非常感谢他热心地给自己提供帮助。到后来，他直到自己被其他部门一个并不熟悉的负责人针对才有所警惕。经过一段时间了解之后，他才发现自己不知不觉地被卷入了办公室政治，甚至差一点成为"牺牲品"。

对于职场人而言，最宝贵的就是时间和精力。因此，要远离那些拉帮结派搞办公室政治的人，否则你会很容易被卷入一些复杂的关系中，这会消耗你的时间和精力，让你疲惫不堪，并不断失去能够真正在职场立足的核心价值。

2. 远离负能量的人。

没有完美的职场，就如同没有完美的人。负能量的人会始终盯着不完美的地方，永远都有抱怨的理由。

在他们眼中，领导永远在压榨员工；工资永远达不到期待；同事永远都是唯利是图；而自己永远是那么努力、弱小又委屈。

小瑞在刚进入公司的时候，其实对公司很满意。后来他经常和同部门的一位老员工一起吃午餐，这位老员工常常会吐槽很多事情，例如：加班餐标准低；某位领导独断专行，不给员工发展机会；年假少；福利待遇差等。

这位老员工有时候甚至还会为小瑞抱怨不公，说小瑞这样的高材生，却被公司当成廉价劳动力，真替他惋惜。

吐槽和抱怨听久了，再加上有时候工作上会遇到一些不顺利的事情，小瑞越来越觉得，这位老员工说的有道理，于是逐渐对公司产生了抵触情绪，也开始学着划水偷懒。直到某一次和同学聊天，发现同学们都进步神速，而自己还在原来的岗位上原地踏步，他才恍然间发现，自己有多么不上进，不知不觉中变成了当初自己最讨厌的那种人。

每个人都会有一种能量的磁场，和负能量的人相处久了，也会不知不觉地受到影响，变得像他们一样满腹牢骚，更无法在工作中找到归属感和成就感。与这样的人结交便是亲手堵上了自己的职场发展之路。

有时候，消化自己的负面情绪已经要花费很大力气，可如果你身边有一个负能量的人，则更会拉低你每一天的生命质量，又如何斗志昂扬地为未来而奋斗呢？

3. 远离平庸懒惰的人。

惰性就潜藏在每一个人的生命中，有些人在不断地努力克制自己的惰性，以期获得更好的发展。有的人崇尚享乐主义，放纵自己的惰性，只求安稳度日，而这种追求，反而会让人在职场越走越不稳。

有这样一种职场人，他们在工作几年之后就开始产生一种养老心态。他们喜欢清闲、不需要加班，又可以安安稳稳双休的工作。上班摸鱼渐渐成了常态，打游戏、看电影、刷手机占据了他们的休闲时间。

成长的轨迹其实很简单，越懒惰越平庸。而越努力，越能收获成长和惊喜。如果你渴望能够在职场上有所发展，那么一定要保持奋斗，远离平庸懒惰的人。

4. 远离搬弄是非的人。

在职场中，有的人很喜欢在别人背后品头论足，搬弄是非。一点风吹草动，就会让他们感觉到兴奋，甚至能够衍生出五花八门的故事。

俗话说“谣言止于智者”。一定要与搬弄是非嚼舌根的人保持距离。无论话题多么具有吸引力，都不要参与讨论，避免自己被卷入不必要的纷争。

职场时间是非常宝贵的，把大把的时间用来谈论别人，无法获得任何价值，反而很容易给你带来麻烦。

5. 远离索取无度的人。

在职场中有这样一种人，就如同职场巨婴，对人索求无度。因为他们需要帮助，在能力上处于弱势，你对他的好都是理所应当，而一旦你没有给予他渴望的帮助，他便会把你判定为罪人。

何小姐当初就是因为来不及帮一位要好的同事修改方案，结果被这位同事冷嘲热讽，背后放冷箭，就好像何小姐做了什么对不起她的事情。

在职场一定要远离这种忘恩负义、拎不清的人。与这样的人结交，就相当于负重前行。不懂感恩的人没有未来，而与这样的人结交，也很容易切断自己的未来。

如果你希望自己在职场中，可以进入高效的上升通道，获得价值提升和成长，那么就一定要学会断舍离，优化自己的职场环境，远离那些消耗你的人，与积极优秀的人结伴而行。

中年危机来袭，如何正确应对

人到中年往往就进入了职场的一道分水岭，有的人积攒了不少经验、资源和人脉，在某个行业做出了一些成绩，甚至成为管理层，进入了职场上升阶段，路越走越宽。但同样也有一些人在这个阶段遭遇了中年危机。他们同样积累了一些工作经验，但核心价值并不高，仍在职场底层打拼。他们很难在职场上获得高薪，因为企业可以很容易花费更低的成本找到替代者。所以在一些企业里，他们往往也是被裁员的首选。

更加糟糕的是，职场上的中年人在生活上往往背负着更大的压力，一般这个时候他们已经组成了家庭，需要照顾父母，养育子女，维持生计。职场与生活的压力，会使他们陷入一种双重困境。

业务员小冯就遇到这样的境况，刚入职场的时候，他为了生存下来拼命奋斗了几年，加班加点不在话下。后来，业务渐渐熟练了，他就开始懈怠下来，工作过得去就行，将更多时间用来吃鸡、刷剧，与朋友聚会喝酒。

他丝毫没有意识到，在激烈的市场竞争中，停步就是退步。当他的身上不再具备成长性，就意味着越来越难以适应公司向前的脚步，所以最后被裁员。为了维持家庭运转，他只能抓紧找工作，没有面试的时候，就去开滴滴、做代驾。

其实中年危机，本质上不是年龄的问题，而是随着时间的推移，职场状态发生了怎样的变化，这才导致了不同的职场走向。

在企业利润下滑、人才市场整体紧缩的情况下，新人大量进入职场，而且现在高校毕业生的综合素质很高，从沟通表达能力，到对社会的认知，再到学习的欲望与能力，只要稍作培养就可以快速上手。

试问如果你是一名 HR，你是否想为公司更换一批新鲜的血液，将这种朝气蓬勃带入公司的发展氛围中呢？

饭碗只有那么多，一个职场人如果没有核心竞争力，还总想仗着自己的资历和经验，很容易被年轻人抢走饭碗。

所以职场上的中年危机并不是危言耸听，如果你还没有遭遇中年危机，那么一定要在职场紧绷起来，打磨自己的实力。而如果你的职场中已经开始显现了中年危机，也要提起精神，整理好思路，去应对这场危机，把人生重新调整到向上发展的轨道。

中年危机并不是绝境，有很多人在遭遇中年危机之后，很容易对自己的人生丧失希望。但其实客观来讲，中年危机只是一种人生考验，如果你正确地应对，仍然可以获得很好的发展。

首先职场人要警惕，如果你的职场中出现以下几种情况，很有可能预示着你已经进入了中年职场危机。

三年以上没有涨薪升职。
领导开会不叫你，或者是会上很少有发言的机会。
你变得拖延懒惰，不爱社交。
不懂得管理时间，每天都很忙，但其实又没有做太多的事情。
每天重复简单的工作，没有任何进步。

遇到中年危机之后，究竟要如何应对，具体可以总结为以下几点。

1. 把此时此刻作为起点，重新开始学习的征程。

中年职场危机的本质，是能力的退步和价值的缺失。

很多职场人都将时间浪费在刷短视频、看剧、打游戏等事情上。如果被这些事情蚕食了大量的时间，那么职场发展必然深受影响。

有这样一些职场人，他们总是通宵打游戏，第二天早上带着黑眼圈去上班，用一杯接一杯的咖啡来提神。可想而知，他们的工作状态必然受到影响，频频出错。

在犯了错之后，他们也许会想过或者尝试过戒掉游戏。但朋友一召唤，就不由自主地“重操旧业”。这就是典型的“奶头乐”的状态。

很多人沉浸在这种快乐之中，逐渐失去了对时间的掌控，甚至会在遭遇中年危机之后，以同样的方式去逃避问题，去发泄心中的郁闷和不快。这样一来，就很容易进入一个恶性循环，在痛苦的泥潭里，越陷越深。

如果你正为中年职场危机而感到痛苦，那么你最应该做的不是宣泄自己的情绪，而是找到一个新的起点，开始学习。针对你的职业，制定目标和计划，提升自己的职业素养并应用在工作中，用效率和价值来摆脱困境。

这是一个连手机都要不停迭代的年代，何况职场呢？

2. 重塑自己的核心竞争力。

这个年代，早已经没有了铁饭碗，所以对抗职场风险的唯一办法就是拥有“一技之长”，而打造“一技之长”的方法，就是找到自己的定位，然后调动所有资源来强化它，使自己在某个领域脱颖而出。

比如你是一个写作很厉害的人，或者培训很厉害的人，那么就刻意打造这种优势，成为你区别于周围其他人的鲜明标签。这样的职场人，才会拥有不可替代性，可以在任何情况下拥有自己的一方天地。

如果用“马太效应”来解释，就是“一个人在某个领域不断获得成功和进步，就会产生一种积累优势，从而获得更大的成功”。具体的方法，在前面的章节已有单独讲解。

3. **重新定位，应对眼前的危机，同时做好长远的规划。**

想要走出中年危机，首先要重新找好自己的定位，走出眼前的困境。因为有些职场人在进入中年危机之后，仍是眼高手低，仍是固执地认为自己从业时间长，经验丰富，可以拿高薪，这种想法无疑会让自己陷入更大的困境。因此职场人需要重新评估自己的价值，先做好眼前的工作，或者是找一份有发展空间，可以得到锻炼的工作，但不能过于要求高薪。放平心态，从零开始，在工作的打磨中，不断去提升自己的价值，让自己进入上升轨道。

与此同时，还要重新给自己做一份长远规划。毕竟，如果这个时候再去做重复性高、成长慢的工作，那么很可能再多努力也是没有用的，因为总会有体力更好的年轻人替代你，甚至会有人工智能来替代你。

前几年，影视发展特别好。但是，伴随着大量影视公司的倒闭，一大批从业人员面临失业，一位影视公司的文学策划却因为提早做了准备，转行到了短视频内容策划领域。因为转行及时，他赶上了短视频发展的红利，现在也发展得非常好。

如果在行业发展中，你无法对行业或者企业正在面临的困境做出预判，并无法估量自己在其中所处的位置，那么也很可能会陷入危机当中。

俗话说，人无远虑，必有近忧。遭遇了职场危机的中年人，要把目光放长放远，时刻把握行业动态。

如果生活与职场不能平衡，该如何调整

很多工作多年的职场人都有一种强烈的疲惫感。他们总是感到很忙很累，并常常陷入一种焦灼的状态。

经常出差，根本没时间陪孩子，很久没有吃过家常菜；身体太差，还不到40岁就有高血压，腰椎间盘突出，得了一身老年病；压力太大，大大小小的事情和决策，没完没了，不知道在忙什么……

在职场打拼，每个人都有自己的疲惫和无奈。忙碌的工作无限倾轧生活，使职场与生活之间渐渐失去了平衡，这会将人推向一种极度紧绷又痛苦的状态。也正是因此，很多职场人常常会萌生一种渴望辞职，或者换一个行业的想法，并希望通过这样的方法，让自己从这种失衡的状态中解脱出来。可一旦真的这么做了，你很可能既无法让自己的职场与生活恢复平衡，又给自己制造了新的麻烦。

俗话说“冲动是魔鬼”，这种逃避的做法并不能拯救你。究竟要如何去调整这种失衡的状态，这个需要根据你当前的状况，做出相应的调整。一般来说，当前的状况大致可以分为以下三种。

1. **情绪失衡。**

你是否曾有过这样的情况，在不自觉中将工作的情绪带到了生活里。也许你正在做的某个项目，进展困难，这让你的心情很糟糕，又很焦虑。你会莫名其妙地对自己的家人发脾气，生活里的一些小事儿，似乎都变得不顺心。当类似的状况经常在生活中发生时，那么证明你的情绪已经开始失衡，你应当及时作出调整，避免自己长时间陷在糟糕的状态里。

（1）判定情绪状态，做好情绪管理。

如果你感到生活、工作都很糟心，那么一定要冷静思考，究竟是哪里出了问题才导致情绪的产生，并针对问题去解决问题，从根源上减少负面情绪的产生。

很多时候情绪是不可避免的，但即使是在职场中产生的情绪，也要做好

情绪分割，不要把职场的烦恼带到生活里。

（2）调整心态，找到宣泄情绪的方式。

当人们的情绪无法宣泄和排解时，这些情绪就会蔓延到生活里。因此，你需要找到一个适合自己的宣泄情绪的方式，运动、读书、绘画、听音乐、散步……都是很好的学习方式，你可以根据自己的爱好，选择适合自己的宣泄方式，全身心地投入一件事情，将自己从糟糕的情绪里抽离出来，并让自己渐渐放松下来。这样才能最大限度地减少情绪的破坏力。

2. **健康失衡。**

在职场中很多人都存在着一定的健康问题，处于一种亚健康状态，身体素质差，免疫力低下，精力不集中，并有一定程度的颈椎病、腰椎病。而一旦这种亚健康状态没有得到很好的调节，长此以往会严重透支健康，给身体带来巨大的伤害，甚至无法正常工作和生活。

如果你的身体出现了多种亚健康状态，那么一定要及时作出调整。

（1）做一次全面的健康检查。

正常情况下，成年人每年都应当做一次健康体检，全面了解自己的身体状况，防微杜渐，有针对性地对自己的健康进行调节，这不仅是对自己负责，更是对家人负责。

（2）调整饮食。

现在很多职场人的饮食健康意识很差，这也会渐渐导致很多健康问题。有些人工作压力大，应酬多，习惯了放纵食欲，麻辣油腻，来者不拒，完全不顾健康。也有的人为了着急赶工作，不能按时吃饭，随便应付自己。每个人的健康其实都掌握在自己的手中，如果你希望尽快脱离亚健康状态，就需要有意识地对自己的饮食进行管理，避免放纵食欲，保持规律健康饮食。

（3）制订适合自己的运动计划。

好的身体状态离不开运动，如果你想要调整自己的健康状况，一定要把运动纳入自己生活的一部分，并根据自己的实际情况制订运动计划。以周为单位，每周进行3~4次的运动，并坚持下去，你的健康状态会大有改变。

（4）改掉坏的生活习惯。

一切糟糕的生活习惯，都会影响健康，除吸烟饮酒之外，很多人都有睡前刷手机的习惯，一刷就是几个小时，不知不觉就成了熬夜党，长此以往，你的身体健康会被透支。所以尽可能地改掉这些日常影响健康的坏习惯，保持健康高质量的生活。

3. 家庭与事业失衡。

很多人在自己的时间规划中，都曾主动或者是被动地将家庭放在事业之后。也正因此，随着工作越来越忙碌，照顾家庭的时间被无限挤压，无暇顾及家庭，也渐渐失去了自己的生活。长此以往，压力会将你绑得越来越紧，纵使你的事业做得成功，却失去了家庭的幸福感。所以，不要等到自己成功了，或者是赚钱了，再去回归家庭。即使忙碌，也可以通过调节，给家人更多的陪伴和关心。

首先，要把家庭纳入时间计划的一部分，而不要把家庭时间拿来随意占用，不要完全扎在工作中，在休息时间要更多地陪伴家人。张弛有度，才能让你保持最好的状态，做出更好的成绩。

其次，要提高相处质量，注重碎片时间的使用。很多人都以自己很忙为理由，感慨自己没有时间陪伴爱人和孩子。其实充分利用好碎片时间，同样可以给家人高质量的陪伴。例如晚餐过后放下手机，放下工作，陪伴家人，散步聊天；睡觉之前，可以给孩子讲10分钟的睡前故事。这些都可以让我们在忙碌之余，体会家庭生活的幸福感。

最后，要懂得把控细节，注重仪式感。在一些重要的节日，用心准备一份小礼物，同样可以对家庭生活起到很好的调剂作用，让家人感受到关心，体会到幸福感。

如果你的职场生活严重影响到了你的健康，让你长期处于一种焦灼状态，甚至没有时间陪伴家人，失去了自我，而且这种情况一时之间无法得到调整，那么这个时候可以考虑通过调换岗位，来调整自己的生活。但一般这种情况我不会建议辞职，因为那无疑又会给自己增加巨大的经济乃至精神压力。在自己一直从事的行业领域里，找一个可以满足自己需求又相对稳妥的岗位。这样做，一方面可以调节自己的生活状态，另一方面也可以沿用自己以往的行业经验，以保障职场的顺利发展。

总之，职场奋斗是为了追求更好的人生，但人生不只有事业，健康、家庭、朋友也同样是实现人生幸福不可或缺的部分，每一个职场人都要学会调节，万不可为了工作，而忽略了太多更重要的东西。

果断撕掉“能者多劳”的标签

在职场上，很多人被分配了超额的工作之后，都会被冠以能者多劳之名，这看上去像是对能者的肯定和夸赞，却是职场中很多人的痛点。

起初，能者因为多劳会得到领导和同事的认可，也会因此而获得一定的认同感和满足感。但久而久之，在能者多劳的观念驱使下，能者变得疲惫不堪。

设计师魏先生的设计能力强、工作效率高，领导经常在开会时夸奖他，把他作为榜样。

工作得到认可，自然是一件很有幸福感和成就感的事情，魏先生觉得得到了领导的重视，工作也更加努力。但这样的结果是，他被领导指派了越来越多的工作。在一个由 8 个人组成的设计团队中，他一个人所承担的工作量就达到了 20%到 30%，相当于一个人干了两个人的活。

在团队中，他的多劳似乎变成了理所应当，如潮水一般大大小小的工作向他涌来，让他疲惫不堪，他也不由得生出了满腹的抱怨。

起初那些微薄的自豪感、成就感，已经完全被疲惫和不公淹没。有时候为了快速完成这些工作，他会不得已地压缩工作质量，但也会因此而受到批评。能者多劳最终演变为多做多错。

很多管理者都渴望拥有可以一人分饰多角承担更多工作的优秀员工，但只是一味地让员工能者多劳，这样的做法是对优秀员工最大的伤害。

长期繁重的工作会让能者的压力过载，失去工作热情。当多劳没有获得相应的回报时，能者会产生一种不平衡感，滋生很多的抱怨，并转化为消极因素呈现在工作中，导致工作质量下滑。

有时候，能者为了减少被过度压榨，会扮演平庸者的角色，隐藏自己的“锋芒”，推脱那些分外的工作，最终成为不能多劳的弱者。

让能者多劳也会让弱者惰怠，陷入平庸的恶性循环。

弱者因为能力短板，业绩水平一般，缺乏鼓励，即使有时候他们提出一些建设性的意见和方案，也并不会被采用或者得到重视。长此以往，他们会变得意志消沉，甘于这种平庸，产生一种“我弱我有理，你行你先上”的消极心态。

这种消极其实是在无形中得到了鼓励。因为，最终大家获得的回报并没有改变，能者没有多得，弱者也没有损失。因此在职场上，一定要正视能者多劳，让你的付出有价值，才能让你的职场发展更稳妥。

1. 开诚布公，向领导提出你的诉求。

你因为工作能力强，而被分配了超额的工作，却没有获得相应的回报。长此以往，你的内心会渐渐失衡，在工作和心灵的双重重压之下，你会变得疲惫不堪。因此当这种情况发生在你的职场里时，你一定要适时地向领导提出你的诉求，否则你会被无限加码。

职场上只有相对的公平，而有时候这份公平需要你自己去争取才能获得。

如果你的工作严重超出了负荷，那么就要开诚布公地和领导协商合理的工作量。

如果你能够承受工作的负荷，却没有获得合理的报酬，那么主要就是和领导谈薪酬。

只有主动争取，才能让自己的付出更有价值，保障合理权益。

2. 做有挑战性的工作，而不是重复性的工作。

工作所得的价值回报不仅包括薪酬，更含有一些隐性价值。这种隐性价值包括个人能力的锻炼和提升，以及给你带来的价值背书。

因此，在职场中，如果领导额外给你分配了一些具有挑战性的工作，或者是重点项目，这些都值得去做。即使这些工作可能目前没有给你带来更高的收入，但在后续的职场中，它们也会体现巨大的价值。

何先生进入了一家新公司，在一年多的时间里，无论在收入上还是在工作能力上，都得到了质的提升。何先生学习能力很强，业务能力也不错。新公司的领导惜才，很欣赏他的能力，经常会给他一些有挑战性的营销策划工作，并且会根据他工作成果的价值给予相应的奖励。何先生找到了适合自己的“土壤”，在短时间里，得到了快速的成长。

但如果你的领导，因为你的工作能力突出，而不断地给你分配一些重复性工作，从中你既得不到能力的提升，又无法获得高价值的职业背书，而且这种情况持续较长时间，这就需要你去和你的领导商谈，或者重新考虑这个工作机会。

3. 远离道德绑架，帮助弱者不是义务。

能者多劳，有时候就像是驱使强者的指挥棒，推动强者去承担更多的责任，而手握这根指挥棒的，有时候不一定是领导，也可能是同事。

在一些职场人的逻辑里，他们总是会没来由地认为我弱我有理，强者帮助弱者是理所应当。

陈先生能力很强，工作效率很高，但也因此干了更多活。在他忙完了领导分配的工作之后，同一组的同事就会对他各种夸赞和欣赏，紧接着就会把自己的工作抛给他。陈先生本来性格内敛，不善拒绝，但也正因此，很多同事都愿意找他帮忙，这也使他忙碌不堪，甚至常常加班。

时间和精力是每个人最珍贵的财产，一味地信奉能者多劳，埋头苦干，也很容易让你越忙越累，越忙越贬值。合理地管理自己的时间和精力，撬动最大的职场价值，才是职场人的发展之道。

重视细节，快速拯救职场健康

在日复一日的职场忙碌中，很多人都出现了一些亚健康的问题。deadline、KPI，各种各样的压力席卷而来，让很多人无暇顾及自己的健康状况。各种老年病、慢性病开始年轻化，入侵职场人。

结合你的实际情况，判断你最近的职场状态。

选项	是	否
1. 常常感到头晕、乏力、困倦，提不起精神。		
2. 手机成瘾，常常刷视频、刷新闻，半天时间就过去了。		
3. 入睡困难，有轻微失眠。		
4. 早起困难，即使睡了很久，仍会有挥之不去的疲惫感。		
5. 记忆力减退，经常丢三落四。		
6. 很难集中精力看完一本书，或做一件节奏慢的事情。		
7. 颈椎、腰椎、关节、肌肉伴有一定的疼痛状况。		
8. 已经很久没有大汗淋漓地运动过。		
9. 很难控制体重，小腹有明显赘肉。		
10. 急躁、易怒，有时候甚至忍不住对身边的亲人发脾气。		
11. 胃口不佳，喜吃辛辣、味道重的食物。		

如果你最近 1 个月左右，有出现 6 个以上表格中的选项所描述的情况，就需要注意自己的健康问题了。

职场上的持续发展离不开健康的身体，即使工作再忙碌，也可以通过一些方法，对自己进行管理，让身体保持健康的状态。

1. **重视喝水。**

很多职场人都是在发觉自己渴了之后才去喝水，但当你口渴的时候，说明你的身体已经处于缺水状态，这个时候你的身体很容易感到疲倦，思维反应速度也会慢下来。所以，职场人一定要养成主动喝水的习惯，水能够促进你的新陈代谢，使你的思维变得敏捷，起到提神醒脑的作用。

还有一点需要注意的是，大多数职场人都会长时间地在电脑前办公。而电脑在开机以后会形成静电场，吸附大量悬浮的灰尘。这也会使放在桌子上的杯子，在静电的影响下吸附更多的灰尘，因此在办公室使用的杯子，一定要配一个杯盖儿，减少灰尘和细菌，以此来保障自己的健康。

2. **工作间隙科学放松。**

张弛有度，才能保证更好的工作状态，但越来越多的现代职场人，把刷手机当成了放松方式，这无疑会给人增添更多的疲惫感。

久坐不动，是很多职场人的头号敌人，这会使你的腰椎颈椎等健康受到损伤。因此建议职场人在工作 1 小时之后，适当放松 5 分钟。可以做一些简单的肩颈操，或者是去茶水间给自己沏一杯茶，去洗手间整理一下妆容，都可以让你的身体和大脑得到放松。

3. 注意眼部休息。

用眼过度，会使眼睛变得干涩，甚至引发头痛，影响工作效率，也会影响健康。所以，职场人在每工作 1 小时左右的时候，要适当让眼睛休息一下，向远处眺望，做简单的眼部保健操。可以给手机设定闹钟，渐渐养成习惯，日积月累会大大提升健康指数。

此外，将你经常使用的软件设置成护眼模式，可以有效地减少屏幕对眼睛的伤害，将电脑桌面换成令人心情愉悦的图片，在工作之余，让你的视觉得到放松。

4. 按时吃早餐，午餐要膳食均衡。

一天之计在于晨，早餐对于职场人保持高效的工作状态至关重要。在快节奏的工作和生活中，职场人都忽视了早餐，但长此以往会导致免疫力下降，甚至患上胃病、结石、贫血等慢性疾病。每天按时吃早餐，会让你精力充沛，心情愉悦，进入最佳的工作状态。

职场人的午餐，同样应该注重膳食均衡，不能只顾口味而忽视营养。尽可能地丰富品类，多吃谷物、蔬菜、豆制品、奶制品、肉类。少食煎炸食物，多吃蒸煮菜品。

5. 每周三次慢跑。

对于忙碌的职场人而言，他们很难花大把的时间泡在健身房里，但运动不可忽视，可以每周进行三次慢跑，每次半小时，或者在休息时间做一些拉伸运动。长期坚持，可以大大提升身体机能，让身体保持健康状态。

6. 定期给手机、键盘、鼠标消毒。

手机、鼠标和键盘是大多数职场人经常接触的东西，但这几样东西也往往最容易藏匿细菌，很多人甚至已经想不起来自己上一次清理它们是什么时候了。所以为了自己的健康，一定要定期给手机、键盘和鼠标做清洁和消毒，减少自己被细菌入侵的风险。

7. **营造舒适的办公环境。**

办公环境不仅会影响工作状态，也会影响身体健康。在工作时可以多开窗换气，让室内保持空气流通。可以为自己添置一些绿色植物，减少辐射，提高空气质量。

8. **午睡 20 分钟。**

午睡可以让职场人的身体快速充电，但午睡的时间不宜过长，20 分钟足够。午睡时间过长，反而会越睡越困，让人提不起精神。即使你无法快速入睡，也可以闭目养神 20 分钟，让大脑得到充分的休息。

9. **用花茶代替奶茶。**

奶茶成了很多职场人下午茶的首选，但奶茶含糖量较高，很容易给身体带来健康隐患，同时也容易使人发胖。建议职场人用枸杞、菊花、玫瑰花等泡茶代替奶茶，养生保健，促进健康。

10. **睡前半小时放下手机，保证优质睡眠。**

健康的身体离不开优质的睡眠，如果睡眠质量不佳，那么整个人一天都会昏昏沉沉的。现代人对电子产品越发依赖，经常会玩手机玩到很晚才睡。熬夜已经成为习惯，但这也无形间损害了健康。因此为了保证高质量的睡眠，一定要对自己做好时间管理，不能毫无限制地玩手机，一定要在睡前 30 分钟放下手机，让自己进入放松的状态，逐步进入深度睡眠。

不要等到失去了健康，才发现它的重要，职场人对健康的管理是人生不可或缺的部分，这是对职场负责，也是对自己负责。

HANDBOOK OF PERSONAL STRATEGIC GROWTH

第九章

个人品牌的塑造和应用

打造职场中的不可替代性

为什么有些人工作勤恳努力，经常熬夜加班，但还是廉价劳动力，拿不到高薪？

为什么公司里有裁员的风吹草动，有些人就开始紧张，担心自己在名单之列？

为什么有些人明明对工作很不满意，却担心自己找不到更好的工作？

其实类似这种现象的出现，都是因为缺乏职场核心竞争力，不具备高价值。在职场上，那些具有高价值的职场人，往往具有很强的不可替代性。我接触的一些高管、行业大咖，他们从来不会为这种问题而忧虑，他们在职场上，拥有着很多选择权。因为，他们所具备的资历、能力，构成了不可替代的核心竞争力。

相反，对于那些随时可以被替代的人，企业并不会太在意他们的离开，因为企业很容易招聘到同等层次的人，没有必要花费更高的成本留住你。

这就是职场，没有核心竞争力的人，拼了命地求资源；而不可被替代的人，则可以自由地做取舍。

职场上的不可替代性，指的就是你的核心竞争力，一般而言，你的核心竞争力越强，你的不可替代性就越高。那么首先，我们就要了解什么样的人才，才是企业中具有核心竞争力的人才。

1. **技术精英。**

所谓“不可替代”，就是一个职场人的独特性。那么职场人首先要学会分析自己的性格特质，看看自己应该向哪个方向发展，发现自己的竞争优势。

有些职场人更适合成为技术精英，他们或许对外界的人际关系不敏感，但是在某一领域具备天赋才能，并愿意长期坚持并付出努力。

阿里巴巴有一个叫“多隆”（花名）的技术大牛，他已经做到了P11(阿里有两条职级体系：一条是P序列，代表技术；一条是M序列，代表管理)，但是多年来一直在一线写代码。在这个领域，他就是能够做到极致水平，达到“碾压”的效果。

对于普通职场人来说，如果确认了自己的核心竞争力要在技术层面打造，那么就要发挥“工匠精神”，跟着市场的脚步不断精进技术，并强化自己的个人品牌标签，成为一个细分领域内的专家。

大多数职场人都可以在技术领域寻找自己的核心竞争力，哪怕是写作、演讲，甚至制作PPT，只要在一个细小的领域做到极致，都会有职场突破的机会。

2. **资源整合者。**

资源整合，是职场人打造“不可替代性”的一个重要选择方向。如果说，技术精英的核心竞争力在于自己发力，那么资源整合者的优势就在于借力。

很多行业大牛都是厉害的资源整合者，总是可以将创意、人才、资金、渠道等资源做出最合理的组合和摆盘，最后达到多赢的效果。

普通职场人也可以在这个方面进行突破。我认识一个小公司的运营，学历不高，入职的时候只有很低的薪水，但是领导很快发现，他有惊人的整合能力，能够精准地吃透公司的产品与创意，并对接到恰当的渠道。一个毫无背景的小职员拥有这样的能力，领导如获至宝。我想企业无论如何裁员，都不会裁到他。

对于企业来说，除了技术型人才，一定也需要好的资源整合者。如果你认定自己无法成为一个技术型人才，可以试着向资源整合这个方向努力。在未来的市场发展中，它将是最有含金量的职场价值之一。

3. **战略人才。**

所有成功的企业、企业家，都是趋势与选择的产物。

市场竞争，很多时候并不是企业之间实力的单纯比拼，而是趋势的判断、分寸的拿捏、面临选择时的取舍。所以，每个企业都需要这样的人才。

对于普通职场人来说，同样需要这样的判断能力与布局能力，它能够让任何一支团队，焕发出不一样的面貌。

一位公司的老总提起过，当年他旗下有三支团队在做业务，彼此之间既是伙伴关系，又是竞争关系，既要联合起来对抗市场竞争者，也难免会在发展过程中遇到彼此之间的竞争与比较。

最后完胜的那支团队，销售额是另外两支队伍总和的两倍。而这位老总认为，之所以出现这个结果，除惊人的业务能力之外，还因为这支队伍有战略型人才，对团队的节奏和每一步选择都有自己的判断。所以，战略能力也可以作为打造核心竞争力的方向之一。

对于职场人来说，要想在战略方面打造竞争力，需要的是认知格局上的提升与碾压。它比拼的不是灵感，而是大量实践与见识下形成的观察力与判断力。

总之，技术、资源整合、战略加起来就是一个企业的命脉，它决定了一个企业能够站得多高，走得多远。只要你能够站在企业的命脉当中，起到举足轻重的作用，自然不会被轻易淘汰。

打造不可替代性，除具备核心竞争力之外，更要学会打造个人品牌。个人品牌是指个人拥有的外在形象和内在涵养所传递的独特、鲜明、确定、易被感知的信息集合体。

在任何环境中，人们都更青睐那些看起来有威信力、可信赖的知名人物。通过个人品牌可以减少人们的分析辨识环节，能够让人快速知道你是谁，你的亮点和特长是什么。

有人的地方就离不开竞争和比较，拥有个人品牌，让你的核心价值发挥最大的影响力，就很容易在竞争中脱颖而出。

在职场中，个人品牌将会发挥巨大效能，让你在竞争激烈的职场环境中，成为不可替代的高价值职场人。

拥有了个人品牌，可以让你的领导快速地识别你的价值，从而把你放到合适的位置上，并为你配备相应的资源，还会让领导在关键时刻第一个想到你、重用你，你也更容易拿高薪。

总之，个人品牌已经成为未来社会的一种发展趋势。各行各业从卖产品向“营销自己”“销售自己”，从而销售产品或服务转变，网红直播就是这样。微小的个体纷纷开始树立自己的个人品牌，抢占细分市场；自媒体人从“流量思维”向“品牌思维”转变。

可以说，个人品牌将帮助更多的普通人打造并升级自己的不可替代性，并逐步突破圈层。

个人品牌塑造最关键的 9 大问题

任何品牌的打造都离不开商业模式，个人品牌也不例外。只有将各个模块有机整合，才能成功地建立并传播个人品牌，使它能够发挥巨大的影响力，服务于我们的个人发展。

在个人品牌的塑造过程中，可以根据商业模式画布理论打造适合自己的运转模式。

商业模式画布直观、简单、可操作性强，其中包含以下 9 大关键要素。

<table>
<tr><td rowspan="2">重要伙伴</td><td>关键业务</td><td rowspan="2" colspan="2">价值定位</td><td>客户关系</td><td rowspan="2">客户细分</td></tr>
<tr><td>核心资源</td><td>渠道通路</td></tr>
<tr><td colspan="3">成本结构</td><td colspan="3">收入来源</td></tr>
</table>

商业模式画布

1. **价值定位——我能提供什么样的“产品”或“服务”？专业领域、主要特色、卖点。**

塑造个人品牌的核心就是要输出价值，也就是你能够为别人提供什么样的产品或服务。一般而言，职场人的个人品牌定位要依照自己的职业方向进行选择，并要在这个大的行业方向，确定自己的坐标，即选择一个细分领域，作为自己的主要方向，并设计自己的特色和卖点，使自己可识别并强化竞争优势。

例如，一位设计师可能会做 logo 设计、平面设计，也会做包装设计，但是在给自己做价值定位的时候，必须要选择一个细分领域，将它打磨成自己的强项。假设这位设计师根据自己的从业经验与能力，将化妆品行业的包装设计作为自己的专攻领域，经过一段时间的打磨，他的作品具有鲜明的国潮风格，深受年轻人的喜爱，也符合当下行业发展审美趋势。那么经过不断塑造和传播，他的个人品牌价值很容易被客户识别。总之，你的价值定位越聚焦，也就越精准，识别性也就越强。

2. 客户细分——我能为谁提供价值？谁能为我的价值埋单？客户特征是什么？

如果一个品牌没有明确的目标受众，那么这个品牌本身也是模糊的。品牌的受众越精准，品牌的特色也就越鲜明。这里的受众指的就是商业画布理论中的客户细分。

明确客户细分其实很简单，只需要你弄清楚自己能够为谁提供价值，并且这份价值最终将会由谁来埋单。

在明确了自己客户细分的人群之后，可以通过年龄、职业、爱好、心理特征对你的细分客户进行深入分析，以便自己更深入地了解客户，并且更精准地输出个人品牌。

3. 核心资源——我是谁？我拥有什么资源？

个人品牌的核心资源指的就是一个人的核心价值。其中包括了一个人的知识结构、核心价值、影响力、人脉等。因此在个人品牌模式设计中，一定要对自己的核心资源进行清点，并在个人品牌的塑造和传播中，利用这些资源，帮助自己实现更大的效益，获得更好的发展。

4. 渠道通路——通过什么途径宣传自己，交付自己的价值？

个人品牌的传播通道一般包括两个部分——内部通道和外部通道。

内部通道，指的就是一个人的中心能辐射到的交际圈。也就是指日常与同事、领导、朋友、亲属之间进行的传播。

外部通道指的就是与陌生人之间的传播。这种传播通道主要依赖于互联网。当下，随着互联网的发展，我们拥有了越来越多的宣传渠道。自媒体平台、短视频平台、直播平台等都可以纳入我们的渠道通路。但在这里我并不建议全渠道进行传播，而是要根据你的受众对渠道进行合理选择。

5. 客户关系——怎样和目标消费者打交道?

这本质上讲的就是一种客户沟通关系，主要包括沟通形式、沟通内容、沟通要点、沟通技巧。在打造个人品牌的过程中，我们要根据自己个人品牌的特性以及用户特征，选择一种双方都比较舒服和高效的沟通模式。

比如，有的个人品牌打造与大众的沟通方式主要是通过平台输出的内容，目标客户在阅读了这些内容之后，如果有想法，就可以通过平台互动，对于双方而言简洁又高效。如果有客户希望通过进一步咨询解决某些问题，才会进行 1 对 1 的沟通。无论何种沟通方式，都是根据沟通需求来选择的。

6. 重要伙伴——谁能对我起到关键性的帮助作用?

个人品牌的发展离不开资源的加持，因此在个人品牌的塑造和传播中，需要梳理自己的重要伙伴，这里的重要伙伴指的可能是重要客户、品牌方等。你需要对重要伙伴的特征需求进行分析管理，并适时地对自己的个人品牌进行调整。

例如与品牌方沟通诉求，辅助他们获得更好的品牌宣传效果；又或者充分了解领导的性格、想法以及工作模式，有针对性地对你的领导进行向上管理，成为领导的左膀右臂，从而获得领导的提携……

一旦你的个人品牌与重要伙伴达成了高质量的合作关系，就会使你的个人品牌获得更快速的发展。

7. 关键业务——我最重要的价值是什么?

每个人的业务能力可能包含方方面面，可以做的事情也有很多，但每一件事情产出的结果价值并不相同。关键业务主要指的是那些可以让你兑换高价值的筹码。

例如，一位平面设计师可能懂得一些绘画，并且这份能力可以辅助他的个人品牌建立。但对于他而言，可以获得高价值回报的是海报设计，而并非他的绘画。

其实，关键业务本质上指的就是“一技之长”。因而职场人在打造个人品牌时，要明确自己的关键业务，并持续地深化、优化自己的关键业务能力，使其具备强有力的品牌竞争优势。

8. 成本结构——我需要付出的成本都包括什么?

成本结构也是个人品牌能否成功建立的关键因素。个人品牌的成本结构主要包括物资、时间、精力、压力。

有些人在建立个人品牌时为了提升品牌宣传效率，会投入资金，做流量曝光，或者组织线下活动来增加自己的影响力。但这种方法更适合资本玩家，一般来说我并不建议普通职场人使用这种方式，尤其是在个人品牌建立初期，盲目地投入资金来获得流量，很可能只是昙花一现，甚至没能产生一点波澜，最后得不偿失。

个人品牌的建立需要持续稳定的价值输出，逐步赢得粉丝的信任，这样你的个人品牌才能稳固。因此我认为，时间、精力、压力才是建立个人品牌主要的成本。职场人需要根据自己的个人情况，明确自己有多少可以自由支配的时间精力，了解自己可以承受多大的压力，制定个人品牌塑造的计划。切勿为了实现一个宏伟的个人品牌计划而透支自己，这样反而会给你造成阻碍。

9. 收入来源——我能收获什么价值?

个人品牌的建立并不是一种兴趣，而是为了追逐名利，其最终的目的是要实现价值。在个人品牌模式的建立中，一定要明确自己的收入来源，也就是通过怎样的方式获取哪些价值。

有形价值包括劳动报酬、粉丝等；隐形价值包括影响力增长、能力增长、职业机会等。

获得收入的方式，也会根据每个人的个人品牌特点有所不同。对于普通职场人而言，他们的收入来源主要就是自己的薪资报酬以及职业机会。对于一些在互联网上有较大影响力的个人品牌而言，他们的收入来源较为广泛，不仅包含了自己职业上的收入和机会，还包含了粉丝的增长、流量变现、品牌合作等。

总之，个人品牌的打造，需要有系统性的商业逻辑，它能够帮我们更全面地剖析自我，找准定位，并进入稳定的成长通道。

如何做好个人品牌定位

品牌定位是成功打造个人品牌的关键，只有在定位清晰的情况下，一个人的个人品牌才会有鲜明的特色。

一个清晰的个人品牌定位一般会具有以下三个关键性特征。

独特性：指的就是排他性稀缺价值。

也就是“人无我有，人有我优”。比如在一个群体里，你的写作能力很强，文笔最好，那么写作就是你的品牌定位所具有的独特性。

相关性：指的就是这项价值是否可以实现与某类人群的连接。

正是因为具备这种相关性，个人品牌的影响力才能够在相关的群体中逐步扩散，像滚雪球一样，越滚越大，产生更大的价值。

一致性：指的就是你的价值满足了这个人群的什么需要。

体现价值的最直接方式就是满足需求，如果一个人口渴，那么对他而言，大鱼大肉，远不如一杯清水有价值。所以只有在供需一致的情况下，个人品牌才能实现品牌价值最大化。这也就意味着如果你所付出的价值仅仅与目标群体存在着相关性，但并没有满足他们某方面的需求，那么你的个人品牌是不具备高价值的。

那么，在个人品牌的塑造中，要如何进行品牌定位，打造出具备高价值的个人品牌呢？建议职场人参考以下几种策略。

1. 在个人品牌定位中，我们不是去创造某种新的、不同的事物，而是要做创新者，以独特鲜明的风格，做好自己的差异化定位。

例如，我认识一位历史题材的创作者，他做过自媒体也出过书，有很多粉丝。其实历史题材的创作者非常之多，其中不乏大量专业人士，但这位朋友之所以能够脱颖而出，是因为他有着清晰的定位，具有自己独特的创作风格。他能够把晦涩的历史，用语言转换成一个又一个生动的故事，并在长期的内容输出中始终保持这个风格，让人读着有趣，读得上瘾。既有趣又有料，也正因此，才牢牢地吸引住了自己的粉丝。

任何一个领域的个人品牌，都可以根据自己的实际情况，利用差异化定位，来形成自己的风格。

2. **简化信息，做到少即是多，摒弃含糊其词的词语。**

个人品牌定位，越简洁越精准。因为一旦出现了多个标签，很容易让受众分散注意力。如果一位创作者给自己的品牌定位包含了幽默、犀利、理性、个性化等多个标签，那么他所输出的内容就会很不稳定，很难在读者心中留下深刻的记忆点，也就不具备识别性。

其实对于任何品牌定位而言，少即是多，把一个点做好做精，它的效果远大于你去做10个点。就像很多人做商品品牌，把一个点做到极致，就可以引爆市场，让用户尖叫。

3. **既要读懂用户，也要吸引用户。**

读懂用户，本质上也就是找到用户的痛点，如果你的个人品牌能够解决某一类用户的某些痛点，那么他们将成为你的忠实粉丝，信赖并支持你的品牌。

吸引用户也就是要把你的个人品牌做出亮点，超越用户的期待，使他们眼前一亮，并愿意持续关注你。也就是，你既要有可以与人共情和共鸣之处，又能够带给用户附加价值。

4. **聚焦用户，抢占其心智。**

定位不是围绕产品进行的，而是围绕潜在客户的心智进行的。

为什么要抢占用户心智？因为在这个互联网高速发展的时代，各种各样的信息以极高的效率传播，但是信息传播过度反而阻碍信息的传播，导致传播渠道堵塞。相关媒体、品牌太多，出现暴增趋势。用户拒绝与以往知识、经验不相符的信息，只接受与其心智相符的信息，并且会过滤掉其他一切信息。那么我们在制定个人品牌定位时，一定要深入研究用户心理，清楚地了解他们最在意什么信息，最想得到什么信息。我们要尽可能地与用户的某些需求保持高度契合，帮助自己完成品牌沉淀和口碑传播。

5. 充分利用头部效应，是进入用户心智的捷径。

正如我们在前面所提到过的头部效应，群体里的最优者会占据用户绝大部分的注意力。即使再小的头部，头部效应也会极其显著。例如，在你的团队中，你的演讲能力最强，或者是你制作表格最快，你的PPT做得最好……总之在任何一个小小的领域成为头部，都会使你有机会在群体中脱颖而出。因而在个人品牌的定位中，一定要充分运用这种头部效应，找到适合自己进入的领域，先成为小的头部，再逐渐升级优化，扩大影响力。

构建个人品牌识别体系，打造更具传播性的个人职业形象

个人品牌的建立需要多维度、系统性的打造，除了要根据定位做好内容输出，更要打造独特的个人品牌识别体系，巩固你的品牌形象。

首先，品牌的传播需要一个好的品牌名称。品牌名称在整个个人品牌识别系统中，具有举足轻重的作用。那么，究竟要如何才能为自己设计一个让人过目不忘，又易于传播的品牌名称呢？

这就需要对我们品牌的含义有足够的认识，它不仅是一个名称，还代表着特定商品的属性，可以快速地让我们了解这个品牌是什么，以及它背后交付的价值。品牌也同时附着一定的文化，具有一定的个性，承载着一部分人对其产品以及服务的认可，具有深刻的内涵和外延。

职场人可以根据自己的定位，通过以下几个维度，为自己设计一个优质的品牌名称。

名字要直接体现定位。也就是必须做到让人只要看到名字，就知道能获取怎样的内容。例如，我的个人品牌“猎头老王”，用户在看到后第一眼就能知道我做的是职场内容，很容易识别品牌名称背后交付的价值。如果一个品牌的名字比较抽象，那么它的可识别性会大打折扣，推广难度也会大幅度增加。尤其对于个人品牌来说，品牌名称越直接越好。建议可以采用“角色定位”+“名称”的取名方法。例如，“设计师某某”“茶艺师某某”“律师某某”……

大俗即大雅。大俗的名字往往更令人印象深刻，咬文嚼字取出来的名字，有时候更像是一种自嗨。自己沉浸其中，却无法给用户留下深刻印象。所以，有时候通俗的东西，往往更有助于传播。像现在很多大品牌的化妆品，都会起一些通俗易懂的昵称，传播效率极高。个人品牌名称的设定，也是同样的道理。

个性化。要避免大众化，必须有鲜明的独特性。差异化是一个品牌必须满足的第一个条件，如何让你和同类的竞争者区别开来，易识别、易记忆、易传播，否则你很容易在竞争中被忽视、被湮灭。

职场人在为自己设计个人品牌名称时，可以根据以上几个思路，设计多个选项，并在小范围内进行测试。测试受众要锁定在你定位的目标用户群中，以陌生人为佳，并根据测试效果进行选择。

在设计好品牌名称之后，则需要对自己的识别系统进行打造。

logo 设计：一般商品的品牌都会有 logo、包装等一系列的 VI 识别系统设计。一般而言，个人品牌的 logo 可以是个人形象展示，这是最易识别的形象，例如我做职场类的个人品牌就会把自己的西装形象照片当作 logo，用作个人品牌的推广。当然，这并不是绝对，而是需要职场人根据自己的个人品牌类别进行选定。像一些设计类、艺术类的个人品牌，他们会使用一些自己的知名作品作为 logo 进行推广展示，也有一些人会专门针对自己的个人品牌名称做字体设计。总之，这类方法都是为了让自己的个人品牌有更清晰的形象展示，辅助记忆和传播。

简介设计：一个好的简介，能够让人快速读取你的价值标签。个人品牌需要两种简介。一种用来展示你的身份，让人快速了解你是做什么的，你的特点是什么，类似于产品的广告语。例如，一个文艺又有趣的资深插画师，脑洞大开的科学知识博主……通过一句话，用户就可以快速识别你的身份，甚至是你的成就。另一种个人简介多用于内容推广，以及一些场合的自我介绍。这份简介所涵盖的信息量要更大，但内容也不易过长，可以包含你的职业身份、从业经验、成就、作品等。拿出你最具价值的标签，让别人一目了然，知道你是做什么的，有过哪些成就，处于怎样的层次，进而用户会对你产生更深刻的认识，并产生进一步的思考，考量是否能够与自己产生价值连接。

形象设计：一个人的形象是个人品牌最直接的体现。在生活中，我们经常能通过一个人的外在形象大致判断出一个人的职业。例如，艺术工作者打扮更随性且富有个性，很多程序员戴眼镜并喜欢穿格子衬衫等，虽然这并不绝对，但在某种程度上体现了人们对于外在形象识别系统的一些比较普通的判断标准。因此，你需要通过对衣服、鞋子、发型等设计，打造出与自己的个性以及品牌特征相一致的形象特色，并长期保持这种特色。在形象设计上，不仅要在外观上符合职业特征，更要在气质上与定位保持一致。你展现的形象可以是严肃的、文艺的、特立独行的、实用性的……但一定要和你的职业风格相一致。

语言设计：口头表达和肢体语言，同样是个人品牌中重要的一环。你的展示风格不要经常变换，如肢体语言、口头禅等。比如，在网络上爆火的某位网红，她在所有场合的第一句开场白都是"大家好，我是谁谁谁"，这句话已经深化成为她独特的语言标签，让观众快速想到她是谁。如果她频繁地更换自己的语言标签，那么她的传播效果也会大打折扣。

个人品牌的传播，需要来自方方面面的雕琢和打造。也许有人会认为，很多行业大佬，无论走到哪，穿什么，说什么，都不会动摇他们在人们心中的形象和价值定位。当一个人达到某种高度，或者得到一定成就之后，的确不需要外在形象的设计和加持，但是对于大多数在职场上摸爬滚打的普通人而言，在社会成长规律和规则之下，尽可能地对自己做好设计，由内至外多维度地打造个人品牌，才能更快速地进入职场上升通道。

打造个人品牌如何避坑

如今，越来越多的人已经开始有意识地去规划和打造个人品牌。有成功者，也有失败者，还有人跌倒后再爬起，仍是收效甚微，从此便开始坚定地认为这条路，极其艰难。但事实上，很多失败者之所以连连惨败，都是因为一不小心走入了误区，而始终不自知。

一位教育行业从业者想通过打造个人品牌提升知名度，从而实现知识变现。他研究了很多人的成功案例，把自己的发展路径规划得很好。但是在实操过程中，还是出现了问题，投入了大量的时间和精力，却根本没有溅起什么水花，没有聚拢多少粉丝，更没形成什么影响力。

经过深入沟通后，我发现了他失败的两个主要原因。

频繁地修改定位。他在建立个人品牌的过程中，心态过于急切，在一开始就极为注重效果反馈。一般在个人品牌建立之初，都会经历一个缓慢的起步期。但是这位咨询者在发现粉丝增量少，效果不明显时就开始重新调整自己的定位。而如此反复操作，不断地推翻重来，反而会让他的职业品牌成长更为缓慢。

在个人品牌起步期，盲目投入大量资金，用来拉流量、聚拢人气。资金投入并非不可行，它的作用是可以助推职业品牌影响力的扩散，但并不适合在前期尚未建立影响力时投入。

因为这两点错误，他折腾了将近一年时间也没有什么效果。针对这两方面的问题，他重新梳理思路，又继续深耕。半年后，他打开了影响力，开始进入个人品牌发展的上升期。

所以，即便你已经掌握了一定的方法，还是要小心规避一些误区。根据一些真实案例分析，在个人品牌建立的过程中，很容易出现以下几种误区。

1. 定位混乱。

定位混乱会直接造成形象模糊。很多人在给自己做个人品牌定位时，设置了多个标签，但是标签越多，反而会使识别性越差。也有一些人，在给自己做出了定位之后，输出的内容却偏离了方向。我认识一位科普知识博主，他经常会去追热点、谈娱乐、谈体育等。短期内，貌似一篇文章产生了不错的效果，但是从长期来看，这会让他的定位越来越模糊，逐渐失去竞争力，进而陷入发展滞缓期。

2. 缺乏核心价值。

没有核心价值的个人品牌只是个空壳。有这样一类人，他们往往顶着某某领域专家的头衔，把自己包装成“高大上”的形象。但再看他们所发表的想法文章等，你会发现他们的认知其实很浅，有很多人甚至剽窃他人的观点。他所输出的价值根本无法支撑起他所包装的个人品牌形象，所以无法留住目标用户。

3. **忽略营销。**

有一些人性格腼腆，不好意思“吆喝”，不去做宣传营销。虽然时代的发展加快了信息传播的效率，但也并不意味着这已经是一个“酒香不怕巷子深”的时代，而且现在“好酒”太多。越来越多的竞争者涌入市场。如果你不去为自己做营销、做宣传，品牌打出去的机会很小，你的“酒香”很容易被淹没。

4. **对能力认知不清。**

认知不清就容易做出错误许诺，最后失去信任。我此前曾见过一个写作导师，承诺帮助付费学员百分之百实现写作变现，但最后被学员声讨，很长时间不敢再发声。还有一些人承诺自己专业能力有多强，能解决什么样的问题，但当真的有人向他求助时，却选择视而不见。这种做法，会对个人品牌造成严重伤害。

5. **盲目投入，不懂规则，投入过高成本。**

有很多人在建立个人品牌前期为了快速打开影响力，投入了资金买流量买关注。但个人品牌的打造不同于打造网红，它需要持续价值输出来获取影响力。网红、大 V 可能会迅速蹿红，但个人品牌需要逐步建立、积累、经营。个人品牌一旦建立，生命力更长，影响力更持久，不容易被人遗忘。盲目地投入资本，很可能会“颗粒无收”。

6. **急功近利。**

无论是在个人品牌建立阶段还是在经营阶段，急功近利都很容易将你推入泥潭。有些人为了快速聚集粉丝，大搞噱头，最后得不偿失。有些人急于变现，过度消费粉丝，消耗了粉丝的信任。还有的人杀鸡取卵，收割粉丝。曾有不少写作类个人品牌，为了变现，打着各种噱头将粉丝转化为学员，但课程交付价值低，没有对粉丝产生什么有价值的帮助，最后粉丝倒戈，在网络上对其声讨，他们的个人品牌也逐渐销声匿迹。

还有一些人，有了一定影响力之后，滥用个人品牌，什么钱都赚。曾有一位读书博主，带货卖过奶粉，也帮品牌商推广过化妆品，为了变现而忽视了自己的定位，这会给个人品牌带来很大伤害，失去粉丝的信任。

7. 缺乏成长，没有价值迭代。

这是一个信息快速迭代的时代，大量新鲜的信息每天从四面八方涌来，如果一个个人品牌故步自封，无法持续输出新鲜的、有价值的内容，很难长久立足，很快就会被新鲜的信息所覆盖。所以，做个人品牌不光要聚焦自己，更要持续地关注行业发展，捕捉最新的知识，这样你的个人品牌价值才有可持续发展的动力。

个人品牌的变现通道

优质的个人品牌都离不开变现环节，这是其价值最直接的体现方式。通过变现不仅可以获得更丰厚的收入，同时，也可以促进个人品牌影响力的提升。

对个人品牌进行变现，并不意味着收割粉丝，消费影响力。而是通过合理的模式兑换价值。

当下时代较为常见的个人品牌价值货币化形式一般包括以下几种。

1. 品牌代言、广告推广。正如前面所提到的，这类变现方式属于影响力变现，而且这类变现需要一定的前提条件。首先，你的影响力要足够大，目标受众要精准。也就是说你能够在某个领域，积累一定量的粉丝，并在这个群体中拥有较强的影响力和号召力。同时，需要注意的是，你所代言的品牌或者推广的广告，要与自己的个人品牌定位保持高度的一致性。例如，一个化妆品领域的个人品牌，可以做化妆品类的推广；插画师可以推广优质的画材品牌。同时，在做品牌推广之前，一定要做好筛选，确保推广产品或服务的品质，否则一旦产品出现问题，既会伤害粉丝的信任，也会伤害你的个人品牌。

2. 产品变现：包括有形产品、无形产品。一些手工艺人可以销售自己创作的作品。一些创作者可以销售自己创作的绘画作品和文字，获得收入。还有一些人会带货，售卖其他产品。有一些知识型个人品牌，会通过带货销售书籍来变现。总之变现方式要结合自己的品牌定位进行选择。

3. 演讲、培训、咨询。例如，心理类个人品牌，可以为用户提供心理咨询。管理类个人品牌可以为企业提供管理知识的培训等。

4. 出版书籍。有一些个人品牌在具备一定影响力之后，可以通过创作出版图书，来获得版税分成。像一些有影响力的插画师会出版绘画书籍，一些育儿类个人品牌会出版一些育儿相关的书籍。而我出版的多部书籍，主要也是围绕职场和管理。其实出版书籍本质上也属于一种产品变现，因为它也具备着商品属性。这种变现方式最重要的不仅仅是给自己增加了收入，更重要的是，它能够以书籍为载体，将你输出的价值进行更大范围的传播，进一步扩大你的影响力。但出版书籍这种变现方式也并非适合所有个人品牌，无论是图画还是文字，你的创作都需要达到出版水平才能够通过此种方式来变现。

5. 活动站台的出场费。一些大型峰会、论坛或者活动，都会邀请具备一定影响力的人物出席站台，或者做讲座、做访谈等。

6. 形成 MCN 。MCN（Multi-Channel Network）是一种多频道网络的产品形态，将 PGC 内容联合起来，在资本的有力支持下，保障内容的持续输出，从而最终实现商业的稳定变现。其实也就是通过资源整合在某个领域进行矩阵式运营，做深耕，多头并进，驾驭流量，从而获得稳定而持续的收入。

一般来说，个人品牌变现主要是以上几种形式，当然市场上也存在一些其他变现方式，例如资源整合、资源置换等。

在明确了个人品牌的变现方式后，要如何设计出适合你的、最赚钱的变现模式呢？一般要从以下几个思路入手。

1. 客观地自我评估，通过优势和劣势进行取舍。

任何领域、任何渠道，都有变现机会，都已经有人做得很出色。但最好的变现方式，都是以自我能力为依托并有所取舍。而这个取舍则是要依据你的优势和劣势，大胆割舍你的劣势，把更多的精力用在你的优势上。不是所有变现途径都适合你，一味地寻求多渠道变现，分散发力，反而会大大降低你的变现能力。例如，你并不具备较强的创作能力，而是擅长与人沟通，做咨询和培训。那么，你也就不必为了变现而强迫自己去锻炼创作能力，而是应该将精力放在如何提升咨询、培训的能力上，怎样给自己增加背书，怎样满足客户的需求，解决他们的痛点，给他们带来价值。

2. 单点切入，做透一点，在某个主阵地打出影响力，再全面开花。

虽然每一种变现方式都是独立的，但是当你在某一个点做好之后，就会产生较强的影响力，增加其他渠道的变现机会。就像现在，有很多人在出版了书籍之后，扩大了影响力，紧接着就会有一些品牌推广以及活动邀请。所以，挑选一个最适合你的变现方式，做精做透，你的变现能力也会大幅度提升。

3. 充分运用复利效应。

复利效应是一种“滚雪球效应”，也就是利滚利、钱生钱。因此在个人品牌变现时，充分利用复利效应，可以大大增强变现能力。例如，通过出书可以获得收入，同时又可以扩大影响力，影响力的扩大也会进一步促进你的变现能力。这就是一种复利效应。但是这种复利效应能够充分发挥作用的前提是，你的作品要足够优秀，真正能给读者带来价值。你的内容价值越高，那么它最终显现的复利效应也就越强。或者是为客户提供咨询服务，如果你的服务质量高，并且能够真正帮助客户解决问题，那么你不仅可以收获一份优厚的咨询费用，同时客户满意之后，也能够为你增加口碑。

在个人品牌变现中，还有一个重要的问题，一般来说，个人品牌建立前期，有一个艰难爬坡的过程。这个时候你要付出很多时间和精力来塑造自己的个人品牌，同时，在这个时期，你的影响力微弱，还不足以变现。如何在没有“钱途”的情况下始终坚持，直到个人品牌变现呢？

在变现之外，找到另外的价值支点，比如自我提升和成就感、粉丝认同等。

通过专业咨询或者研究相关案例，明确方向的正确性，确定自己没有站错跑道，否则一切都是徒劳。因而，要及时地优化和精进，使你的积累发挥最大价值，获得强大的变现能力。

让你的个人品牌具有持久的生命力

一个品牌，如果没有持久的生命力，那么它的发展一定是有限度的。我曾见过不少个人品牌，犹如昙花一现，绚烂一时，最后却草草收场。

一般而言，打造个人品牌必须具备四种能力。很多人的个人品牌无法建立或者是无法持久，都是因为或多或少缺乏了其中的某种能力。

1. **认知能力：**一个优秀的个人品牌，离不开精准的定位，而品牌定位背后所考验的就是一个人的认知能力。你是否能发现自己的优势、劣势，看到自己的潜力。你是否能够将自己精准地嵌入某个领域，找到适合自己发展的路径……这些都离不开强大的认知能力。这个认知既包括对自己的认知，又包括了对外部环境的认知。

2. **学习能力：**有不少个人品牌在建立之后就开始吃老本儿，消耗仅有的影响力。任何个人品牌如果不学习迟早会枯竭，如果不能与时俱进，很容易在信息的迭代中被淘汰。

3. **营销力：**再好的个人品牌都离不开传播和营销，只有通过努力将你的个人品牌传播出去，才能让更多的人感知并接受你的价值，并形成影响力。

4. **影响力：**只有逐步扩大自身影响力，才能让品牌走得更远，影响力是个人品牌最重要的无形资产。

如果缺乏上述 4 种能力，个人品牌将很难站稳市场。

那么职场人在成功塑造了个人品牌之后，如何让个人品牌实现可持续发展呢？这就需要进一步地对个人品牌做深耕。

1. **保持稳定的人设，持续输出价值，并不断优化迭代。**

个人品牌可持续发展的最优路径，就是持续在某个领域深耕，做深、做精。根据已有的定位，持续输出价值，让自己变得越来越专业，增强你的威信力和信服力。我认识一些个人品牌做得很好的权威人士。他们现在已经有了很高的地位和成就，而这些人基本都是在自己的领域里深耕 10 年以上，这也使他们在行业内部拥有了很高的话语权和影响力。但并不是所有的资深从业者都始终处于上游，因为有些守旧派跟不上形势的变化，整个认知还停留在过去的阶段，很快就会被汹涌的后来者湮灭。

在管理学中有一个著名的"达维多定律"，它是以英特尔公司前往副总裁达维多的名字命名的。达维多认为，一家企业如果想要在市场中始终占据主导地位，那么它就要永远保持创新和领先，第一个开发出新一代产品，甚至不惜淘汰自己的产品，不断地自我迭代，始终保持竞争优势。

2. **注重内容的可接受度、可读性。**

很多人做内容输出，效果并不好，很大程度上是因为内容的可接受度低。尤其是一些生涩的理论、方法、知识点，不加以阐释，用户可能很难理解。所以，输出内容的可读性、可接受度，成为打造一个人持久品牌力的重要维度。例如，同样是做历史类个人品牌，一般来说，深入浅出，具有趣味性的内容更容易受粉丝欢迎和传播。一些相对枯燥、生涩的内容则很难吸引用户的阅读兴趣。

所以，降低内容的获取难度，增加内容的可读性是打造个人品牌持久力的重要指标。其方法也是多种多样的，例如，你想要输出一个方法或者理论、观点的时候，可以通过一个耳熟能详的故事引入，让受众去理解和吸收这些核心的知识点。或者你可以通过提出问题，让用户一起思考，进而输出你的理论，又或者以漫画、图文、网络流行语言等方式，对你的内容进行阐述。总之，根据你的内容定位，你可以找到一种或者多种展示方式，来增加内容的可读性，让用户觉得有趣、有料，愿意追随你，成为你的忠实用户。

3. **做好运营和互动，增加黏性，维护忠诚用户。**

个人品牌的持久发展，离不开内外的协同作用。所以除了做好自身的价值输出，更要重视与用户和粉丝的互动。通过多种形式的互动，增加黏性，保持一种稳定和高质量的连接。例如，我在打造自己个人品牌的过程中，不仅仅是单方面的输出，也会与读者互动，针对某一问题进行深入沟通。我还会不定期进行一些直播互动，针对某些话题与粉丝进行近距离沟通。这种做法不仅能够增加用户黏性和忠诚度，同时对自己也能起到促进作用，了解用户反馈，强化自己的思考认知。

4. 保持曝光度和存在感，让目标用户经常可以“看”到你。

个人品牌影响力的塑造，离不开曝光度。所以，要尽可能地按照一定的频率出现在目标用户的眼中，让你被目标用户经常看到。这种看到的方式有很多，你可以通过输出观点，创作文章，或者是视频等形式让你的粉丝知道你最近的想法和动态。包括你的朋友圈，都需要围绕你的定位，保持一定程度的更新，这样你才能够在目标用户中保持存在感。

5. 塑造不可替代的核心优势，雕琢差异化。个人发展升级，个人影响力价值也会随之升级。

一个人的核心价值是决定个人品牌影响力大小最关键的因素。所以如果你希望自己的个人品牌影响力可以持续发展并不断壮大，那么你需要将更多的精力用在塑造自身的核心优势上，并在优势上做出自己的特色，打造不可替代性。

例如我认识的某位作者，他最开始只是一个普通的创作者，后来机缘巧合成了自媒体人，打造出了自己的个人品牌。他因为在同类创作者中特色鲜明，很有自己的风格，后续又有出版社的编辑来向他约稿谈合作，于是就顺理成章地出版了几本自己的书，紧接着又组建了自己的公司，培养出了更多的优秀创作者。深入分析你会发现，随着他核心竞争力越来越强，他的影响力和资源也不断升级，并进入一种良性的发展循环。

6. 学会创新，不断自我挑战。保持思维活跃性，学会跨界，你会收获意外惊喜。

创新可以让个人品牌拥有持久的活力。创新在某种程度上意味着打破传统，那么这也必将带来挑战。而敢于拥抱挑战的人，往往会获得更多的机会。

创新并不等于创造，这个时代的创新可以是多种多样的，跨界已经成为这个时代的一种创新玩法。你处于任何一个行业中，都应该培养自己的跨界思维，它能够帮助你打开思维，在你所深耕的领域，找到突破口。比如，现在很多品牌设计搞跨界，大白兔奶糖出了香水，马应龙出了唇膏，六神花露水风味鸡尾酒等。跨界让老牌企业融入了潮流，给市场带来了新的活力。而对于个人品牌而言，运用跨界思维，同样可以帮助你打开新局面，塑造差异化。

同时，有一些创新思维方法，可以供我们借鉴，帮助我们在做个人品牌时，打开思路。

逆向思维	从事件相反的角度考虑，例如，把某件事情的终极目标作为研究起点。
否定思维	通过否定过去的经验，构建一种全新的事物。
曼陀罗法	这是一种发散思维方法，利用一幅九宫格图，将你想要解决的主题写在中央，然后把由主题所引发的各种想法或联想写在其余的八个圈内，最后通过不同的发散点，寻找新的可能性。
优点列举法	逐一列出事物的优点，进而探求解决问题和改善现状的对策。
缺点列举法	针对一项事物，深入挖掘其各种缺点，进而探求解决问题的方法和改善对策。
希望点列举法	通过不断地提出“希望”，不断设想怎样才能做得更好，为了达成预估希望，进而探求解决问题的方法和改善对策。

如何使你的个人品牌得到高效传播

在传播学领域，有学者把传播分为这五种主要类型：自我传播（人内传播)、人际传播、群体传播、组织传播、大众传播。但本质上，传播就是传递信息。

个人品牌只有传播出去，才能与目标用户产生连接，并不断塑造影响力，最终完成价值的交互。很多个人品牌最后都败在了传播上，有的人把品牌传播出去了，但是标签模糊，用户记不住，这样的传播很难产生价值；有的人花费了很多时间、精力，甚至投入了不少资金，但是用户并不埋单，对你的内容不感兴趣，对品牌不感兴趣，这也是失败的传播。

对于个人品牌而言，发表一段感谢，发布一张图片、一篇文章或者一段视频，或者举办一次活动，无论大小，都会涉及传播问题。在制订个人品牌传播计划时，一定要了解个人品牌传播的5大关键维度，并在制作传播计划时，通过这5个维度评估你的传播计划是否到位。

深度	是否能给用户留下深刻印象，让用户记住你的关键标签。
广度	有效传播范围是多大，也就是被多少人关注。
速度	以怎样的速度，怎样的周期，向用户传递信息。
温度	是否让用户接收到了你的情感价值，引发共鸣。
精准度	是否将你的价值传递给了目标用户。

你的传播计划只有确保在这5个维度上都有合理的规划，才称得上是一个合格的传播计划。

除此之外，传播效率也是一个需要重点考量的问题。

最重要的一点就是要考量你的个人品牌定位和你的传播内容是否准确，是否具有较高的传播力。如果你的个人品牌自身的传播力不足，那么即使你的宣传方法很好，也很有可能无法获得很好的效果。

例如你是一个以职场知识干货为定位的个人品牌，为了追逐热点创作了一篇娱乐相关文章并发布出去。无论你的文章本身是否有亮点或者卖点，一旦发布出去，这都会是一次失败的传播。因为你的传播内容与你的定位不符，这会让你真正的用户感到没有价值，也会让你的个人品牌受到损伤。

所以，传播之前可以通过以下问题，对传播内容做好审视。

1. 是否有卖点？在信息爆炸的年代，人们只会关注亮眼的东西，而你的标签是否足够吸引人？

2. 是否有价值？是否会让用户感觉对自己有用，或者感兴趣？

3. 是否能够聚焦某类用户？你的信息是否能戳中某类细分人群的心理？

4. 价值与用户是否匹配？你输出的价值和你的目标用户是否一致？

一般而言，常用的个人品牌传播方式，主要包括以下几种。

1. 多做内容输出。你输出的内容可以最直接地展示出你个人品牌的核心价值。例如，我在做“猎头老王”自媒体品牌的过程中，主要是以发表文章来实现价值传播的。近几年来，我始终在各个平台保持一定频率的曝光，从而积累了一定的粉丝量和影响力。除朋友圈之外，如知乎、微博、头条、一点资讯、百家号、领英等都是比较适合传播价值的平台。

短视频也是很好的传播渠道，且传播效率较高，你可以运用短视频，简单精练地传播某个观点、知识点等，让用户快速接收到你的价值。

需要注意的是，你所输出的内容一定要标新立异或观点与众不同。因为在这个时代，信息纷繁复杂，内容的独特性直接决定了你是否能够获得关注度和粉丝沉淀。

2. 多参与社交。在社交环境中你的个人品牌更能发挥价值，并帮助你吸引相同领域的人脉，建立最直接的联系，并不断打开自己的影响力。

3. 尽一切去分享。分享可以连接一切，通过分享，你可以使更多的用户与你产生共鸣或共情，从而记住你，甚至愿意主动帮助你进行传播。哪怕是一个瞬间产生的想法，或者是对某件事情有感而发，抑或是一张图片，一次见闻……都可以拿来分享。

4. 尽可能多地与大咖进行互动，并把你们的互动展示出来。这种做法可以从侧面为你增加人脉背书，增强你的个人品牌信服力。

5. 多出去演讲，参加媒体活动、行业活动。传播观点或故事等这类活动主要以线下传播为主，虽然其扩散力不如网络，但是这种传播极为精准，更有利于树立专业的正面个人品牌形象。在参与此类传播的过程中，一定要注意做好素材整理，例如参与活动的相关图片、信息，以及自己从中所获得的成果等。在活动结束后，可以将这些内容在互联网平台进行二次传播，充分地使用这些资源，从而进一步扩大营销效果。

虽然传播方法多种多样，但是好的传播，一定是有取舍的。那么职场人究竟要如何打造适合自己的传播渠道和传播方式呢？

在线下渠道，如果你还不具备较强的影响力，应当主动争取与个人品牌相关的活动机会，积极参与进去，参与度越深越好。利用活动扩充人脉，提升自己的曝光率和背书。如果你已经具备一定的影响力，并经常会获得一些邀约，那么这个时候需要做的是谨慎选择。选择那些与自己的个人品牌相关度高的活动，或者是大咖云集的活动和在行业内声望较高的活动。

在线上互联网端，先运用好最基础最有效的渠道——你的朋友圈和微博，充分利用这两大平台，可以让你快速地辐射到身边的人脉。

其他自媒体平台的宣传，建议选择用户更多，推荐机制更人性化的推广平台，比如头条系产品，这种去中心化推荐机制，更适合建立个人品牌，因为如果你的内容具有价值，就会相对容易获得推荐。

选择比较好入手的方向，输出价值，不一定要会写文章，但一定要会表达，有观点。做视频、做直播，或者是分享你的作品等，都可以输出你的价值。例如，如果你是一位绘画创作者，那么持续地输出你的作品，才会吸引更多精准粉丝。

在整个传播的过程中，需要注意的是，一定要以自我为核心，认清自己的能力，清点自己的资源，不要被别人的成功案例“洗脑”而打乱了节奏。能够将自己的能力资源最大化地使用，才是真正适合自己的传播方法，从而实现高效传播。

如何避免个人品牌危机

个人品牌并不是建立之后就一劳永逸，如果管理不到位，很容易陷入个人品牌危机，品牌形象崩塌，会大大阻碍你的未来发展。

我曾接触过这样的职场人，最初为了迅速在圈子里打开知名度，获得更好的资源，不惜在个人履历上造假，打造自己所谓的“专业”形象，把自己包装出一副层次很高、能力很强的样子。假的永远真不了，所有谎言都有被拆穿的时刻，而当那一刻到来时，所有光环都会瞬间消失，留下的是抹不去的职业污点。

因此，在个人品牌的塑造和传播过程中，一定要谨慎行事，注意以下几点。

1. 不要为了追求粉丝数量和流量而过度追求热点，偏离品牌定位。

个人品牌影响力，只有靠价值来扩散，才能持久发展，并不断沉淀。有一些通过互联网渠道传播的自媒体品牌，为了追求流量蹭热度毫无限度地拿新闻做文章，被粉丝痛批“无下限”，最后账号被封禁，之前所有的积累都付诸东流。

2. 不要过度包装。

夸大宣传相当于埋下品牌危机的种子，一旦被揭穿，很容易全盘皆输。就像当下有一些明星都会立人设，可是这人设一旦脱离了实际，过分夸张，被揭穿之后会让他们的形象急剧下滑。其实做个人品牌也是同样的道理，所有的标签或者是人设，都要以自己真实的情况为基点，否则人设造假，会败光个人品牌的好感度，失去用户的信任。

3. 品牌传播的内容，要与品牌定位保持一致。

有些人在个人品牌的塑造过程中立场不够坚定，看到别人的内容好，传播效果好，就忍不住对自己的内容做调整。但反复调整，很容易让你偏离自己的定位，忘记自己的初衷。这会使你流失大批的粉丝和追随者，并在无形中使你的个人品牌贬值，陷入品牌危机。

4. 保持健康的价值观。

有些人在建立个人品牌的过程中，为了博人眼球吸粉，大搞噱头，迎合流行的爽点，甚至输出不健康的价值观。但这种做法只能让人谋取一时小利，无法实现可持续发展。一旦品牌危机爆发，就可能带来毁灭性的打击。这样的例子也有很多，像之前曾经在网络上火爆一时的某自媒体个人品牌，靠着公众号鸡汤文赚了一波流量，出了名，也出了书，一时风光无两。但也正因为曾在文章里输出不健康的价值观，最终引发了网友的集体声讨，账号也被注销，从此在互联网上销声匿迹。

在个人品牌危机发生之前，我们要谨慎行事，多加防范。而一旦个人品牌危机发生，我们也要第一时间应对，做好危机公关。正所谓不惹事，也能抗事。

在个人品牌危机发生之后，一般要遵循 6 度法则进行及时处理，才能够最大限度地减少危机的破坏力。

1. 速度：第一时间收集信息，第一时间反馈信息。在这个信息爆炸的时代，危机公关的黄金时间越来越短。

2. 态度：无论错误是否在于自己，都要保持真诚的态度回应。

3. 高度：不要纠结于事件本身及眼前得失。统筹全局，用发展的眼光看问题，预测事态发展，对危机进行管理控制。

4. 气度：把解决危机作为首要目标，不要过度纠结于自己的损失，展示格局和气度。

5. 尺度：以客观事实为基础，尽量精简信息，切记不要言论过激。

6. 温度：危机回应要有人情味，因为受众感受的重要性甚至超过了事件本身。

在个人品牌危机公关应对中，应根据实际情况，及时作出对策。

如果错误在于自己：拿出诚意，第一时间真诚道歉。“特里法则”中指出，承认错误是一个人最大的力量源泉，因为正视错误的人将得到错误以外的东西。所以，在危机来临时，要及时地承认过失、承担责任、认真检讨。给出问题的解决方案，并制定可行的监督机制，保证永不再犯。若涉及用户利益，请先主动赔偿或召回产品等。

如果自己是对的：第一时间澄清事实，用证据说话，有理有据地发声。真诚沟通，避免情绪化，不要因为自己是受害方而吐槽或态度过激。如事件处于发展状态，持续与大众沟通，保证信息更新的及时性，避免大众过度猜测。此外，如果事态影响范围广，可以求助行业大 V 来帮自己发声，引导正向舆论，避免负面舆论过度发酵。

同时，在整个品牌的危机公关中，一定要谨慎处理，因为任何一个小的失误，都很可能导致严重危机。因此，要切记以下几点。

1. 不要为了淡化自己的错误和责任，玩文字游戏，对关键的敏感问题进行粉饰。毫无诚意的处理方法，只会激起大众的愤怒，会让人觉得你更有问题，加剧事态的恶化。

2. 不要在危机反应中发泄怒气而忽视结果。在个人品牌的塑造和发展过程中，总会遇到各种坎坷、各种问题，有时候真的会无故背锅。即使是被冤枉，也不要回击，更不要发动粉丝“引战”，千万不要以为自己占理，就一定会被大众支持，而忽视了危机的破坏力。急于发泄情绪很可能会使我们陷入更大的麻烦。所以，危机来临时一定要管理好自己的情绪，去真正地解决问题。

3. 在危机起源阶段，重视度不够，会使问题发酵，事态扩大。曾有个个人品牌，在内容输出时，使用了未经授权的文字、图片、视频等，或转载某个内容未标明出处。起初有粉丝善意提醒，但他并不把这种事情放在心上，因为别人也都是这么做的。最后，被人维权，形象崩塌，造成了不小的损失。

有时候道理越是简单，越容易被人忽视，正所谓“千里之堤毁于蚁穴”。一般来说，危机发生主要会经历以下几个阶段，往往在起源阶段，危机影响力小，处理成本低。随着问题逐步发酵，危机影响范围越大，应对成本越高，直至问题被解决。

• 起源阶段——潜在问题
• 干预和扩大阶段——问题在抬头
• 成形阶段——当前问题和危机问题
• 解决阶段——休眠问题

如果能够在起源阶段，保持足够的重视，及时地处理危机，便可以用最低的成本，完成危机的处理，保护个人品牌的健康发展。

4. 在危机发生时，如果错不在自己，很多人就会据理力争，急于证明自己，在回应时不够理智谨慎，反而会让人钻了空子，很容易让危机二次发酵，因为无论是在现实中还是网络中，并不是所有人都带着善意，有人乐于攻击抹黑他人。对于这种人，我们不必与其对峙，争输赢，而是要聚焦自己的现状，解决自己的问题，对危机做好及时的处理和防护，不给别人钻空子的机会。

个人品牌危机虽然是坎坷，但它并不可怕。如果处理得当，也能够“转危为机”，赢得大众认可，强化个人品牌标签，助推个人品牌传播。正所谓“吃一堑长一智”，在危机中总结经验，通过危机发现自己的弱项，找到短板，修复自己的弱点，剔除一切容易引发争议的问题，才能在阵痛中破而后立，为未来的个人品牌发展蓄力。提高品牌内容及运营的精准度，把粉丝逐步转化、沉淀为忠诚粉丝，进而巩固个人职业品牌。

后　记>>>

聚焦当下，掌控未来

阅读的价值并不在于阅读本身，而在于吸收和转化，尤其是对这样一本以实操性、实用性为主的个人成长类书籍而言。如何能够将知识记忆、沉淀，在职场上进行实操并产生价值，这是每一位读者都需要深思的问题。个人成长和发展，并不是我们读了一本书，或者学习了一些方法论就可以立刻实现的。它需要我们在真切的职场和生活中去实践，对自己做出规划和管理，才能逐渐让自己进入一条高效的上升轨道中。

读过了这本书你会发现，个人成长的战略并不是一个高深的话题，所有的规划和方法论，最终都要落在每一天的执行中。无数件职场小事，决定了你今时今日的环境和位置。但已经过去的一切，无论它是好是坏，是成功还是失败其实并不那么重要了。我们每个人都应该将更多的注意力聚焦于当下，放眼于未来，因为那才是我们在自己的人生历程中，可以真正去掌控的东西。

在此衷心地希望每一位读者，在阅读之后能有所收获，有所思考，有所行动。如果你仍有解不开的职场疑惑，也欢迎随时联系“猎头老王”。